实用广告丛书

冯章 等/编著

新编广告文案写作与赏析

广告的效果40%~65%来自于广告文案

经济管理出版社
ECONOMY & MANAGEMENT PUBLISHING HOUSE

图书在版编目（CIP）数据

新编广告文案写作与赏析/冯章等编著．—北京：经济管理出版社，2009.10

ISBN 978－7－5096－0771－8

Ⅰ．新…　Ⅱ．冯…　Ⅲ．广告—写作　Ⅳ．F713.8

中国版本图书馆 CIP 数据核字（2009）第 178781 号

出版发行：经济管理出版社

北京市海淀区北蜂窝 8 号中雅大厦 11 层

电话：（010）51915602　邮编：100038

印刷：北京交通印务实业公司　　经销：新华书店

组稿编辑：谭　伟　　责任编辑：谭　伟　孙　宇

技术编辑：黄　铄　　责任校对：郭　佳

787mm×1092mm/16　　19.5 印张　　340 千字

2009 年 11 月第 1 版　　2009 年 11 月第 1 次印刷

印数：1—6000 册　　定价：38.00 元

书号：ISBN 978－7－5096－0771－8

致读者

“广告的效果40% ~65%来自于广告文案。”这是美国最权威的调查机构经过科学测试得出的结论，这就是说广告文案是实现广告效果的最关键的因素。在这个信息爆炸的时代，要想使自己的广告不断顺应市场经济的浪潮，并能标新立异，独占鳌头，其中最重要的就是在敢于实践的基础上，通过认真研究，全面总结出广告文案的突出特点和写作的方式方法，充分挖掘其深层次的含义，从而在具体运用中“一语惊人”。

《新编广告文案写作与赏析》一书便是本着这一目的编写而成的。作者经过多年的经验积累，使本书具有了下列突出特点：

- **创新性**　本书总结出近百种广告文案写作技巧与方法，是目前同类书中最多的，充分反映了广告文案写作的最新成就。在编写体例上主要采取了技法和精彩实例加简评，“专家提示”和“实践练习”相辅相成，通过作者和读者的互动，来大大增强其对广告文案的实际写作能力。
- **经典性**　本书的精彩实例均为国内外最经典的广告文案，并配以专家的精确评语，其简洁、明快、诉求力强的特点极为突出。
- **丰富性**　本书方法全面，资料丰富，让您对广告文案写作有全面、准确的了解和把握。
- **实用性**　本书所讲述的文案写作方法具体、简明和可操作性强。各行各业精彩文案的写作，针对性强，切合实际，便于理解和操作。

纵观世界上著名企业的发迹史：有的一步一步通过开拓努力逐渐占领市场，举世瞩目；有的一举成名，远播海外。这中间广告文案起着关键的作用。我们编写本书的目的，是要为目前从事广告文案的写作人员和有志于此行业的在校师生及研究人员开启经典文案写作的理想大门。

参加本书编写的有白战峰、党博、张思光、陈金祥、李平、周树清、李荧、张德斌、蔡践、张本心等。

本书分别于2004年、2006年出版了第一版、第二版，颇受读者欢迎。为了报答读者的厚爱，本次修订出版时增加了奥运会、汶川地震、金融危机等方面的优秀广告文案，以体现本书鲜明的时代特征。

作者
2009年10月

目　录

第一篇　广告文案概说

第二篇 广告文案写作方法

第三篇　精彩的行业广告文案写作与实例

第四篇　四大媒体广告文案写作

第五篇　其他传播形式广告文案写作

第一篇　广告文案概说

第一章　广告文案的概念及写作步骤

一名优秀的广告文案写作者，首先应该弄懂什么是广告文案？它的写作步骤是怎样的？通过写作要达到什么样的诉求目标？优秀广告文案的标准是什么？应遵循什么样的原则？

本章将从全新的角度对以上问题逐一进行分析，为你打开广告文案写作的大门。

一、广告文案的概念

人们对于广告文案概念的解释各不相同，比较典型的主要有两种：其一为“文学派”的见解，认为广告文案是“文学写作的一种”；其二为“狭义派”的观点，认为广告文案是“已经完成的广告作品的全部的语言文字部分”。第一种观点显然有些以偏概全，因为理性诉求的广告文案也是大量存在的，同时，把广告文案归为文学混淆了二者最明显的区别，即纯文学是第一，功利为第二；而广告文案恰恰相反。第二种观点虽然避免了“文学派”将说理型文案排斥在广告文案之外的弊病，但它也有另一种片面性：广告作品中未出现的语言文字到底是不是文案？未刊播之前算不算文案？这显然违背了最基本的事实。

那么广告文案的本质究竟是什么呢？我们认为，所谓广告文案，是指以文学艺术手法为主要表现形式，包含欲达成广告目标要素的广告作品的语言文字。可以看出，这一定义有着以下优点：

（1）它既肯定了文学艺术在广告文案创作中的重要作用和地位，同时又把广告文案从文学写作中独立出来。划清了二者的关系，也强调了广告文案本身任务的营销性。

专家提示

对广告文案写作者来说，通过对概念的认真钻研、学习和长期的实践总结，从而对广告文案持有一个全面正确的认识，是其必备的能力和素质，也是在一定程度上杜绝“广告垃圾”的有效手段和途径。

（2）广告文案是先于已经完成的广告作品而存在的，“包含欲达成广告目标要素”这一限定，能更准确地说明广告文案存在的时间性，比“已经完成的广告作品”更科学。

（3）这一定义将广告文案与广告图形区分开来，前者以非造型性符号即语言文字来表达，而后者则采用直诉于受众视觉的造型性符号来体现。

（4）这一定义还将广告文案同广告策划书区别开来，不会使广告文案的外延不恰当地延伸。

（5）它肯定了广告文案可以采取文学和艺术的多种表现形式，也没有否定说明性和说理性广告文案存在的合理性。

二、广告文案的格式

从写作上看，一般的广告文案写作格式都具有一些共同的成分，即标题、正文、附文、口号等。

【简评】2008年8月北京奥运会时的广告文案。

（一）标题：广告文案的点睛之笔

1. 含义

广告标题是展现广告主旨的短语或短句。有时只是一个短语或词语，却是一篇广告文案的核心，又是区分不同广告的标志。它位于广告文案的醒目位置，通常选用比其他部分大或异于其他部分的字体。其作用是捕捉受众的注意力，使受众知道自己通过购买这一商品将满足哪些方面的需要，以及通过使用这一商品将避免或减少哪些风险、失误以及不便。

2. 作用

（1）提示作用。即提示广告正文的重要主旨，人们日常生活节奏的加快，使受众很难对一些广告产生兴趣。所以广告标题的作用之一就是为受众提供信息精华，即使受众在无意间看到标题，也能在短时间内判断出广告的内容是否与自己有关。

（2）诱导作用。即用标题来抓住受众的注意力，激发其阅读兴趣，吊起他们阅读正文的胃口。广告的标题，不但能使关心某种商品的消费者尽快阅读正文，而且还能引起无具体目的的人的注意，并使其产生兴趣。

【简评】在世界性金融危机的情况下，如何销售商品房也成了一门艺术，本文案的写作就非常有特色。

调查显示，人们对某一对象最能维持注意状态的平均时间是5秒钟，而在头一两秒钟注意力最为集中。一般情况下，看广告先看标题的人比先读正文的人多5倍。所以，标题如不醒目，就不能引人注意，更谈不上使读者维持注意和有兴趣阅读正文了。所以有人说："题好一半文"，虽有点夸张，但从中也可见标题的重要性。

（3）促进作用。用标题激起受众强烈的购买欲望，促成受众购买商品或服务。

3. 标题的种类

从形式和内容划分，广告标题可分为直接标题、间接标题和复合标题。

（1）直接标题。直接标题就是直接体现或一语点明广告主题的标题。一般来说，潜在消费者可能每天都很繁忙，阅读广告的时间也很有限，或者阅读时心不在焉。为了让潜在消费者看一眼就能明白广告主的意图，最好能在标题中一语道破广告能为潜在消费者带来的好处。

（2）间接标题。间接标题不直接揭示广告主题，而是以间接的方式宣传产品的特点和功能。这类广告标题一般用词讲究艺术性，力求使人过目不忘。其诉求方式是：往往不直说，而是兜圈子，或留空当，或迂回曲折，或意在言外，以激发人们的想象，留有回味的余地。

（3）复合标题。可将直接和间接标题组合成复合标题，即复合标题既包含直接标题的内容，也包含间接标题的内容。通常情况下，直接标题用来表现比较实在的内容，而间接标题则用来表现某种韵味，从而形成虚实相映的格局。

广告标题具有多变性，这一点直观地体现在其结构上，它可以是几个字、几个词或者是由多个句子组成的文字。所以，标题的结构还可以分为以下几种：

（1）单词型。比如，瑞士航空公司在中国打出的广告的标题就只有一个词"Special"，意为"专业的"。奥迪汽车在新加坡刊出的系列广告标题是："有人照顾"、"能屈能伸"、"值回票价"等。这样的标题字数少，一般用来描述商品或服务的最主要的特征。

（2）词组组合型。由两个或者两个以上的词组来完成标题的使命。像美国某银行的广告标题："我的生活　我的账户。"

（3）句子型。以一个句子来作为广告标题，这一形式最为常见。句子可能是单句也可能是复合句。微软智慧型鼠标的广告标题是："按捺不住，就快滚。"喜力啤酒的广告标题是："酒虽然空了，心却是满的。"这些都是句子型的广告标题。还有的广告标题比较长，适合于表达复杂的广告信息。比如东芝笔记本电脑的广告标题“化概念为现实的杰作，惟有亲身驾驭，才能体会非凡乐趣”就是这样。

（4）多行型。多行型的标题是由引题、主题、副题等几个部分共同组成的。引题是要引出主标题，为其提供背景或悬念；而副题则是对主标题内容的补充，或者是旨在进一步扩大主标题的效果。万科房地产的广告标题就是一个三题俱全的例子：

（引题）万科城市花园告诉您

（副题）不要把所有的鸡蛋都放在同一个篮子里

（主题）购买富有增值潜力的物业，您明智而深远的选择

当然，不是所有的多行型标题都是三题俱全，根据具体需要可由引题和主题或主题和副题构成。

广告标题的多变，通常也可以体现在广告的内容和风格上。

• 突出产品性能。“坚刚璀璨，光彩永恒”——瑞士雷达表永不磨损型的广告标题。

• 突出商品效果。“千尘万埃无处藏，清洁家居我称强”——日本三洋公司吸尘器广告标题。

• 突出商品用途。“高朋满座之后，狮宝就是主角”——香港狮宝牌洗洁剂广告标题。

• 突出商品好处。“赶走热辣辣的暑气，享受凉浸浸的滋味”——日本三洋公司电风扇广告标题。

（二）正文：广告文案的主体

1. 广告文案正文的含义

广告正文是对广告标题的解释，也是对所宣传产品（服务）的详述。广告的主题也是由广告正文来表现的。如果广告标题已经吸引了消费者的注意或激发了他们的兴趣，而能否说服消费者坚定信心并促成他们采取行动就取决于广告正文了。它是广告的主体，这一部分要求说出必须说的话。正确制作广告正文的做法，是按照标题所承诺的事项仔细而认真地写好第一句话，使受众在看到第一句话之后会愿意看第二句，如此写下去直到把标题中的承诺全部写完。同时，还要讲究遣词造句，力求使文字简短易懂，生动有趣。

2. 正文的构成

广告正文一般都用三段式。

（1）引言。引言位于正文的开端，主要任务是引出广告正文的中心段。引言部分可以不涉及正文的主要内容，也可以涉及正文的主要内容，它在标题和正文之间起承上启下的作用。

广告引言的方式多种多样，除了开门见山、直奔主题以外，也可略作提示，初步涉及广告的主要内容；或者交代广告的目的或动机；还可以从释疑入手。总之，开头方式并非千篇一律，而是可以灵活多样，只要能起到承上启下的作用就行。

（2）中心段（主体）。中心段是广告文案的重心之所在。在这一部分，必须简明扼要地表现广告主题，陈述产品或服务所具备的不可取代的特点。这是整个广告文案的主要部分。其任务是根据广告主的意图来阐述本商品或服务的特征与优势所在，并以关键性的、有说服力的事实给以说明。根据需要，中心段可以只有一整段，也可以分成几个小段落。中心段要能唤起消费者的欲望。中心段的写法也是多种多样的，可按时间顺序来写，有头有尾，始末清楚；也可按事物的逻辑联系分若干问题或几个侧面来写，有点有面，层次分明。总之，不管怎样写，都要做到观点与材料相一致，切忌杂乱无章，空泛议论。

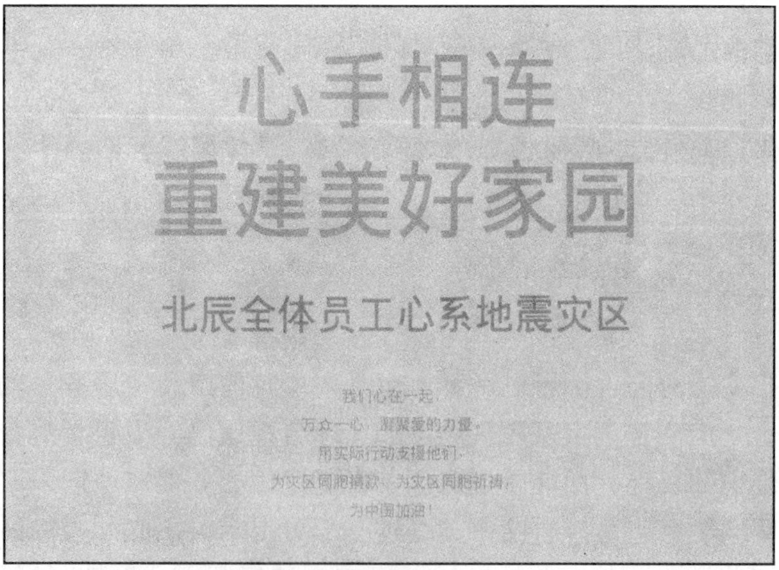

【简评】这是汶川地震时一则优秀的广告文案，很有特色。

（3）结尾。结尾一般是为敦促消费者迅速付诸购买行动而写的文字。可以直接提供建议，如欢迎选购或采取其他相应举动。有时候，也可以在催促人们赶快行动的同时再次宣传产品的好处。

3. 正文的类型

（1）事实式。这是一种以事实来说明诉求内容的表现形式，在写作上比较正规、实在。在介绍商品或服务时，多从质量参数、价格水平、花色品种、规格尺寸、自然属性等方面客观地进行表述，在文字表达上没有过分地修饰与描绘。这种形式的正文多用于生产资料和技术服务的广告文案。

（2）描写式。用文学语言对商品或服务的特点和消费者将可获得的利益进行绘声绘色的描写。这类广告如果描绘得亲切感人，会给人以鲜明和深刻的印象。

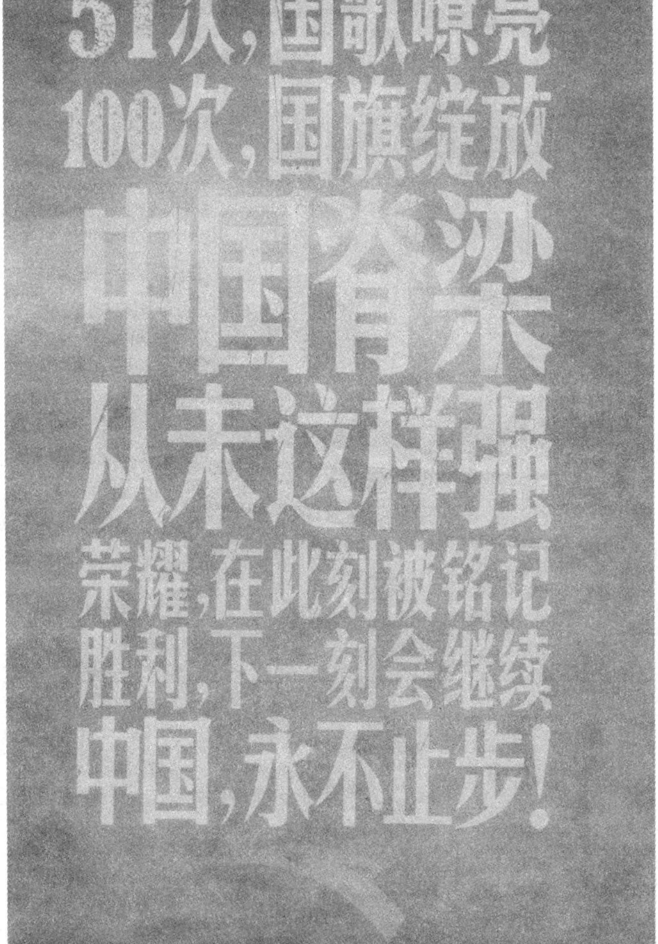

【简评】这是2008年8月北京奥运会期间的一则优秀广告文案。

（3）叙述式。叙述式的正文以叙述与产品或企业有关的事情的前后经过来宣传产品或企业形象。这类正文要使内容像故事那样有矛盾的冲突和最后的解决，这样才能引人入胜。如果平铺直叙，则难以吸引消费者。正文不宜过长。它往往是以某人遇到困难而感到苦恼开始，以找到解决办法而圆满结束。

（4）论证式。论证式的正文重在“以理服人”，即依据一定的论据，采用一定的论证方式来告诉消费者为什么要使用某产品，并说服消费者购买。

【简评】这是2008年汶川地震时一则颇有爱心的广告文案。

（5）消息式。采用类似新闻文体中消息的写法，对最近所发生的关于企业或商品的情况作简要报道。这样可以减少广告的商业色彩，突出一定的新闻价值，达到增强传播效果的目的。

（6）通讯式。所谓通迅式广告，就是采用纪实的手法，综合运用叙述、描写、议论、说明等表达方式，对产品、企业或与产品、企业有关联的人物、事件进行真实、详尽、生动、形象的报道，以提高产品或企业的知名度，达到扩大影响和促进销售的目的。

（三）附文：对广告内容必要的补充

1. 附文的含义

附文，又叫随文，是广告文案中的附属部分，是对广告内容必要的交代或进一步的补充说明，用于列出企业的地址、联系方式、促销活动的地点等信息。其具体内容包括品牌全称、企业全称、地址、路线、邮编、电话、传真、网址、联系人以及经销商和服务部门的相关信息。

2. 附文的作用

有人将附文称为广告文案的附属语言或文字，不过附文并不是广告文案中可有可无的部分，而是一则完整的、传达信息准确到位的广告文案不可分割的有机组成部分。它在广告文案中起着不可忽视的作用。

（1）对广告文案标题和正文进行必要的补充。标题、正文虽然包括了最主要的信息，但是它们往往无法穷尽所要传达的全部信息，特别是联系方式等具体细节很难融入这几个部分中自然地传达，因此附文就对它们起着补充说明的作用。

（2）使信息更突出。如果取消一则广告文案的附文，而将附文所要传达的信息全部融入其他部分，可能会使其他部分信息繁杂、缺乏重点，而且会使有关企业、产品或服务的基本信息被其他更具吸引力的信息所淹没，从而影响广告信息最终的传播效果和广告的诉求效果。

3. 附文的类型

（1）按内容进行分类：①全面型。指传达可以通过附文传达的全部信息的附文。这种类型的附文一般较长，但有助于广告信息完整、全面地传递，一般用于通过印刷媒介传播的篇幅较大的广告文案中。②重点型。指选择与特定广告内容关系最为密切的信息进行传递的附文。如广告的中心内容是优惠促销，那么附文中仅说明促销办法。这种类型的附文通常较为短小，有利于突出重点信息，而且节省广告版面，因此在版面较小的印刷广告文案中比较常见。③省略型。一般只包括企业名称的简称、企业标志或品牌名称，常见于电视广告中。

（2）按风格分类：①直接型。指不加任何修饰，直接传达信息的附文。其特点是简洁明了，缺憾是表述不够生动。②间接型。指使用较为婉转的语言传达信息的附文。其特点是亲切、自然，并且具有一定的趣味性，容易吸引受众。

专家提示

广告文案的写作除应具备一些基本的构架外，其中很大一部分都是因地因事灵活表现的。因此，作为一个广告文案写作高手要不断提高自身的各方面素质和水平，以求“达到广告文案的最佳诉求目标”。

（四）口号：广告的广告

1. 广告口号的含义

广告口号又叫广告标语，在广告宣传中有着特殊的地位和作用。广告口号是广告主所提供的产品、服务的优良品质和良好形象的体现，或是对广告主所倡导的理念的言简意赅的概括。广告口号不是出现了一两次就弃之不用的广告语，而要在围绕同一产品或服务所作的广告中反复出现。在完整型的广告中，口号往往被放置在正文的末尾。

2. 广告口号的特点

广告口号具有相对稳定性。广告主都希望在较长时间内通过反复宣传其广告口号使之家喻户晓，深入人心。产品知名度的扩大，有时是由著名的广告口号促成的。

广告口号具有易记易传的特点。广告口号简短明快，朗朗上口，便于人们记忆。人们对于这样的广告口号，只要一接触就能记住，便于传颂。例如“味道好极了”（雀巢咖啡）。

3. 广告口号的类型

从不同的角度，可以将广告口号做不同的划分。常用的广告口号有以下三类：

（1）鼓动式。用鼓动性语言制作成广告口号，可以激励消费者去购买某种产品或接受某种服务。

（2）赞扬式。广告口号突出产品的优越性，使消费者对产品产生好感。

（3）情感式。用富有感情的语言进行渲染，使消费者在购物时产生美好的联想。

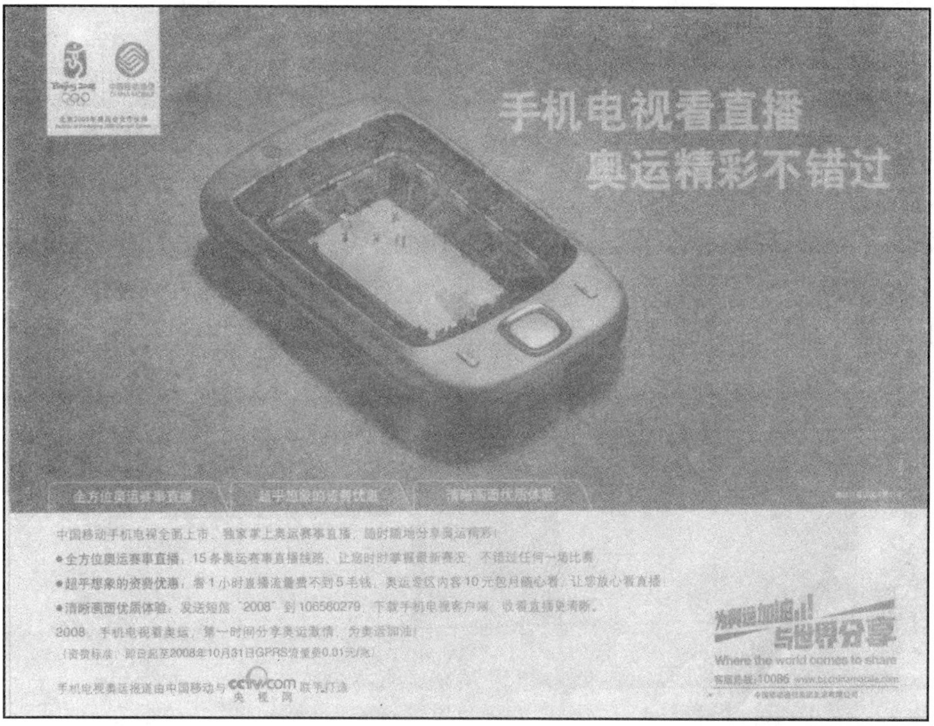

【简评】 这是 2008 年 8 月北京奥运会期间的一则广告（口号）。

4. 广告口号的作用

（1）加深印象。即通过广告口号的反复宣传加深受众对企业、品牌、产品或服务的印象。例如，中国建设银行龙卡的广告口号“龙的传人用龙卡”，经反复宣传，已经深入人心。中国人都会想到自己是龙的传人，也就会对龙卡情有独钟。广告口号令消费者对某一个产品、服务或企业的印象不断加深，帮助广告主在市场上扩大知名度。受众不可能记住广告文案的全部内容，但却可能对广告口号兴致盎然，历久不忘。

（2）长远促销。好的广告口号由于提示了产品个性和消费者需求的内在关系，往往能达到长远促销的目标。

（3）树立形象。广告口号还可用来传播企业（广告主）的精神、观念和宗旨，为树立企业的良好形象发挥重要作用。例如，IBM 公司的广告口号“四海一家的解决之道”就表现了企业为实现世界大同而作出的努力。

（4）倡导观念。广告口号有能力改变受众的消费观念，甚至引导新的流行文化。有些产品的推广就是在有意识地培养受众的消费意识。

“女人更年要静心”，更年期购买保健品成了必需的选择。**“水晶之恋，**

爱你一生不变"，买果冻不再是小朋友的专利，谁说大姑娘、小伙子不能吃果冻呢？

大量的广告文案，并非标题、正文、附文和口号全部齐备，有很多都是结构上不完整的。不完整型广告文案，可以缺少文案中的某一个部分（例如附文），也可以缺少其中的两个部分（缺正文和附文）。在结构残缺方面走向极端的不完整型广告文案主要有四种类型：仅有广告正文或标题，仅有广告口号，仅有产品品牌名称，仅有企业名称。各种结构不完整的广告文案，在以后的个案分析中均有所体现，这里我们暂不展开阐述。

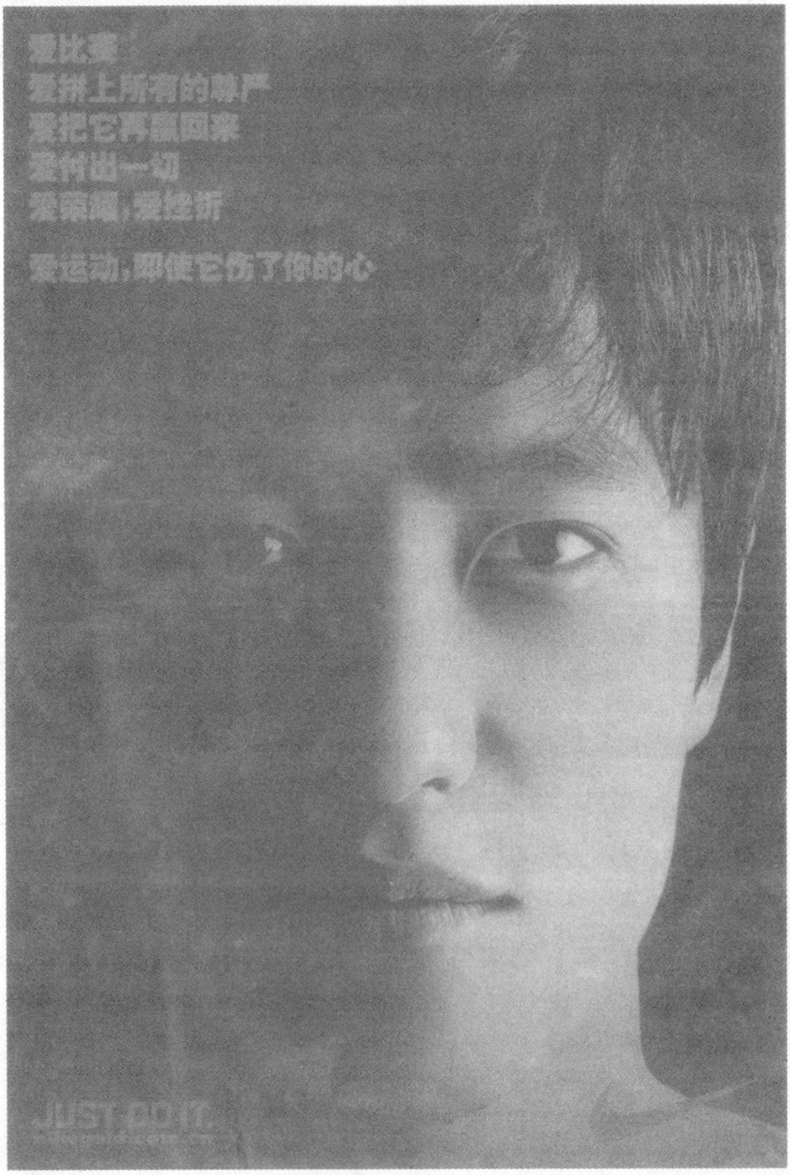

【简评】2008年8月18日，刘翔因伤退赛后，公司的应急广告文案，仅有正文。

三、优秀广告文案的标准

有些人曾经错误地认为只要驾驭了语言艺术，就可以自如地写出优秀的广告文案。但是，他们忽视了优秀的广告文案自身所应具备的特点和它对主题的影响。实际上，广告文案不同于文学作品，文学作品是人们自愿花时间去欣赏阅读的；而广告文案却不同，视听者一般不愿花费精力自动去看、去听。所以，广告文案必须要具有特殊感化力，能在瞬间引起人们的注意，且能吸引人从头读到尾。

中国广告协会广告公司委员会，曾给优秀广告定了下面10条标准：

（1）创意独特，立意新颖。

（2）主题突出，构思完整。

（3）广告定向、定位准确。

（4）文案寓意深刻，精练生动。

（5）整体效果，简洁鲜明。

（6）构图完美，布局严谨。

（7）形象真实，生动感人。

（8）色彩明朗，构成合理。

（9）文字规范，字体易读。

（10）技巧熟练，表现力强。

我们认为，能达到广告目标的文案才是有效的和优秀的。因此，判断一个广告文案是否有效，在一定程度上也可以用广告目标达到的程度来衡量，广告目标可分为以下几点：

（1）品牌形象的提升。

（2）商品知名度的提高。

（3）商品认知率的提高。

（4）商品知识的普及。

（5）商品概念的转换。

（6）商品和企业活动（服务等）的通告。

（7）即时性的销售额增加。

(8) 流行的创造。
(9) 企业形象的提高以及形象的转变。
(10) 舆论高涨和制造舆论。
(11) 消除抵触，增加对企业活动的理解。
(12) 新生活方式的提示。
(13) 其他。

四、广告文案的目标

(一) 心理性目标

(1) 将产品新的使用途径或服务以及新的构思传达给消费者。
(2) 产品必须与消费者能得到的最大便利联系起来。
(3) 告诉消费者，使用该产品不会产生任何麻烦。
(4) 将产品与消费者广泛认可的人物或符号联系起来。
(5) 将产品与消费者共有的心愿或理想联系起来。
(6) 将产品与一种独特的东西联系起来。
(7) 促使消费者回想起先前有过的经验。
(8) 表明该产品或服务如何满足基本需求。
(9) 利用消费者的潜意识需求。
(10) 要改变消费者原有的态度。

专家提示

人有多种需求，这些需求会产生相应的心理期待，作为消费者的目标受众对广告文案及商品必然有所期待。在一般情况下，这种期待往往处于一种笼统、朦胧的状态，广告文案的最基本的作用是帮助受众认清他们的期待，通过广告文案的召唤，使其成为明晰的意识。

（二）行动性目标

（1）鼓励消费者增加使用的次数。
（2）鼓励消费者增加更换产品的频率。
（3）劝说消费者购买非时令产品。
（4）鼓励消费者试用某一产品的代用品。
（5）感动一个人，让这个人影响其他人来购买该产品。
（6）向消费者推荐试用品。
（7）让消费者前去点名购买该产品。
（8）采取试样和其他形式的咨询。
（9）欢迎消费者来商店浏览。

（三）企业的目标

（1）表明公司富有公众意识。
（2）搞好内部员工之间的关系。
（3）增加股东对公司的依赖。
（4）使大众理解公司是行业中的先锋。
（5）吸引从业人员进入公司。
（6）表明公司的产品和服务范围广泛。

（四）营销的目标

（1）刺激对该产品的基础性需求。
（2）确立对该产品的选择性需求。
（3）使本公司的推销员热情高涨。
（4）鼓励商家扩大销售本公司产品。
（5）扩大本公司产品的零售网络。

总之，广告文案可以采取各种超乎想象的形式，但必须以广告目标为中心，只有能充分达到广告目标的文案，才是有效的、优秀的广告文案。

五、广告文案写作步骤

文案写作并不是先写作标题再写正文最后到口号，实际上，广告文案的写作是和创意联系在一起的，文案写作的过程往往也是创意的过程。

（一）收集资料阶段

广告文案创作的工作首先从收集资料开始。优秀的文案是以全面的调查和缜密的分析为基础的。在这一阶段必须收集有关的所有资料。但是到目前为止，许多广告撰稿人还是很容易疏忽这样的资料收集工作，而只根据长期以来积累的经验和感觉来代替这样的调查。在广告的科学性日益提高的今天，用一个人的经验和感觉要正确地把握问题几乎是不可能的。所以，资料收集作为文案创作的第一阶段，成了最重要的基础工作之一。在美国，市场调查作为市场营销的基础已发展成为一种传统。在中国，收集各种调查资料的必要性也正逐渐被重视起来。

广告文案的任务是向消费者说明商品或服务，所以，创作者首先要详细了解市场和自己的商品，了解哪些人会购买，何种动机导致他们购买，除此之外别无他法，创作也无从谈起。

（二）分析阶段

第二阶段可以说是分析阶段，是从收集到的资料中导出结论的阶段。调查资料有旧的、新的、重要的、不太重要的，建立一个体系是这一阶段的重要工作。分析从调查资料中获得的问题点，并从中提取该商品吸引顾客的重要卖点，从而引出产品的定位、广告的诉求等。卖点正是推销人员对顾客介绍商品的诉求点，是顾客从众多的商品中比较得出的值得选定该商品的优点。Selling Point 一般都译为“卖点”，狭义上是说该商品所具有的物理性质、构成、成分等；但使用该商品所得到的利益，即商品便利和使用乐趣就属于广义的 Selling Point。

卖点必须与消费者的利益紧密相连，并且是在与其他商品比较后形成的能给消费者更强烈的印象和感动的诉求点。

因此，作为创作者必须以制作好这样一个“文案平台”为基础，将重点放在与竞争对手商品的比较上，比较哪个卖点更有魅力。在当今的创意工作方面，这也是创作者的能力方面的重要体现。

但是，在今天由于各家企业的研究进行得更充分，商品的品质趋于同质化，诉求点的感性因素也增多。换句话说，消费者求助于广告的不是简单的商品功能和品质，商品如何使消费者的生活方式和思维方式发生变化也成了创意人员寻找卖点要考虑的重要因素。即使品质和性能并无差异，把其他公司没有做在广告上的特长作为自己公司商品的特长来定位，也不失为一种有效的方法。

总之，在这一阶段得到的产品概念和定位或者商品有魅力的卖点为走向下一个阶段迈出了关键的一步，不管怎样，卖点的决定无疑帮助我们找到了创作的方向。

（三）“孵化”阶段

根据第一阶段的调查和第二阶段的分析，产品概念和卖点确立之后，创作活动就进入一个“发酵”和“消化”的阶段。在创作过程中，我们一定要充分地活用潜意识。潜意识朝哪个方向不仅取决于创作人员的经验和才能，更取决于第一阶段和第二阶段调查研究的量和质。

进入思考阶段，在决定性的好点子被找到之前，心情是格外沉重的，连运动、看电影心情也总是不舒畅，这是因为创作者潜意识中始终在不停地工作的缘故。所以，进入“孵化”阶段，可以把题目搁置两至三天让它充分地“发酵”，最终酝酿出理想的作品。由于这样一个“孵化”阶段过分地依赖个人的潜意识，因此，创作人员一定要找到适合自己思维的规律与周期。

（四）开发与决定阶段

在此阶段，急于一下子解决给予的题目，而好点子怎么也产生不了的情况非常多见。那是由于潜意识的“孵化”状态尚未成熟。构思的创造绝不能急躁。优秀的广告作品不是简简单单就能完成的，常常是即使费了很长时间也未必能产生好的构思。但是，不管你当时认为这些构思是好还是坏，在此开发阶段产生的诸多想法都有必要全部记录下来，因为想法产生于潜意识中，又会回到潜意识中去。

对于这一阶段产生的诸多构思，决定最好最适合的一个，是这一阶段工作的主旨。对构思里的优缺点、可能和不可能使用的东西、崭新和平凡的东西要逐一进行分析和评价。到这一步，再次确认已经形成的卖点和产品概念，并与构思相结合，看这一构思是否适用于广告目标，是否适用于目标消费者及媒体，与竞争对手商品表现相比是否有创造性，这些都需要严格的分析，以便对构思作出客观的评价。从诸多构思中选出优秀的一些，再从中决定一个最实用的，这就是写作过程的最终阶段。

专家提示

广告文案写作的过程虽然是创意的过程，但如果创意虽然独特，却与主题不相协调，主题得不到充分体现，甚至出现干扰主题思想的现象，就必然转移了人的注意力，或出现歧义，削弱了广告的效果，因而，广告文案的写作与创意等应以广告主题为核心。

第二章　广告文案写作十大原则

广告文案写作有一定的原则。掌握了它，你就会成为一个写作高手；违背它，不按常理出牌，你就难以走向成功。

一、功夫在诗外——前期准备要做好

我们前面谈过进行广告文案的写作事先需要做大量的准备工作。在这一点上完全可以说：功夫在诗外。在诸多准备工作之中尤为重要的是市场调研工作。这既是特定的广告运作的起点，也是广告文案写作的起点。原因是：其一，产品的销售是在市场上实现的；其二，消费者是市场的主体；其三，围绕特定产品或服务所制作的广告必须进入市场。不了解市场的人在广告文案写作方面就难有作为。

在文案创作之前，首先必须明确四个问题：一是为什么做广告；二是做什么广告；三是广告做给什么人看；四是通过什么渠道发布广告。在以上四个问题中，第三个问题显得格外重要。在写作广告文案的时候，应该确定广告作品的目标受众。目标受众的确定不能凭主观臆断，要在市场调研的基础上进行。与广告所宣传的产品或服务存在着现实和潜在密切关系的受众，也就是特定广告的目标受众。要进而分析目标受众对广告所宣传的产品或服务有何期待心理，即要了解他们喜欢看什么样的广告，不喜欢看什么样的广告。对目标受众的消费行为和消费心理，广告文案撰稿人也必须加以研究、关注。

对广告文案创作者来说，没有什么比了解市场更重要的了。市场是商品流通的场所，也是企业和企业之间的角力场。

（1）要了解特定的产品和服务。广告是围绕特定产品和服务展开诉求的。为此，在广告文案写作之前，必须认真研究特定产品和服务，特别是要注意发现其不可取代的特点。

（2）要了解消费者的构成、消费心理，消费者对特定产品的反馈意见。在市场调查研究的过程中，要努力发现特定产品的市场空间，特别是要注意发现开拓消费者心理空间有何有效途径。

（3）要了解竞争对手的现状。在市场经济的条件下，一个企业所生产的产品难以成为不可取代的产品。所以，特定产品和服务在市场上总是面临着激烈竞争。按照“知己知彼，百战不殆”的原则，广告文案写作高手不仅应当对广告主的有关情况有所了解，而且应当对广告主的竞争对手的有关情况了如指掌。首先，要了解竞争对手的产品的情况（性能、价格、质量、寿命、美誉度等）。其次，要了解竞争对手的产品的市场销售情况（市场占有率的情况、顾客的情况、产品售后服务的情况等）。最后，要了解竞争对手的产品广告情况（做过哪些广告，通过什么媒体、在哪些地方发布，采用了什么样的广告策略，有哪些成功的广告作品等）。广告主和广告文案撰稿人如果不了解自己的对手，那么，参与市场竞争就难免会出现盲目性。

专家提示

广告文案的写作创意准备阶段，即指文案的写作者做好了一切准备工作，用较为自由的方式去思考和发现问题，不断地收集信息资料，并加以探索，听取各种建议，让思绪开始漫游。

二、语言要“KISS”

“广告是词语的生涯”——大卫·奥格威这样说。“文字是这一行业的利器，文字在意念表达中注入热情和灵魂”——李奥·贝纳如是说。精妙的构思，独特的创意，伟大的策略，哪一项最后不是通过语言来展现呢？即便我们可以利用最先进的科技、最熟练的手法去创造最富创意的画面和音响，但倘若没有了语言，画面和音响也就失去了灵魂。

国际广告大师总结了文案语言的一个原则：KISS。KISS 是 Keep It Sweet and Simple 的缩写，也就是说，广告语言最好都能够做到“甜美”和“简洁”。

（一）简洁

无论是在标题、正文、口号还是附文的写作中，我们都不断地强调简洁。因为我们都不希望无用的语言浪费昂贵的广告刊播费用，因为受众都很忙，都要接收很多其他的信息，啰唆的文案只会让人厌烦。简洁不等于单薄，不等于词不达意。任何时候都要保证自己的语言完整地表达出广告策略和创意的要求。每一句话、每一个词，甚至每一个标点都是必不可少的，同时又是多一不可的。

专家提示

广告文案所做的首要问题就是适合受众的胃口。让他理解、喜欢、记得。当你坐在键盘前或是面对纸张的时候，请想一想，你面对的就是那些活生生的人，他或许是邻居的大妈，或许是一个年轻人，或许是那个说一不二的老板，或许是爱美的姑娘，你的语言就会不由自主地有了自己的广告文案语言诉求性格。

（二）甜美

文字不一定都是甜得发腻的，但文字煽动起来的情感却应该是甜美的，因为你希望的是人们在甜美的认可中接受产品。

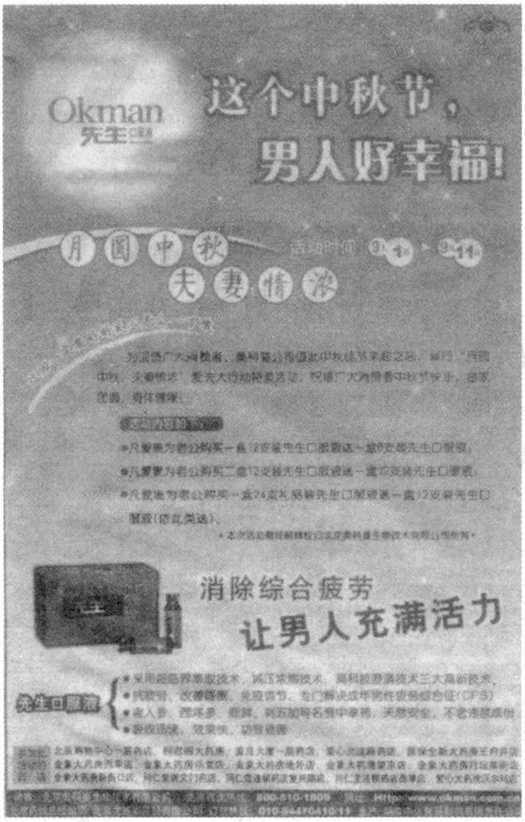

【简评】这则广告文字甜美，多用“幸福”、“月圆”、“情浓”、“爱”、“关心”、“活力”等女性敏感的词语，容易煽起妻子爱夫的情感，使受众在甜美中接受宣传。

让我们再来看一则看似严肃又不失大气磅礴的文案：**“献给正在创造历史的时代领袖。”**这是广州蓝色创意广告公司为上海某集团所做的房地产广告。广告语是在告诉这些楼盘未来的业主，你就是这个时代的精英阶层、领袖人物。在这样不动声色的恭维之下，想不甜美都难。相比而言，奥迪汽车的煽情则更直白：**“极致的精密，对您而言意味着尊贵、华美与恒久。而我们则正让它成为一种成就完美的本能。”**即便你不是那么尊贵、华美，也会不由自主地认为自己是那么尊贵、华美。

除去 KISS 原则，属于广告语言的风格还有很多：

（1）用什么媒体说什么话。最普通的做法：报纸多用书面语，广播电视多用口语，网络媒体多用网上正在流行的俚语，户外大型广告多用口号式语言；等等。

（2）对什么人说什么话。受众的共同个性是喜爱简洁和甜美，但具体到每一个人对语言风格的爱好，可以说是千差万别的。大妈的喜好跟年轻人的喜好当然不同。而你也不可能总是只针对一种人写作。文化背景决定了人们对语言的喜好倾向。因此对什么人说什么话，事实上是在对消费者的心理和文化背景做分析。

（3）发挥不同语种的魅力。唐诗变成了英文就失去了韵味，莎士比亚的大作在翻译为各种语言的过程中也会损失掉一些属于英格兰的风情。广告文案创作人员在面对不同的地域、不同的语种文化时，必须多加注意的一个问题就是对当地语言的尊重。在中国，我们就应当充分发挥汉语的魅力。**“车到山前必有路，有路必有丰田车。”**这一广告口号就是利用了中国传统的俗语，拉近了日本品牌与中国人心理之间的距离。

（4）与其他表现要素相配合。成功的广告文案必然诞生于成功的广告创意策略。而一个创意策略所包含的不仅仅是语言的创意，它常常是语言、画面、音乐等的组合体。所以，广告语言一定要和其他广告要素很好地配合，使其发挥最大的作用。相互配合的最高境界是相互补充。也就是说，画面和音乐已经说明了的，语言就不必再啰唆了。

三、长短适中　“看菜下碟”

研究表明，文案的长短主要是由三个因素决定的：

（一）广告活动所选择的媒体

例如在直销市场，长文案比短文案效果好。

文案大师约翰·卡普莱斯提供了一个经营邮购海产品商人发财史的案例。他开始做生意时用的是简短的邮寄广告，后来渐渐改用较长的广告，他发现长的能更有效地收到客户的订单。

迪克·理查德·S. 霍奇森举了许多在通过直邮销售产品或服务时，使用较长的邮寄广告产生良好效果的例子。其中之一是，一封 11 页的邮寄广告发给 500 个潜在客户，有 161 个客户做出积极反应，带来 45 倍于花费的利润。

（二）目标市场

许多人不愿花时间阅读超过几个字的任何广告正文。据约瑟夫·纽曼和理查德·斯坦因研究结果，受教育程度越高的潜在消费者在购买产品前越渴望知道得更多。

专家提示

一则广告文案的篇幅总是极其有限的。几句话甚至一句话的广告文案不在少数。这就对文案的语言提出了更高的要求。在广告文案的写作中，不仅要炼意，而且要炼句甚至炼字。

（三）广告宣传的产品和服务

一般说来，广告正文长（超过 100 字）比广告正文短销售效果好。有以下几种情况可以说明：

（1）当展示新产品时。每当向市场推出新产品时，广告正文必须介绍具体的事实，产品的类别和特性，还应包括其他与形状、尺寸、重量、颜色、价格、信誉和性能有关的信息。

（2）当面向为公司购买产品的专业技术人员而不是用于个人消费时。这种情况下的广告正文主要适用于工业、农业和贸易行业。简言之，这种广告正文适用于所有为需要技术信息的专业购买者设计的产品的广告。

广告正文字数与得分

正文的字数	读者数得分
25 字或低于 25 字	284
26 ~ 50	197
51 ~ 100	112
101 ~ 150	100
151 ~ 250	92
251 ~ 500	90
501 ~ 1000	86

由上表可见，字数越少，读者越多。

根据广告正文的字数和读者数的关系可以看出，正文的字数为 101 ~ 150 个字，得分为 100；25 个字或低于 25 个字的读者数为 284；超过 500 个字的读者数为86，事实上，其转折点为75个字左右。

（3）当你想调整市场定位时。短的广告正文不能使人们忘记过去的危机。当有人声称在百事可乐和无糖百事可乐中发现了注射管和针头时，百事可乐用176个字的广告在200家地方报纸做出回应，详细解释此事件为一个误会。

根据专家的研究，长的广告正文暗示了信誉，信誉导致尝试，进而最终导致品牌增值。

（4）当你想要读者花很多钱时。电脑、汽车、数码相机、音响、旅游观光、投资、保险的广告都需要长的广告正文。想购买昂贵商品的消费者在做出购买决定前，都要求大量的信息。因此，这样的广告正文必须通过强调产品的品质和性能、提高产品自我形象和威望，使消费者相信其花费是值得的。

另外，较短的广告正文能够有效地促进下述消费品销售。如软饮料、服装、饼干、油炸薯片、啤酒、葡萄酒、珠宝、香水、香皂、洗发水、美容产品或宠物食品等。这些产品的市场差别、销售卖点的差别相当小，主要靠吸引消费者的情感。

四、版面编排　赏心悦目

清新明快的版面可吸引读者，相反繁乱的版面使读者厌烦。DDB（美国著名广告公司）前艺术指导海尔姆特·克罗恩强调：“如果不使读者感到版面简洁，你就遇到麻烦了。”

不要使广告给人留下混乱的印象。一个基本原则是最好只用一幅图片。然而，在不得不使用一幅图片以上的情况下，如果其中一幅在尺寸上占主导地位，那么多幅图片可以加长读者注意广告的时间。

专家提示

约翰·里昂曾说：“美术指导最有效的工具之一就是空白。空白作为调剂、忽略、装饰正文的手段，可以吸引读者的注意，使读者产生阅读欲。从天真质朴的眼光来看，运用空白空间会产生强烈的感染力。”

当广告看起来像个小布告时，消费者的阅读时间和关注时间就会增加。

如果用小的画片和图示将广告打扮得整洁漂亮，会吸引更多的读者阅读较长的文案。

有人认为，空白、装饰边、段与段之间的空白是浪费。错！恰当的留白可以起到强调标题、正文、图片的作用，便于阅读广告正文。

横排版（图片在最上端，紧挨图片之下为标题，标题之下为正文）总能创造奇迹。几年前迈尔斯·斯蒂芬德做的一项研究指出：36 人中就有 35 人非常广泛地阅读横排版的杂志广告。

应避免竖排版（图片在一侧，文字在另一侧）。我们习惯于阅读正文在图下的广告。如果文在图左或图右，我们就不想阅读。如当多芬香皂广告由横排版改为竖排版时，其阅读率由 64% 降为了 50% 。

使你的广告看起来像一篇报纸文章、杂志封面、连环画是个不错的创意。这是因为大多数人对广告都有怀疑心态。许多人发觉多数印刷广告内容偏颇，所以他们只是浏览一下。若广告加入某些文化品位，像作成连环画或杂志封面的样子，就会克服受众的这种心理障碍。

如果是促销食品的广告，最好加上烹饪法介绍。前麦克科恩—伊莱克森总裁，公众之间集团创始人玛丽恩·哈伯说："配有烹饪法的广告比没有的多 20% 的读者。"

无论何时陈述事实时，在句子的开始使用数字标目，而不是用点、方块和其他的旁注符号。例如：

不用：● ……

○ ……

而用：1. ……

2. ……

数字标目不但帮助理解广告信息，而且给人有重要信息的印象。这种感觉来自于我们天生喜欢用列表来使复杂的生活简单化。

广告尺寸和注意度之间也存在着联系。双页广告比单页广告吸引读者的时间要长，依此类推，单页广告比半页广告吸引读者的时间要长，然而，不要错误地认为广告引起的注意度仅仅是由广告的大小而产生的。

研究表明，在报纸和杂志上的广告遵循"平方根"定律。根据这个定律，注意度的增加是扩大的尺寸的平方根，而不是单纯的尺寸的放大。也就是说，广告尺寸放大四倍，则引起双倍的注意。

广告越大，认为广告可信度高的消费者越多。在亚利克·贝恩的《广告中易犯的 27 个普遍错误》中指出，读者往往将广告的大小与公司产品的销售额多少联系在一起。亚利克·贝恩认为，读者想当然地认为小公司作小广告，大公司作大广告。但是，读者评价广告不完全是根据广告的大小，还与其发布的报纸或杂志的版式有关。

同样，字体的设计也很重要，配合巧妙的字体，可以达到更好的广告效果。如下图的 IP 电话广告：

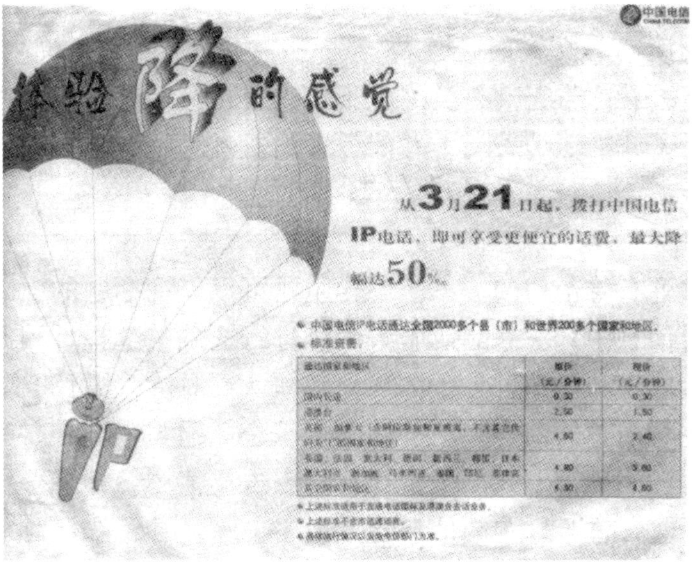

【简评】 将 IP 中的“I”小写，并画出眼、鼻、口，像一个可爱的小精灵，让人倍感轻松活泼；降落伞上一个大大的“降”字，不仅字体大而突出，同时还给人以动感印象，有很大的视觉冲击作用。

总之，对于版面版式的编排，必须综合考虑，只有科学的版面编排才能充分发挥广告文案的作用，达到预期的广告效果。

五、优秀标题　画龙点睛

广告文案中首先引起人们注意的就是它的标题。标题不引人注目，或者说标题不具有诱导读者继续看正文的力量，那么就是失败的广告文案。好的广告标题能够起到画龙点睛的作用，为广告正文增添光彩，有着震慑人心的艺术魅力，给人留下深刻难忘的印象。

前面我们说过读者阅读标题的概率是读正文的 5 倍。在广告业发达的国家广告标题的运用已引起相当的重视，有些国家和地区有专职的广告标题撰写人，我国香港特别行政区甚至有中文广告标题撰写人与英文广告标题撰写人之分。在我国内地，广告标题的作用已逐渐受到重视，广告宣传中已把标题制作当做广告文案创作中非常重要的环节。

广告标题主要有三个方面的作用：

（一）吸引受众

人们在阅读广告文案时往往都要先看一下广告标题，如果标题有吸引力，才会接下去看广告正文；反之就不再去看正文了。一则优秀的广告文案标题应该一下子就抓住消费者，并能诱发消费者对广告正文产生兴趣。

（二）突出主题

标题和主题有着密切的关系。广告主题可以借助标题的引导，帮助受众在大量的广告信息中，对商品或服务信息进行正确的选择。因此，广告标题可以说是广告内容和艺术的集中体现，必须认真对待，精心拟写。

广告标题与主题的结合有两种情况。一是标题与主题合二为一，标题成了表现广告主题的语言形式。二是在有些广告文案中，标题不止一个，而是多个结合在一起。这时标题的信息含量大于主题，主题常常隐含其中。

（三）促使联想

广告标题要能给人以启迪，同时又富于哲理，回味无穷，使受众在丰富的想象中加深对广告信息的记忆。一则化妆品广告的标题是：**“再次受到冷落”**，副题是**“可能是因为粉刺”**。画面是一个舞会，一对对舞伴在翩翩起舞，而一个男青年却孤独地站在一边，广告的内容是介绍男用去粉刺霜。

【简评】这个广告标题就很有吸引力，因为每个人都想赚钱，对“赚钱”这两个字自然敏感。同时，“加盟商和我们一直在赚钱！”既用“赚钱”吸引读者目光，又让人产生一定的好奇心，诱使读者看其正文。

专家提示

●在创作标题时应注意文词简洁易懂，具有独特性，要对目标对象产生刺激性和给予丰富的联想，并让目标对象能够接受。

●标题不能写得太长，以6～7个字为宜，一般控制在十个字左右，如果文字太多，可以分为主标题和副标题。

●标题要新颖别致，要承诺给潜在消费者带来什么利益，或给他们提供最新的信息，不要用空泛的、大家都见过很多遍的陈词滥调。

●同时还应注意真实、准确、贴切，不要生搬硬套，故弄玄虚。

六、文图互补　受众喜爱

除了小块的分类广告以外，广告文案较少以独立的形态存在，一般要与静态或动态的图形和画面配合使用，以达到相互补充、相得益彰的强化效果，这就是文图互补的真正本质之所在。

美国著名广告专家路克·苏利文曾在《广告人的福音》一文中指出：**“让图像说话，文案尽可能简洁，我认为人们不喜欢看长篇大论，同样地，别把你的主要卖点埋在文案中，仅是为了提出一个好标题。在机场翻杂志的读者平均两秒钟要翻一页，如果你能让他们停下来注意你的标题或画面，你的广告就成功了。”**这表明，广告文案万万不可忽视图像的作用，要让它与文案巧妙配合，才能实现优势互补、吸引潜在消费者注意广告产品并付诸购买行动的基本目的。日本某电冰箱广告就是一个典型的成功之例：图形部分是一冷藏室门敞开的豪华气派的电冰箱，冷藏室上下层分别陈置着一块露出红瓤的西瓜和一条鲜鱼。如果仅仅只有这张图片，消费者还是不能明白广告的主题之所在，但将旁边八个大字的标题**“西瓜与鱼，和平共处”**浏览之后，才真正理解了它的诉求重点：广告产品在冷藏食物时，可以互不串味，鱼不会使西瓜变腥，反过来，西瓜也不会使鱼变甜。

在这里，我们看到图形的直观形象加深了消费者的印象，因为直观形象刺激力较强，易于记忆，但仅靠它们是无法表现广告主题的，于是写出“西瓜与鱼，和平共处”，对图像进行补充说明，让受众能从中领悟到广告的诉求重点。如果有图无文，消费者一般难以领会广告的主题意义；如果有文无图，消费者虽可以理解广告的诉求重点，但由于缺乏直观形象，对文案形成注意就比较困难。如果二者和谐地结合在一起，则是珠联璧合，使广告效果大大增强。

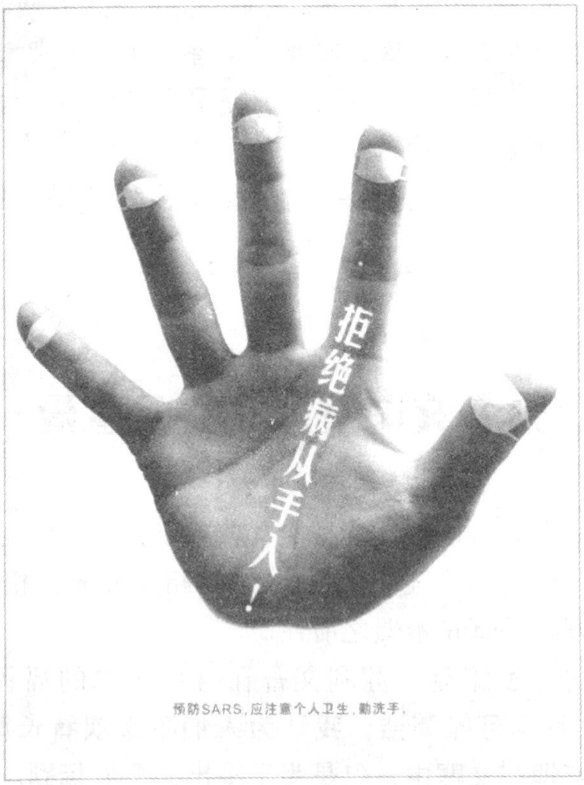

篇名：《罩手篇》　广告公司：广东广旭广告有限公司
创意总监：杨海标　黄炜　文案：孙文瑾　郑业锋　古菀梅
美术指导：苗永浩　曹国英　设计制作：苗永浩　叶新国

【简评】 这是2003年“非典”时期的一则公益广告。整个图案是一只手的五个手指上都戴着白色的“口罩”。设计者画龙点睛地在手掌心写着一行大字：“拒绝病从手入！”图外又加一行文字说明：“预防SARS应注意个人卫生，勤洗手。”这就非常形象地宣传了预防“非典”的常识。如果没有文字说明，就令人难以理解，达不到应有的效果。

在这里，我们看到图形的直观形象加深了受众的印象，因为直观形象刺激力较强，易于记忆，但仅靠它们是无法表现广告主题的，于是写出“拒绝病从手入!”，对图形进行补充说明，让受众能从中领悟到广告的诉求重点。如果有图无文，受众一般难以领会广告的主题意义；如果有文无图，受众虽可以理解广告的诉求重点，但由于缺乏直观形象，对文案形成注意就比较困难。如果将两者和谐地结合在一起，则是珠联璧合，使广告效果大大增强。

七、广告歌曲　易唱易记

我们先看三洋电器的这个歌曲式广告文案：

一二三来三二一，
三洋产品有名气。
电冰箱呀电视机，
产品样样得第一。
电锅电扇洗衣机，
立体收音电唱机。
三洋家庭真福气，
又快乐，又便利，
全家人，笑嘻嘻。
技术最好，
服务第一，
三洋和您在一起。

三洋电器广告歌词，有着简洁顺口、清晰明白的艺术特征。富于口语化，有着易唱易记的良好效果。

媒体放送的广告歌，一般可分为吟咏型、冲击型、产品印象型、强化气氛型等不同的种类。但不论何种类型，都存在着不少共同之处。我国台湾著名广告学家樊志育先生认为，广告歌的共同特性主要体现在下列几个方面：

（1）感化性。也可以说是诱惑性，是“药丸”上的“糖衣”。

（2）煽动性。这是音乐旋律感应人类身心的必然性。

（3）传播性。这是指简单明了具有娱乐性的歌曲。

（4）反复性。话说多了会引起反感，而歌唱有旋律美，往往越听越顺耳。

（5）诉求对象的广泛性。不分男女老少，识字与否，只要有听觉的，都可能喜欢唱，会唱就有印象，而且间接在受众中有了广告作用。

（6）塑造印象性。由于“熟知现象”及知觉的联合是重复视听及旧经验与新印象联合的结果，如钟声与寺庙、圣歌与教堂的联想。

（7）购买时点的再生性。时点就是购买东西的时间地点，再生就是把过去记忆重新唤起的意识，意识是可以支配行动的，因此购买时点的再生，就是消费者在商店里指名的要素。

樊志育先生的见解相当精辟地概括了广告文案中广告歌曲的性质和功能，加深了我们对广告歌曲形式重要性的认识，对于我们在广告文案创作中努力创作出具有较大艺术感染力，又具有较强推销力的广告歌曲，无疑有着重要的启示。

八、悦耳动听　形象易懂

广告文案有时要与音响、音乐结合起来，以多媒体的艺术境界来强化它对潜在消费者的吸引力，使他们对广告产品高度关注，最终实现促进产品销售额大幅度增长的广告目标。试看下面可口可乐公司雪碧汽水的广告文案：

（蝉鸣起伏……）

男声：渴，渴……

（闪烁的音响）

女声：晶晶亮，透心凉……

（喝一口，吸干声，如清凉的水淋头）

男声：哇！

男声：哦！雪碧，当今生活，无论是宴会、旅游、运动……到处有你清凉的奉献！

（孩子笑声，青年欢乐声，摩托艇驶过，一个海浪，又一个海浪）

女声：雪碧（飘过）。

美国可口可乐公司为其雪碧汽水发布的这则广告文案，运用多种音响与有声语言相配合：第一是自然音响即自然界事物发出的声音，如开始时此起彼伏的蝉鸣，与男孩子发出的“渴，渴”相呼应，不仅渲染了骄阳酷暑带来的令人干渴难忍的艺术氛围，也为下面雪碧的出现作了一个极好的铺垫。第二是人为音响，如吸干饮料的声音、喝了雪碧之后欢乐的笑声等，将雪碧汽水清凉解渴的效果暗示出来，再与有声语言“晶晶亮，透心凉”等配合起来，使广告主题得到了有力的表现，从而创造出一个极具感染力的艺术境界。

许多广告文案还经常与音乐结合起来共同完成渲染气氛、塑造形象、增强美感、强化广告效果的艰巨任务。

广告文案中如果有声音语言或音乐和谐配合，可以取得相当显著的促销效果，更好地达到广告目标。这种声音语言需要自然化、口语化，富有个性，并且悦耳动听、形象易懂。

九、定位准确　入心入脑

现代社会已进入了信息时代。以美国为例，其人口占世界人口的6%，而每年的广告支出却占了全世界广告费的57%。美国每人每年的广告消费是400美元，而世界其他地区每人每年的广告消费平均不过17美元。在美国如此大量的广告信息时刻不停地向消费者进行“轰炸”，其效果如何自是可以想见的。即使是最具特色的企业或产品，也会淹没在广告的汪洋大海之中。因此，在我们这个传播信息过多的社会，你对你所传播的产品（服务）信息的可能效果决不能盲目乐观。

对于消费者而言，他们对传播过度的大量冗余信息只能采取冷漠或抵抗的态度。如果我们在进行广告策划时，只顾盲目地无休止地借助媒体不厌其烦地向消费者提供信息，而不去考虑消费者是否乐意接受这些信息，那么这一广告策划将是十分愚蠢可悲的。

我们的广告信息如何才能进入潜在消费者的心里呢？如果广告主能够认识到过度传播冗余信息的弊端，把握住消费者的心理特点，那么就会找到一种进入并占据消费者心理的办法，这就是定位。

定位从产品开始，可以是一件商品、一项服务、一家企业、一个机构甚至一个人。然而定位并不是要对产品本身做些什么，而是在可能成为未来的消费者的人们的心理中做些什么。也就是说，你需给产品在有可能成为消费者的人们的心理中定一个适当的位置。所谓定位，就是使企业的产品在消费者心理中占有地位、留下印象的一种广告方法与推销方法。广告定位，则是通过广告宣传，使产品或服务在消费者心理中占据位置的一种方法。

产品定位不是广告人主观臆想的产物，而是来源于对产品和市场的实际调查。广告文案离不开产品定位，产品定位越明确，广告的主题才会越准确。以名牌车、名牌表、名牌服装为例，它们的主要购买对象是高收入人群。因此，广告画面中出现的是英姿焕发的先生与雍容华贵的女士。这种广告主题所要表达的产品概念意在突出产品使用者的身份、地位与他们的风度。

由此可见，产品定位是广告文案产生的重要前提与依据。确定了产品定位，也就确定了广告文案和画面的“战略要点”。选择恰当的、最佳的产品定位，能够给广告主题以定向的引导，使主题能在一个限定的选择点上深化和延伸，目标集中，概念明确，从而避免了分散与模糊。这种对主题的定向与限定，其结果往往是产生个性突出、独具内涵的广告作品，它的独特性与新奇性令人们历久难忘。请看青岛啤酒的电视广告画面：

【**简评**】把啤酒定位为节日礼品，通过顾客在超市购买的情景达到广告目的。

总之，产品的定位要建立在对市场和消费者调查研究基础之上。“定位”的概念必须运用到广告领域，因为“定位”本身就是一种有效的广告促销策略。

十、语言呼应　信息完整

广告文案前后的语言风格必须保持一致，以加强内在的有机联系及发挥整体效应。在行文中要注意遣词造句乃至篇章结构的相互呼应。请看下面的例子：

（1）多年来，我们遵循“人民邮电为人民”的精神，以充分满足社会各界和公众沟通需求为己任，不断拓展业务。

（2）多年来，我们秉承“服务社会，服务万家”的信念，以充分满足社会各界对电信业务的需求为己任，不断开拓新业务，使电信业务更为丰富多彩。

（3）多年来，我们力践“以发展求生存”的思想，锐意进取，不断超越。

从广东邮电企业形象的广告文案可发现“遵循……精神”、“秉承……信念”、“力践……思想”是相呼应、相映衬的，虽然侧重点不同，但有着同样的力度和涵盖力。

在创作广告文案之前，应根据广告信息的内在联系对它们进行分类，并且分类应尽量详细，不要遗漏任何一个重要的、可能和其他信息构成明显的并列或递进关系的信息。

第二篇　广告文案写作方法

第三章　广告文案写作61法

广告文案的写作没有固定的模式。成功有效的广告文案必是创作者在深入市场的前提下汗水和灵感的结晶。

广告文案的写作尽管没有一成不变的格式，但仍然有章可循。我们通过研究提炼出中外5000多则广告文案，加上自己的写作经验，总结出61种极为有效的写作方法，这61种方法适用于各种广告媒体，故称为通用61法。

需要说明的是，一篇优秀的广告文案，在写作方法上往往有多种特点，是两种以上特征的有机结合，是几种写作方法共同使用的产物。我们在具体的创作中要注意灵活把握，综合运用。

一、关注受众法

（一）含义

写作广告文案时，必须像对待日常生活中接触的人一样对待消费者，与他们交谈，倾听他们的意见，向他们展示爱，投注感情。我们在进行文案写作时，要时时提醒自己：要把受众当成自己的亲友，至少当成活生生的人，以人性化的口吻写东西。

（二）写作方法

（1）使用人性化的措辞。也就是说，使用具有谈话语调的句子，向读者摆出问题解释说明。不论你是卖电脑还是卖比萨饼，都应明白一点，消费者希望看到能够理解他们、娱乐他们、欣赏他们，对他们有帮助、有提示作用的广告。

（2）用“你”或“您”而不要用“一个人”。应避免使用这样的句子：

“由于华纳供热系统的问世，一个人能节约 10% 的供热支出。”而应该说：“你可以节约 10% 的供热支出。”

（3）向消费者讲述你的产品时，要以人类利益或个人价值作为广告诉求点，而不是仅仅指出“为了什么原因”。

（4）要用这样的词点缀你的广告，即众所周知又符合身份的人物名字、专有名词、人称代词，以及其他指人的词，如母亲或妈咪。

（5）将体贴和感情注入到内容里面。

（三）精彩实例及简评

［**实例 1**］

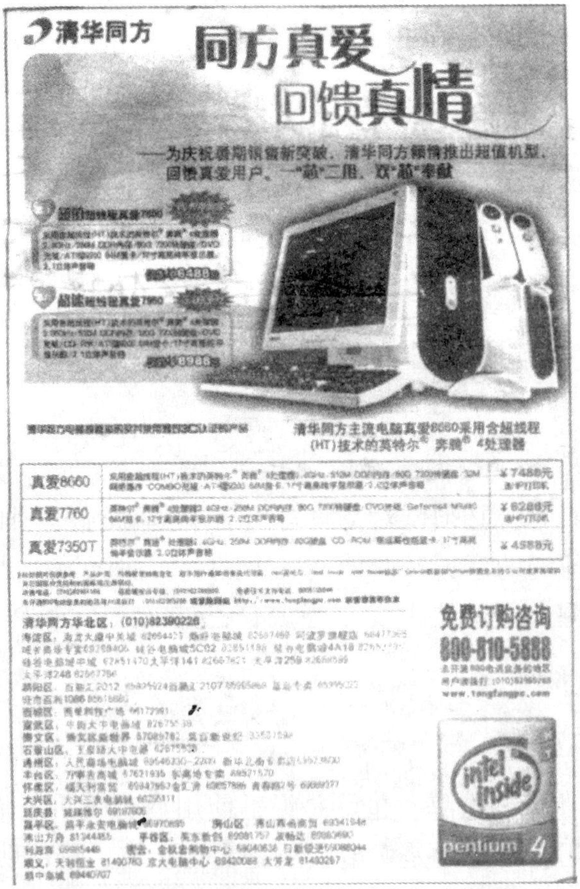

【简评】清华同方电脑的这则广告文案以“爱”为主题，同时自己商品的名称也得到了很好的体现，既表达了对消费者的关爱，又宣传了产品。

［实例 2］

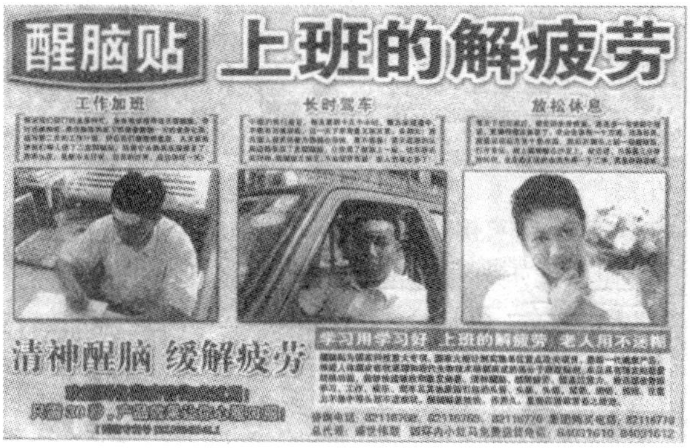

【简评】这则广告文案从关心消费者的健康出发，处处体现体贴与呵护，缩短了与受众之间的距离，易产生亲切感。

二、提议、建议或推荐法

（一）含义

广告不是传达命令，更不是强迫受众去购买你的商品或服务。因此，在创作时，必须注意语气。无论是报纸、杂志，还是广播电视、互联网上的广告，撰稿人几乎都要使用几个祈使性词语，用来表达一种提议、建议或推荐，这样可以使受众易于接受。

（二）写作方法

按这种方法写出来的广告文案一般是属于直诉型的。不过，如果冠以别出心裁的标题，也同样可以妙趣横生。

祈使性语句可以使语气和缓，避免受众的排斥，但并不是用得越多越好，也不要从开头到结尾都用祈使句，创作广告文案时要根据需要灵活把握。

（三）典型词句

常用的一些祈使性词语有：

接受申请，要求，避免，请，使，让
作为，成为，获取，买
引起，改变，选择，收集，来，剪下
敢于，开发，指导，发现，喝
节省，享受，进来，带来
感到，填写，找到
提前，感兴趣，摆脱，给出，去，猜，具有，匆忙
识别，想象，改善，提高，指出
加入
保持，知道
了解，听说，存在，看看，寻找
注意
获得，提供，安排，组织
参与，委托，扮演，拥有，从中获利，把握
辨认，减少，揭露，催促
节省，品尝，划掉，派出，选购，展示，研究，预订
抓住，打电话，考虑，尝试，垂询
使用，试用
赢得，记下

（四）精彩实例及简评

［实例 1］

【简评】“无限惊喜等着您，快来奥德行购车吧！”这不仅是典型的祈使语气，同时还有一定的鼓动性。

［实例 2］

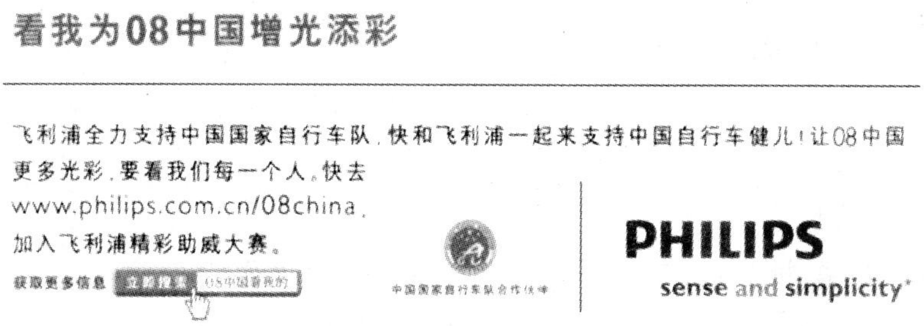

【简评】提议、建议或推荐法。

三、巧用汉字法

（一）含义

这种方法就是利用汉字的某种特点或从语言的特性来进行广告文案写作的方法。我们知道，汉字是世界上最具独特性的，无论是形、音还是意义都是如此。这就为我们利用汉字进行广告文案创意提供了广阔的空间。

（二）写作方法

根据汉字的特点，可以将这种写作方法分为三类：

（1）利用读音。指利用汉字相同或相似的读音进行巧妙组合。

（2）利用形体。指根据汉字的结构特点（如偏旁、部首等）和广告文案主题的联系进行巧妙的创意。

（3）利用字义。汉语中的字义与字形有着密切的联系，有的与读者有一定的关联。如果发现了某些字义（如广告产品的品牌名称等）与广告主题吻合，就可以将字义作为文案创作的核心或亮点。

（三）精彩实例及简评

［实例 1］

十四是十四

四十是四十
十四不是四十
四十不是十四
没有牙齿，看你怎么念?
牙齿不珍惜
后悔来不及
要重视你的牙齿

【简评】这是新加坡卫生部曾作的一则为保护牙齿的公益广告。文案作者以绕口令为题材，巧妙地利用“十四”、“四十”的发音特点，说明没有或缺牙的人不能正确发出这两个音，以此来表示牙齿保健的重要性。

比较一下那些直白的公益广告，我们就可以发现它的与众不同之处：它不是正面地直接宣传牙齿保健的必要性和重要性，而是从侧面即“十四”、“四十”这两个特殊的字音入手，从而让人们深刻地领会它的主题。字音与主题天衣无缝的完美吻合，极具风趣的表现方式，使这一广告产生了巨大的社会效益。

[实例2]

美国保德信人寿保险公司的广告文案：

三个字就有四个人。保德信的企业理念就是重视人的价值。

【简评】“保德信”三个字的偏旁中有两个单人旁一个双人旁，都与人有关，而保德信公司的主要业务又恰恰是搞人寿保险的，于是文案创作者就巧妙地利用了“人”字旁来突出保德信的企业理念，那就是重视人的价值——关心人、爱护人，为人的安全、幸福提供最完善的社会保障。

这种广告给消费者以巧妙、新颖而又自然天成，毫无牵强附会的感觉，凡是读过的人无不留下永远难忘的印象。

[实例3]

标题：太太

正文：在中国古代文献中，“太”显极大之意，太太二字叠加则表示最大，在民间用来尊称已婚女性。在古代朴素的哲学思想中，女性是生命的孕育者，代表了世间万物的神秘起源，因而备受尊崇……

【简评】文案巧妙地利用太太口服液这一品牌中“太太”二字的字义大做文章，从“太”的“极大”的二字叠加的“最大”，再到民间以此表示对已婚女性的尊称，最后从哲学的角度表明太太作为生命的孕育者而备受尊崇。

四、扭曲变形法

（一）含义

扭曲变形法是指在广告文案写作过程中，不按事物的本来面目予以表现，而是通过歪曲其外部形态来吸引受众，提高注意力。

（二）写作方法

（1）比例变形。是将模特人物自身的外部形态及结构关系进行歪曲处理，使它有违常态来引起消费者的惊奇感，进而激发对广告及产品高度的注意。

（2）人变物。扭曲变形也可以将人变成动物。如著名的表现主义作家卡夫卡的《变形记》中，推销员格里高尔在一天早上发现自己变成了一个巨大的甲虫。这种变形手法对广告文案创作也有深刻的影响。

专家提示

扭曲变形是为了引起非常关注，更是为了表现广告文案的诉求主题。因此，要切忌那些无来由的变形，以免出现相反效果。

（三）精彩实例及简评

［实例 1］

标题：我的朋友乔·霍姆斯他现在是一匹马了

正文：乔常常说，他死后愿意变成一匹马。

有一天，他果然死了。

五月初我看到一匹拉牛奶的马，看起来像乔。

我悄悄地凑上去对他耳语：

“你是乔吗？”

他说：“是的，可是我现在很快乐！”

我说：“为什么呢？”

他说：“我现在穿着一件舒服的衣领，这是我有生以来的第一次。我衬衫的领子经常收缩，简直在谋杀我，事实上有一件把我窒息死了。那就是致死的原因！”

“天哪，乔。”我惊讶失声。

“你为什么不把你衬衫的事早点告诉我，我会告诉你关于箭牌衬衫（Arrow Shirt）的事，它们永远合身而不收缩，甚至用深灰色棉布织的也不收缩。”

乔无力地说：“深灰色棉布是最会收缩的了。”

我回答说：“可能是，但我知道戈登标的箭牌衬衫是不缩的，我正穿着一件。它经过机械防缩处理，收缩率连1%都不到！此外，还有箭牌所独有的迷淘适领！”

“戈登标每件只卖两美元。”乔说，“真棒，我的老板正需要一件那种样子的衬衫。我来告诉他戈登标的事，也许他会多给我一夸脱燕麦！天哪，我真爱吃燕麦呀！”

广告语：箭牌——机械防缩处理

如果没有箭牌的标签

那它就不是箭牌衬衫

箭牌衬衫——

机械处理防缩——如果收缩不合

免费奉送一件作赔！

【简评】这是广告大师乔治·葛里宾为箭牌衬衫创作的一篇广告文案。

在这篇广告文案里，他的朋友因为穿一种低质量的衬衫——领子常会收缩，最终窒息而死，变成了一匹马。意在表明：如果这个朋友以前穿的是戈登标的箭牌衬衫，就不会发生这样的悲剧了。从而将广告的诉求巧妙地表达了出来。这则广告在当时的传播和推销效果都十分突出，因为这种手段使受众觉得新奇有趣、异乎寻常，很容易使消费者留下难忘的记忆，并诉诸购买行动。

［实例 2］

【简评】在上图“中一牌辛夷鼻炎丸”的广告里，模特的头部较一般正常的要大得多，使其与躯干的比例被改变了。更重要的是人物的脸型被拉长变扁，眼、鼻、口、耳等面部感觉器官也被扭曲，仿佛哈哈镜中出现的形象。

五、超现实法

（一）含义

超现实法这种广告文案创作方法，侧重于表现人物非理性的梦幻和潜意识，挖掘不易流露出来的深层心理世界，包括个人和集体无意识。

（二）写作方法

这种艺术手段通过展示隐蔽的心理世界，使广告文案的表现领域更广阔、更深刻。由于触及人的深层心理，追求在非理性中展示出理性的诉求，使其新颖独创可以对消费者产生很大的吸引力。

（三）精彩实例及简评

[实例 1]

有金龙鱼花生油，今晚的月色好美……味!

【简评】“月色”怎么“好美味”？这是非理性的诉求方式的明显体现，特别是图中的美女甜蜜的微笑，加上眉目微闭，显然进入了梦幻般的境界。这则广告明显运用了超现实表现方法。

[实例 2]

标题：当你走上坎坷的人生之路时

正文：彼得梦见自己与上帝一起散步，天际缓缓推出一幅幅图景，再现了彼得一生的经历。他走过的每一段路，都有两双脚印，一双是他的，另一双是上帝的。但当最后一幅图景展示在他面前时，路面的脚印只剩下了一双，那正是他一生中最消沉、最悲哀的岁月。彼得问上帝：“主啊，你答应过我，只要我跟随你，你永远扶持我，可是我在最艰难的时候，你却弃我而去了。”上帝说：“孩子，当时我正把你抱在怀里，所以只有一双脚印。”

画外音：当你走上坎坷的人生之路时，本公司陪伴着你。当你遇到不测的时候，本公司协助你渡过难关。

【简评】 这则广告文案是一个著名保险公司发布的，在社会上引起了强烈的反响和广泛的关注。作者详细描述了彼得的梦境，指明正是上帝的亲切关怀才使彼得摆脱了逆境和坎坷，并向消费者暗示，本保险公司决心向广大消费者提供热情周到的服务，全心全意地帮助人们渡过生命中的坎坷和不测。

六、荒诞法

（一）含义

荒诞法是现代主义广告文案最重要的创作方法之一。

荒诞是不合道理和常规，不可调和的，不可理喻的，不合逻辑的。

除了反常规组合之外，荒诞性的另一特点就在于它的非逻辑和反逻辑性。由于人们对那些合乎常规逻辑的东西看得太多了，因而对那些不同凡响的、反传统的东西就特别青睐。

（二）写作方法

要想创作出效果好的荒诞广告文案，其方法大致有两种：一是让题材呈现出反常规的组合，如金项链挂在酒坛子上，晾衣绳上的小木夹吊起了大奶牛；二是语无伦次，使之具备非逻辑性的特征。当然，将两种方法结合在一篇文案中也屡见不鲜，这些都需要灵活地予以运用。

（三）精彩实例及简评

［实例 1］

标题：如果你会怀孕的话，你会小心一点吗？

正文：任何已婚或单身人士都可以向家庭计划协会索取有关避孕的指导。

【简评】 男人怎么会怀孕呢？将“男人”和“怀孕”进行反常的结合是荒诞法的巧妙运用，既吸引了读者朋友，又揭示了广告的主题。

［实例 2］

日本本田小型摩托车为了打开美国市场，在广告上可谓呕心沥血、殚精竭虑，如请了不少走红的美国球星、歌星当模特推介产品，收效甚微，又请在任总统尼克松帮忙，被其婉言谢绝。在万般无奈之下，本田公司自己动手创作了一则电视广告：播出开始，黑色屏幕上雪花点直闪，美国人还以为是电视台播放设备出了故障。突然间，电视屏幕上以闪电般的速度交替映出拙劣笔迹书写的问句：**我是谁？狗能思想吗？我长得丑吗？**同时传来各种稀奇古怪的声音，有玻璃砸碎的声音，炸弹爆破的声音，还有儿童窃窃私笑的声音。正在观众莫名其妙之际，画外音响起来了：**“最新型的本田 50 型摩托车——即使尚未尽善尽美，但它也绝不会有什么问题。”**

【简评】 上述广告的问句语无伦次，不合逻辑，是一种无序性的混乱结构。但也正因为广告文案的这种非逻辑性，才使得美国观众对它的荒唐怪异产生了兴趣和注意。这是符合心理学规律的。人对于那些一反常态的奇异事物或现象，往往会特别感到兴味盎然，并产生高度的关注。

这个广告以其突出的荒诞性引起美国消费者议论纷纷，留下了难以磨灭的深刻印象，使得本田摩托车当年的销售量猛增到 12.5 万辆，这在素以汽车王国著称的美国无疑创下了一个销售奇迹。

七、恐惧法

（一）含义

所谓恐惧法是指以人们的安全需要为契机，指明受众如果不购买该产品或服务，必将对安全造成严重威胁，以此来提醒和劝导消费者采取购买行动。这是一种以“威胁”的口吻劝导消费者解除可能遇到的安全威胁的行之有效的重要创作方法。

（二）写作方法

恐惧法实际上是从否定的方面或从反面进行创作的一种重要方式。其写作模式可以概括为：**如果非 A，则非 B。**

这里的 A 指的是某种广告产品服务，B 则指购买之后所获得的安全或利益。具体地说，恐惧广告文案一般总是构想出某种灾难、困境、损害、危险、痛苦等威胁消费者的情景，而这种不利情景正是由不购买某种产品、不接受某种服务或某种错误行为导致的必然结果。如下文日本灾难案例，如果你不买保德信的人寿保险，万一遭到空难惨剧怎么办？天有不测风云，人有旦夕祸福，还是应未雨绸缪为好。再如一则公益广告，图形部分巧妙地将香烟稍作变形，成为一个个裹尸袋，文案部分则暗示其为抽烟带来的恶果。

专家提示

在进行“恐惧写作”之时，必须与“恐怖”广告划清界限：“恐惧”只是一种企图摆脱危险的逃避的情绪，而“恐怖”则为一种严重的惊慌战栗，有的还可能影响社会稳定。因此，对于恐惧法的运用一定要慎之又慎，一是不能滥用，二是不能将“恐惧”扩张到“恐怖”领域，否则就会与相关法律产生冲突。

（三）精彩实例及简评

［实例］

日航123航次波音747班机，在东京羽田机场跑道升空，飞往大阪。时间是1985年8月18日下午6时15分。机上载着524位机员、乘客以及他们家人的未来。45分钟后，这架飞机在群马县的偏远山区坠毁，仅有4人生还。其余520人，成为空难记录里的统计数字……

在空难现场的一个沾有血迹的袋子里，智子女士发现了一张令人心酸的纸条，在别人惊慌失措、呼天抢地的机舱里，为人父、为人夫的谷口先生，写下给妻子的最后叮咛："智子，请好好照顾我们的孩子！"就像他要远行一样。

你是为谷口先生难过呢？还是为你人生的无常而感叹？免除后顾之忧，坦然地面对人生、享受人生，这就是保德信117年前成立的原因。走在人生道路上，没有恐惧，永远安心——如果你有保德信与你同行。

【简评】这则文案是奥美中国台湾分公司孙大伟先生为美国保德信人寿保险公司创作的。发布的当年即以极具独创性的恐惧创意获得台湾地区第16届广告金像奖的最佳杂志广告金奖。

八、内心独白法

（一）含义

有的文案看似戏剧性对白或作者的陈述，实际上则是两个人物或某一人物将内心活动向观众道出，这种别具一格的方法称为内心独白法。

（二）写作方法

内心独白法要抓住以下两点：

（1）基调、氛围一般要求娓娓动听，亲切感人。因为内心独白与交流对话不一样，它是内心活动完全真实的反映，不掺杂任何虚伪和矫情，所以必须给人以情真意切、直诉肺腑之言的美好印象，才能真正使广告文案收到良好的效果。

（2）陈述要完整。无论是一人式独白还是两人式独白，通常要求要陈述比较完整的心理过程，要通过对内心活动的表白，让细节形成一个有序的情节链。

（三）精彩实例及简评

［实例］

美国 7—ELEVEN 24 小时连锁店企业形象的电视广告文案：

年轻人：清晨四点，整个城市好像只有那个角落，让人觉得明亮且温暖。

店员：我记得那天冷冷的，还在下雨，他站在那里喝咖啡，心情好像很坏的样子。

年轻人：只不过喝他一杯咖啡而已，他就像老朋友一样陪我聊了好久。

店员：我只不过是问问他是不是工作不顺，他就好像好久没跟人说过话一样，一说就说个没完。

年轻人：我好像第一次跟一个陌生的人讲那么多话，也在这个角落里，第一次感觉到许多人竟然可以那么单纯，那么认真地活着。

店员：嘿，胡子刮刮吧！

店员：常来喔，别忘了这个方便的好邻居喔。

年轻人：那个早晨，觉得自己的脸那么清新，那个角落真的特别明亮，特别温暖。

【简评】这个文案中的年轻人与店员都是内心活动的表白，以回忆的方式，把那个年轻人带回到 7—ELEVEN 24 小时连锁店喝咖啡时，所感受到的友好温馨的服务做了大致的描述：开始怎样去那里，中间的过程如何，怎样离开那里，感觉如何……而这些又是通过两个人将各自所见所闻用独白的方式予以展现，如果消费者将其连接起来就成了一个有头有尾的故事。

九、怀旧法

（一）含义

“过去了的才是美好的”已成为人们的一种普遍心理，这就使人经常产生“怀旧”情结：青年人喜欢追忆童年的天真和无忧无虑；老人们时时怀念逝去的时光；工业化的负面影响常常导致人们对昔日田园牧歌情调表现出由衷的向往……利用人们这种怀旧心理进行广告文案写作的方法就叫怀旧法。

（二）写作方法

怀旧法是值得我们高度重视的一种行之有效的方法。但必须具体问题具体分析，随意滥用则会引起消费者的厌恶而弄巧成拙。

运用怀旧法主要应注意两点：

（1）对怀旧的题材要精心选择。要选择那些最能引起共鸣的形象与情感，即永远也难以忘怀的人生经历，如童年时代的珍贵记忆，甜蜜的初恋，无私的母爱，真挚的友情，昔日宁静优雅的田园牧歌情调……它们能普遍激起消费者的怀旧情结，使其在强烈的感染中对广告予以深切关注。

（2）主题式题材应与广告产品有密切关系，或者更准确地说，广告产品本身就是“怀旧”的事物或引发“怀旧”的触媒。如南方黑芝麻糊这一传统食品的本身就是人们怀旧的对象，当然最终目的还是为了推销今天的产品。

（三）精彩实例及简评

[实例1]

男声：我祖父来到哈宁镇，大约在1882年。

画外音：Haward Ottley是俄勒冈州东南部的一位牧场主。

男声：哈宁镇依然保持昔日牧场风光……我父亲生于牧场，我们全家居住于此……

画外音：他仍然保持自然的做事方法，我们认为那是生活及酿酒的最好方法。那就是布里滋啤酒为什么要以天然原料，用传统的方法酿造。

男声：我并未到过国内很多地方，但我想类似这样的地方也不多了。

画外音：布里滋乡村……天然的乡村……天然的啤酒。

[实例2]

美国“贺轩（Hallmark）”万用贺卡广告

老祖母打算卖掉曾经在这里抚养后代长大成人的小楼，搬到一套公寓去住。轰响的卡车开进了小院，老祖母即将与这伴随她度过大半生的小楼告别了。正在这时，她的孙子在灰蒙蒙的阁楼上发现了亲友寄给老祖母的一大沓贺轩卡。祖孙俩一张又一张地翻阅着这些卡片，勾起了老祖母同儿孙们一起度过美好时光的回忆，全然不顾楼下汽车一声声的催促。

画外音：问候使您一生中最美好的时光永驻常青。当您真正关心、怀念一个人时，请寄上一张最好的问候卡——贺轩万用贺卡！

【简评】上述贺轩卡广告可以说是“怀旧法”的成功之作。老祖母手中一页页翻过的贺轩卡，不仅是过去生活的历史记录，而且是亲情友情的真实见证。老人陶醉在对过去美好岁月的回忆之中，甚至对楼下汽车的不断催促也全然不知。作者没有直接表现贺轩卡，但其与人们生活的密切关系和重要意义却尽在不言中。

十、幽默法

广告大师波斯迪曾说：“巧妙地运用幽默，就没有卖不出去的东西。”

根据一项调查，早在20世纪80年代，以幽默为风格的广告案例在美国已经占总广告案例的42%。今天，这个数字还在增加。著名的戛纳广告节获奖作品也大多以幽默见长。

幽默是语言的润滑剂。它用独特的构思和想象力润滑了广告沟通渠道，把快乐带给了受众，把效益带给了广告主。

（一）含义

“幽默”一词，汉语大词典上给出的解释是：有趣、可笑而意味深长。也就是说，幽默一定是有趣可笑的，而有趣可笑的不一定都是幽默。关键就在这“意味深长”上，让人笑过、乐过之后，还能有回味和咀嚼的东西。幽默与挠痒痒、哗众取宠之间的根本区别就在于：前者是富于智慧，能给人以启迪或思考的；而后者则完全没有内涵，笑过之后，什么也没留下。幽默法就是采用真正的幽默来创作广告文案的方法。

（二）优点

幽默法在广告界愈来愈受重视。麦克柯伦·施德曼研究机构对500个电视广告进行了调查。在对各种创意不同的广告的效益测试中，引人发笑的幽默广告明显胜过名人广告等广泛流行的广告形式。相比较而言，用幽默的方法制作的广告，以轻松愉快、引人发笑的方式，遮蔽了广告直接劝说、敦促购买的功利印象，克服了消费者对广告的怀疑与抗拒心理，使他们在对喜剧的美感享受中不知不觉地接受了广告诉求，从而变被动为主动，自觉自愿地去购买广告产品。

从美学观点来说，幽默是一种智慧，而不是一种技术。看看古今中外的幽默话语，可以发现幽默还有自己的语言规律。

（三）写作方法

（1）颠覆思维定式。老人像孩子，孩子像大人，庄重的人说调皮的话，调皮的人换上庄重的表情，该对称的不对称，该协调的不协调，该出现悲剧结尾的却出现了喜剧结尾……人们的思维定式被打破，巨大反差最容易导致幽默效果的产生。

（2）恰当的修辞与夸张。修辞技巧与幽默技巧密切相关，如果运用得好，恰如其分的修辞就能够创造出幽默效果。

夸张是广告人经常使用的一种幽默手法。被夸张了的某种事物或情景，总是会和现实中的这一事物或情景有着天然的落差。而幽默就从这一落差中获得了势能。

（3）语带双关。有些词语或句子，用在特殊的语言环境中能使其一语双关，产生幽默的效果。

（4）拟人。让没有生命的物品有了生命，让不会说话的东西说起了话。这种充满想象力的修辞手法，也是幽默的来源。

运用幽默法进行创作，首先，要侧重于构想出妙趣横生、引人发笑的典型化细节；其次，运用各种幽默语言自身的规律达到出人意料的幽默效果；最后，要让消费者在大笑中将注意力集中到产品上来，万万不能让笑声淹没了广告产品，其奥秘就在于所选笑料都必须或隐或显地围绕着产品。

专家提示

幽默式广告文案不是单纯地追求幽默，不是纯文学的幽默，要结合产品或服务去幽默，广告文案写作者必须明白幽默只是手段，不是目的。只有能达到成功地推销产品和广告文案的真正诉求目标的幽默，才是成功的。

（四）精彩实例及简评

［实例 1］

实不相瞒，天仙的名气是吹出来的。

【简评】这是“天仙牌”电风扇的广告口号。吹，原本不是个褒义词，它出现在广告里，本来就能给人一种悬念。而电风扇确实是利用吹来给人们带来清凉，悬念就得到了合理的解释。这一语双关的用法，跟人们开了一个小玩笑，机智又不失幽默。

［实例 2］

标题：试图使他们相会？

正文： 亲爱的扣眼：

你好，我是纽扣。
你记得我们已经有多久没在一起了？
尽管每天都能见到你的倩影，
但肥嘟嘟的肚皮横亘在你我之间，
让我们犹如牛郎织女般的不幸。
不过在此告诉你一个好消息，
主人决定极力促成我们的相聚，
相信主人在食用 DIPLOMA 脱脂奶粉以后，
我们不久就可能天长地久，永不分离。

【简评】这样一则广告，用一种委婉有趣的方式，幽默诙谐地向人们诉说了脱脂奶粉的引人注目的好处，让人看完以后忍俊不禁。文案运用了拟人手法，把主人肚皮上的纽扣和扣眼变成了人，倾诉着因为主人肚皮太大而不能相见的痛苦，在人们会心微笑的同时，巧妙地把奶粉可以减肥的信息传递了出来。

其实这幽默的后面，我们能分析出这样几个思维创新的步骤：

第一步：找出奶粉能够承诺给消费者的利益点：美容、营养、可口、补钙，促进儿童生长、恢复体力……

第二步：找出 DIPLOMA 奶粉最具个性的产品特性：脱脂。

第三步：分析脱脂和利益点之间的关系，得出结论：能够承诺的最好利益点就是奶粉不仅很有营养，还能令人保持良好的体态和身材。

第四步：将保持身材做逆向思维，如果保持不了将是什么后果？
第五步：通过讲述肥胖的烦恼，向受众说明选择脱脂奶粉的必要性。
第六步：胖人肚皮大，常常扣不上裤子扣子，扣子、扣眼总是分家。
第七步：将扣子、扣眼拟人化，让扣子给扣眼写封信，倾诉思念之情。

十一、点铁成金法

（一）含义

“点铁成金”，出自宋代大文学家黄庭坚之口。他说：“自作语最难，老杜作诗，退之作文，无一字无来处，盖后人读书少，故谓韩杜自作此语耳。古之能为文者，真能陶冶万物，虽取古人之陈言入于翰墨，如灵丹一粒，点铁成金也。”“点铁成金”是各民族从文学创作到其他文体的撰写中普遍运用的一种相当有效的方法。广告文案作为一种特殊文体，当然也不例外。

（二）写作方法

“点铁成金”一般有两种类型，即引用型和点化型。

（1）引用型。就是直接引用现有的诗词文赋等，并与产品结合起来，创作时要注意它们的形式意味，让消费者从中感受到一种浓郁的潇洒风趣，如“一毛不拔”就因暗中调换了意义而让消费者对它产生了巧妙绝伦的评价，即将原先的小气、吝啬的意义予以抹杀，而赋予一种刷毛坚固无比的意义。

（2）点化型。对现成的诗句文赋、谚语、流行歌曲的歌词、成语等略加改动，使之更加切合产品推销的需要。

（三）精彩实例及简评

［实例］

①东风夜放花千树。（江苏沙洲灯具广告）
②一毛不拔。（梁新记牙刷广告）
③千里之行，始于足下。（某旅游鞋广告）
④不打不相识。（某打字机广告）
⑤冬天里的一把火。（美加净滋润唇膏广告）

【简评】可以看出，江苏沙洲灯具广告“东风夜放花千树”引自宋代大词人辛弃疾的《青玉案·元夕》且一字未改。其余几则广告也是如此。在写作此类文案时，必须注意将所引前人的诗词歌赋等与广告产品的主要功效及当前情感联系起来，只有这样，才能突出广告主题，诱导受众付诸购买行动。如“东风夜放花千树”就将灯饰绚丽多姿与万紫千红表达得十分恰当而生动。

十二、悬念法

（一）含义

在广告文案创作中，那种能唤起受众某种期待，激起消费者强烈兴趣的创作方法，就叫悬念法。

（二）写作方法

（1）标题悬念。在广告文案的标题写作中采取悬念法，可以激发消费者的好奇心和探究欲，以引发他们对广告产品的密切关注，同时也引导他们读正文。

（2）单篇文案。就是在一篇广告文案中的开头或开头的中间部分设悬，最后揭出奥秘所在。

（3）系列文案。就是在系列广告文案中采取逐步设悬，逐步解答，若干次之后，才将悬疑的奥秘揭出。

专家提示

运用悬念法，切忌噱头玩得太过，那样不仅不会引起好奇，反而会对产品的诚信形象造成伤害。最保险的做法是，在悬念后把实在的广告信息传递给受众。

（三）精彩实例及简评

［实例1］

笔的婚姻大事。（波氏笔广告）

不是药，但比药更有效。（某品牌大米广告）

您知道这黑色盒子里的秘密吗?（国外某巧克力糖广告）

有时候价格高的东西最便宜。（某润滑油广告）

【简评】波氏笔广告的标题“笔的婚姻大事”就使消费者颇费猜测：笔有什么婚姻大事可言？这是什么意思？再看看正文，才知道它是集钢笔与圆珠笔于一身，好像异性的结合一样。再看某润滑油广告的标题“有时候价格高的东西最便宜”，它悖理的方式引发了人们的疑惑，细看下去才发现原来是因为该品牌润滑油质量过硬，虽然售价是普通润滑油的2～3倍，但每年换油次数却只占别种品牌的1/5，所以全年算起来还是较其他品牌便宜。

［实例2］

标题：当整个人类毁灭的时候

正文：大战过后，整个地球覆盖着核灰尘。幸免于难的美国核动力潜艇“自由女神号”的全体官兵成了最后的一部分人类。“自由女神号”的指挥官杰克逊少将向国际大家庭的每一个公民都发出了征询：你是不是愿意回到故乡去？回答是肯定的。于是潜艇穿过漂浮着血肉模糊的尸体、支离破碎的军械的大洋，径直驶向美国的海岸。

战斗警报突然拉响。困惑不解却又习惯于不折不扣地执行命令的水兵们迅速地奔向各自的岗位。杰克逊少将的声音通过话筒传来，他的声音低沉而镇定：“我们艇上的报务员收到了无法破译的电台信号，这信号来自我们的祖国。这只能被理解为：自由女神号并非诺亚方舟，在我们的国土上，完全可能有敌军的活动。”“自由女神号”重新变成了一座战斗堡垒，水兵们又像战时一样值勤。杰克逊少将命令报务员24小时开机，神秘电台的信号必须及时报告并记录在案。

旧金山已经遥遥在望了。神秘电台的信号也随之变得越来越清晰，它老是突然地出现，又突然地消失，叫人怎么也捉摸不透。

潜艇浮上水面，眼前一片废墟。水兵们在甲板上默默地排成横队，向一个毁灭了的城市致哀。

杰克逊少将开始组建突击队，隔着防毒面具，他无法看清那些被选中的突击队员的脸，但是，他极其真切地感受到那些虎背熊腰的战士的忠勇。

突击队出发了。杰克逊少将手握瓦尔特手枪走在最前面。跟在身后的是报务员和排成战斗队列的冲锋枪手。

突击队慢慢地接近了一座楼房，所谓楼房，只能说是对于历史的承认，而不是对现实的描述。作为超级市场，那座楼房曾经是惹人注目的，可眼下，整幢楼已被核冲击波削去了大半，残余的几堵墙也岌岌可危。

杰克逊少将本能地闭上了眼睛。他感到恐惧，又感到痛苦。战前他常来这儿，他的女友特别喜欢在这个堂皇却又充满了想象力的超级市场里购买东西。然而，战争毁灭了一切。他是在前往直布罗陀海峡参战时得到女友在空袭中死去的消息的——她的弟弟给他寄了一张照片，照片上的她几近焦炭一截，没有了昔日的风韵，更没有了银铃般的笑声……

少将重新睁开眼睛，他晃晃脑袋，似乎要把痛苦的回忆甩开。然后示意报务员最后确证敌方电台的位置。

敌方电台沉寂了好一阵子，突击队员们警惕地伏在断墙残壁的后面，一个个黑洞洞的枪口指着前面破楼的每扇门窗。

神秘的信号终于又出现了。报务员肯定敌人的电台在超级市场的废墟内。杰克逊果断地命令突击队实施包围，他自己第一个跳跃着跑过一大片开阔地，冲进了破楼的门楣。

楼道已经打断。杰克逊只能踩着一个战士的肩膀，双手拉住二楼的横梁，才纵身翻上去。

眼前是一座紧闭的木门。没有什么可犹豫的了。杰克逊将背在肩上的自动步枪拉到胸前，用力一脚，将门连框一起踢落下来，跟着就是一梭长长的连发。

在杰克逊之后翻上二楼的另外两个突击队员，又向屋里扔进几颗柠檬型手榴弹，顿时，轰响不断，楼道里满是呛人的硝烟味。

硝烟渐渐散尽，杰克逊少将和突击队员们冲进了屋子。他们惊愕万分地发现，屋里既没有敌人的尸体，也没有任何战斗设施。有的只是一架搁在靠窗桌上的发报机和一个被窗帘下端牵挂住了的罐头盒。每当海风从没有玻璃的窗框外吹进，窗帘扬起，那个罐头盒就被连带着撞向发报机，从而在键钮上完全无意识地敲出了几个断断续续的、无规则的，当然也就因此而无法破译的信号。

枪口一个跟着一个垂下，“自由女神号”的官兵们啼笑皆非，相视无言。

此时，镜头越来越推近罐头盒，最后，整个画面被那个惹是生非的罐头盒所占满，现在，谁都可以看清，那是一个“可口可乐”的罐头盒。于是，两行字幕急忙出现：

当整个人类毁灭的时候，可口可乐依然存在！

【简评】这是一部轰动美国的广告片，这个悬念可谓史无前例，在你没看到结尾的时候，你很难猜到它是则广告，更难想象出它是在宣传什么产品。

十三、反讽法

（一）含义

反讽的概念来自希腊文，原意系指喜剧中一种“佯装无知者”的角色类型，即在对手面前假装糊涂，说话傻里傻气，但最后却总是证明真理还是掌握在他的手上，从而使对手大出洋相之类的人物。在历史发展过程中，它的含义逐渐发生了一些变化，获得了“讽刺”、“嘲弄”等新的称谓。反讽法，就是以这些手段来创作广告文案的一种方法。

（二）写作方法

在运用反讽法创作广告文案时要有意制造语义之间的矛盾，强化它们的张力，使其与那些陈腐老套、平铺直叙（如只知道正面陈述产品性能、功效等）的文案拉开距离，显得出类拔萃、卓尔不群。

专家提示

心理学家认为，新颖奇特的事物或现象容易引起人们的注意，而反讽修辞使语言表达不同寻常而具有很大的新颖性，易于引起消费者的兴趣和关注，进而获得良好的广告效果。

（三）精彩实例及简评

［实例］

①“这么大，小一点更好！”　　（墨罕哈森　洗车工人）
②“这么多安全设备干嘛？”　　（林源顺　源顺车厂）
③“它害得我很惨！”　　（欧福美　欧福美加油站）
④“它令我很不舒服！”　　（达盛　敌对车行）
⑤“太快了，我不喜欢！”　　（叶小倩　87岁）

【简评】上述实例系日本尼桑汽车的系列广告文案。从中可以看出，这些内容的画面意义无一不是对尼桑汽车的指责和批评，但它的内在意义——无论是广告文案作者赋予的意义还是消费者的理解——却都是对尼桑汽车的卓越性能的描述。例如，欧福美加油站所说的“它害得我很惨！”，这句话表面是抱怨尼桑车使加油站的生意清淡，赚不到钱，但文案作者将此语引来，却使它在新的语境的下改变了意义，即在作品和消费者头脑里，这句话表示尼桑车具有十分省油的独特功能。所以，尼桑汽车这一广告文案的表层意义就同其陈述的实际含义存在着冲突和矛盾，这是反讽法的成功运用。

十四、以退为进法

（一）含义

通常情况下，广告一般（99%以上）都是对广告产品或服务持一种颂扬的态度，只有极少数广告在作品中有意指出它的缺陷和不足，与赞美方式相比，这种“自揭其短”的方式可说是反其道而行之，所以我们称之为逆向思维。实际上也就是以退为进。

（二）写作方法

以退为进法最关键的是要在广告里融入一个“诚”字。以诚取信、以诚待客、以诚相告，这种诚信态度会令消费者十分感动，因而非常乐意购买广告产品。第二个好处就在于这种方法具有反潮流的勇敢精神，非常易于引起消费者的注意，这是符合心理学所揭示的注意规律的。

专家提示

心理学认为，不合流俗的、出类拔萃的、与众不同的东西最容易引起人们的注意，而受到消费者注意正是广告成功的关键所在。

（三）精彩实例及简评

［实例］

①《电子报》在一则征订广告中，指出自己的印刷质量和纸张都比较差，编辑也不尽如人意。并奉劝初学者不要订阅该报，因为看不懂会浪费金钱；同时还提醒电子学的研究人员也不要预订，因为对他们的水平不会有提高作用。

②这种运动服使用的是本国最好的染料，染色技术更是本国最优秀的；不过感到遗憾的是：酱紫色一类的颜色至今仍没法做到永不褪色……

【简评】上面所引的第一则文案是中国成都《电子报》的一则征订广告，第二则是日本美津浓运动衫广告文案，两者有一个显著的共同点，那就是有意识地使思维脱离人们习惯的轨道，而朝相反的方向探索：在只说广告产品优秀不讲缺点的情况下大讲不足，但实际上寄寓的却是赞美广告主那种实事求是、不弄虚作假的诚实精神。

十五、留白法

（一）含义

在我国传统写意山水画技法中，留白是极其重要的一种技巧。好的绘画有时讲究的是空，而不是满。一张宣纸上着墨处可能不到1/3，其丹青就能赋予高山大川、人物景观以神韵。为什么会这样？因为留白不仅可以延伸人们的视觉感受，更可以留给人们更多的想象空间。

把写意山水画技法中的留白移植到广告文案中，就是我们所说的留白法，也叫省略技巧。它不仅能够使文案更加简洁，在众多信息复杂的广告中脱颖而出，更能够激发消费者的好奇心和想象力，让他们对产品或企业产生和保存强烈的兴趣。

（二）写作方法

（1）省去语言链索中的某些环节。如只出现问题没有答案、只有结果没有原因或省去不便言明的事实等。

专家提示

在运用留白法时，我们需要把握一个原则，即如果消费者对这一类产品的特性已经有了一定的了解，而整体的广告策略也只是为了树立产品或企业的品牌形象，那么留白技巧就可以发挥较大的作用。但如果你需要推广的对象是一种新产品。性能、特点、功效等基本的信息都还不为人知，那么，还是多用一些笔墨来介绍它，否则有可能会让消费者丈二和尚——摸不着头脑，达不到帮助广告主进行销售的目的。

（2）省略语句中的某个成分。如只有主语和谓语，没有宾语；只有谓语，没有主语和宾语；有的甚至只有状语，其他成分都没有，给受众留下充分的想象余地。

（3）文字与画面相结合。留出画面空白或用很少且很小的文字来加以说明。

（三）精彩实例及简评

［实例1］

①宝宝不再泪汪汪。　（某婴儿洗发精广告）

②现代女性，上班不让须眉，下班不乏柔美。　（凤凰系列化妆品广告）

③女人，你追求什么？　（宝露化妆品广告）

④使用西施兰，将恢复您的尊严！　（西施兰夏露广告）

【简评】宝宝何以不再泪汪汪？是因为使用了该洗发精。这种洗发精之好，无须多言。“凤凰”系列化妆品与女性柔美之间的因果关系也被推到了一片空白之中。宝露化妆品的广告似乎只管提出问题，该作回答处却处理成了空白，不过，被引发了爱美之心的女士会自然而然地将注意力转向“宝露”。西施兰夏露专治狐臭，患者对此特别敏感，因此广告中须加以回避，这就造成了空白。而空白处所包含的意思，患者是心领神会的，这有点委婉的意味。

［实例 2］

在迷人的夜晚……　　　　（法国某香水广告）

【简评】这则广告在文字上很吝啬，只有几个字，只为消费者提供了一个神秘的环境，但却是一个能激发无限遐思的环境。受众可以尽情想象在这样的夜晚，将出入各种 Party 结识各界名流，甚至是去和情人幽会等。对于喜好浪漫的法国人来说，他们所想到的任何一个场合都需要香水独特的气味来制造气氛。因此，广告虽然没有明确地把销售目标写出来，但实际上已经利用留白在消费者心中为自己的品牌备了案。

［实例 3］

雅园的广告文案：

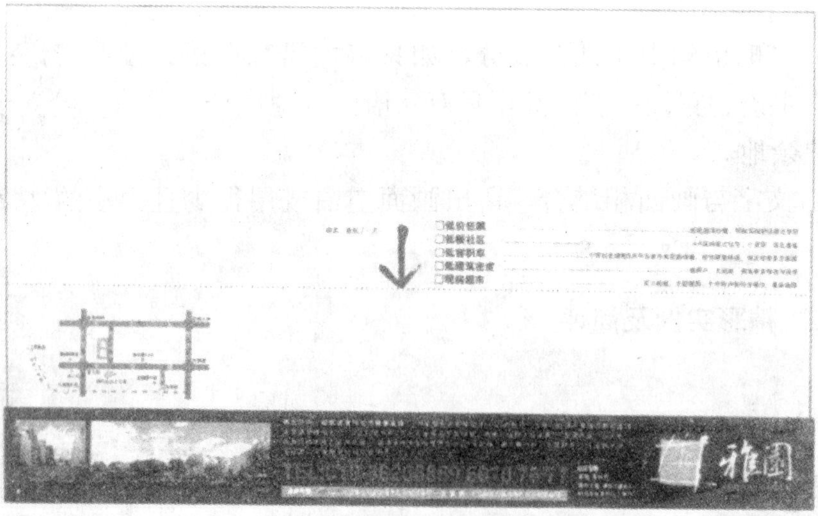

【简评】这是一则报纸广告。该广告只占用了半个版面却还留了 1/4 版的空白！只用一个向下的箭头来说明最关键的问题：低价。箭头左侧的一行“确实，是低了一点……”还与粗粗的箭头形成反差效果，使人不禁凑近去看。

十六、委婉法

（一）含义

一般来说，广告文案的语言要做到简单明了，不和消费者兜圈子，那么这是不是和“委婉”产生了矛盾呢？实际上，这里的委婉技巧指的是用生动具体或隐晦的表达来代替直白的说明或论证，而不是故意不把话说清楚。

（二）写作方法

（1）委婉技巧可以避免使用一些人们敏感的字眼，比如不便张扬的人体生理特点，等等。

（2）委婉技巧在使用时需变啰唆为简洁。

专家提示

委婉但不造作，不啰唆，不弄巧成拙，这是运用委婉法必须要注意的问题。另外当广告的诉求策略要求用直白朴实的语言时，一般不用这种方法。

（三）精彩实例及简评

［实例 1］

难言之隐，一洗了之。（洁尔阴广告）

【简评】这则广告的聪明之处就在于用“难言之隐”代替了一些妇科疾病，既能令受众理解产品的功能究竟是什么，又避免了受众在看广告时可能会出现的尴尬心理。

［实例 2］

做女人挺好！（丰韵丹广告）

【简评】这则广告避开了对女性生理特征的直接描述，用词方面狡黠又风趣，把产品的效果说明得十分清晰，因此这句话很快就在大众中流行开来。

十七、“噱头”法

（一）含义

制造噱头俗称故弄玄虚，这与悬念法有所不同。悬念法注重的是设置悬念，让受众产生好奇心理和探求原委的欲望，而噱头法既可以设置悬念也可以从头到尾没一点悬念，它是先在前面做好铺垫，最后出现一个出人意料的结局，有点像相声里的“抖包袱”。

（二）写作方法

运用玄虚技巧时，切忌噱头玩得太过，要始终明确广告文案是为了引起受众对产品的关注。成功的“噱头”不仅能产生诸如幽默或其他好的效果，还能更好地树立产品的形象。

（三）精彩实例及简评

［实例1］

镜头1：酒会上，一个潇洒男士正用夏新手机通话。
镜头2：手机的正面特写。
镜头3：美丽的女模特靠近这位男士。
文案：（女模特台词，表情暧昧）能跟你要电话吗？
镜头4：男士将电话号码写在小卡片上送给女模特。
镜头5：女模特伸手去接，结果拿的却是男士的夏新手机。
广告语：梦幻魅力，舍我其谁。

【简评】在受众都以为男士与女模特之间将有什么故事发生的时候，女模特表现出的却只有对手机的青睐。玄虚不仅产生了幽默效果，更重要的是树立了夏新手机的品牌形象。

［实例 2］

镜头 1：优雅浪漫的酒吧里，坐着一对青年男女，女郎的面前摆着一杯酒。

镜头 2：男士把头转向她，好像闻到了什么味道。

镜头 3：男士深深地用鼻子闻，一脸痴迷的样子，并靠近女郎。

镜头 4：女郎得意地昂起头，眼往别处看。

镜头 5：男士微闭着双眼，往鼻孔长长的吸气，并继续缓缓靠近女郎，几乎已经碰到她的身体。

镜头 6：女郎做出不屑和厌恶的表情，侧身躲开男士的“轻浮”。

镜头 7：男士的鼻尖终于凑到了桌上的那只酒杯，闭着眼，如痴如醉地说：“哇……好香啊……”

镜头 8：女郎遭此打击，拂袖而去。

镜头 9：酒瓶的正面特写。

【简评】这是某个品牌的酒所做的电视广告，与夏新手机的广告可以说有异曲同工之妙。看那位男士的表情动作，不仅那个女郎误会，就连受众看了也会以为男士的如醉如痴缘于女郎的国色天香，说不定还有观众等着听男士的脸与女郎巴掌响亮的撞击声呢！可是结果却出乎意料，人家只是被酒香所吸引嘛！这个噱头玩得可谓趣味横生、妙不可言。

十八、鼓动法

（一）含义

在广告文案语言中直接鼓动消费者购买产品，这就是鼓动法。所有的广告最后的目标都是促进销售，但因为策略的不同，大多数广告文案的诉求点一般放在对产品性能和优势的介绍、企业形象的树立上，与直接要求受众去买的促销型广告有着很大的区别。

（二）写作方法

用实际的利益来吸引受众是鼓动法中常见的语言形式。

一般来说，鼓动法要求语言的煽动性强，句子简短有力，表述清楚，不需要过多的修饰。

（三）精彩实例及简评

［实例 1］

我们的珠宝专家能够为你提供关于你的珠宝的全面的信息，并且为它们目前的市场价格出具一份书面的估价鉴定书。如果你把它们带到我们在波士顿和伯顿的展厅来，我们也可以为你提供免费的口头估价。

【简评】 SKINNER 珠宝和艺术品拍卖行为了使自己的服务能够以最快的速度为消费者所接受，故把消费者所能享受到的各种好处都一一在广告中列举了出来。让消费者觉得一个一个的承诺都非常具体、实在，也透出了拍卖行的诚意，可以对受众产生不小的诱惑力。

［实例 2］

欢迎光临第七届北京国际汽车工业展览会招商银行展台，持此联，您即可享受超值优惠，并有机会获得精美礼品！展位：7 号馆外东南侧。

【简评】 这是北京招商银行“买车贷款”业务的杂志广告，可以看出，这则广告语言少，重实际，仅对优惠条件进行重点阐述，对那些本来就打算去车展的消费者来说，拿着广告去获得奖品既不费事又有好处，何乐而不为呢？

十九、数字表格法

（一）含义

数字和表格与科学联系紧密，将其用在广告文案中可以增加可信度，并使广告显得严谨而简洁，让人一目了然。数字技巧是令广告文案真实可信的一种有效方法。

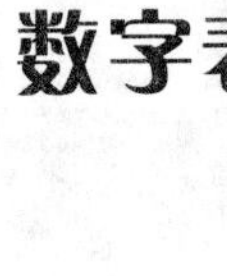

专家提示

在利用数字表格法进行广告文案写作时应避免滥用数字表格，以防止破坏文案的整体效果。

（二）写作方法

由于数字和表格总是和科学、严谨联系在一起的，所以要适当合理地运用这些技巧，以保持文案的真实性。在文案写作过程中，不能用过多的数字影响文案的语言表达，使用数字应当是精当准确，又要有利于广告传播。

（三）精彩实例及简评

［实例1］

经过27层净化。　　（乐百氏纯净水广告）

【简评】其实每一种合格的纯净水出厂前都要经过复杂的消毒和过滤，但消费者对这个过程并不了解。其他生产商也没有想到要把一个司空见惯的工序拿到广告里来大加宣传。乐百氏则偏偏抓住了这个数字大做文章，很快得到了消费者的认可。当然，如果乐百氏水不用27这个数字，只是喊口号“乐百氏，就是纯净的水”，也能起到一定的作用，但毕竟不会在消费者心中留下如此深刻的印象。

［实例2］

童声齐唱：一颗，两颗，三四颗，五颗花生米呀。

旁白：由五颗花生米才能提炼出一滴鲁花花生油。

【简评】近几年，植物油进入了工业化生产阶段，并形成多个品牌分争市场的局面。如何使自己的品牌脱颖而出，是所有厂家都必须面对的问题。仅仅强调炒菜好吃已经不能在广告大战中吸引消费者的眼光了，因为大家都在这样说。鲁花花生油从数字入手，强调5：1的关系，具体生动地说明了花生油的品质。这则广告还用童谣使原本枯燥乏味的数字带上了审美色彩，使受众容易接受。

二十、诗歌法

（一）含义

诗歌法是指采用歌词的形式来进行广告文案写作并表现广告内容的方法。诗歌的特点是感情强烈，想象丰富，语言精练，句式整齐，富有意境和鲜明的节奏，易记易诵。不过，诗歌型广告文案的要求毕竟不像文艺类诗歌那样严格，它只需字句整齐，内容较概括，朗朗上口就行。

（二）写作方法

（1）抒情叙事诗型。以浓厚的抒情成分来表述商品或服务特征，寓一定的情节和人物形象于精练的诗行之中。

（2）散文型。就是以散文形式、诗的语言与节奏来表现广告内容。这种广告文案兼有散文与诗的双重特征，结构灵活，富有意境。

（3）民歌型。这种广告文案写作时要运用生动活泼、朴实清新、想象丰富、通俗明了、易唱好记的民歌形式来表现广告内容。

（4）顺口溜型。顺口溜是我国劳动人民在日常生活中所使用的一种语言形式，它字句整齐，押韵自然，浅显易懂。顺口溜广告文案通过顺口溜这种语言形式，向消费者传递商品信息。

专家提示

广告文案的写作形式是和其表达的内容相结合并服务于主题的，切忌故弄辞藻，为形式而形式喧宾夺主破坏文案主题。

（三）精彩实例及简评

［实例1］

标题：留一盏灯，给不夜的星星

正文：向所有的人道过晚安

灯火就沉沉入睡了

独留落单的星星

遍寻不着共游的灯火……

且点一盏灯

点上无尽的诚挚和期待

邀约不夜的星星聆赏

黎明的天空

飞利浦自然色日光灯

为不夜的星星点上一盏知心的灯

【简评】飞利浦自然色日光灯广告文案分行押韵，采用的是现代白话文，精练、优美，表现得潇洒自如，毫无拘束，是一首意境深邃、温馨亲切的优秀自由诗文案，取得了极好的传播效果。

［实例 2］

《风流一代》杂志的广告文案：

我爱读《风流一代》，因为我的血管里有青春的热血在奔流。生活中何处没有风流？年轻人谁不向往风流？一本《风流一代》，一曲“风流短笛”，把时代和青年的音符高奏。

我爱读《风流一代》，因为它的封面给了我美的享受：月光、溪谷、少女、鲜花……还有我喜爱的吉他手。

我爱读《风流一代》，因为众多栏目为我打开了理解人生的窗口；“时代能人谱”和“青春交响曲”告诉我如何在改革的潮流中击流；“生活、理想、情操”升起了我心中理想的星斗；“爱的思考”引导我对珍贵的感情怎样追求；“知识的海洋”让我荡起双桨，在科学的天地中泛舟……

因此，我向青年朋友们推荐《风流一代》。我愿在《风流一代》的读者队伍中，结识更多的挚友。

【简评】这是典型的散文诗型广告文案。

［实例 3］

【简评】房产广告很少有采用自由诗词的，一般采用理性诉求，而这个广告文案另辟蹊径，把绿水青山用抒情的方式表达出来，不禁让人神往。

二十一、巧用戏剧法

（一）含义

在创作广告文案时，借鉴戏剧的形式来撰写文案的方法称作巧用戏剧法。

（二）写作方法

（1）话剧式。话剧是近代从西方引进的戏剧艺术形式，它主要靠人物语言和舞台提示来展开情节和戏剧冲突，以表达创作主体对社会生活的审美思考。话剧被引进广告文案，主要用在广播广告中，常以广播剧的形式出现在消费者面前。

与一般话剧相比，广播剧中解说（旁白）用得较多，这和它只有有声语言而没有视觉形象以及有些东西无法用台词表达出来有关，从而借助于旁白来介绍、补充、提示某些重要广告信息。

（2）戏曲式。中国传统戏曲有着浓郁的民族特色，即使在西方文化艺术铺天盖地的今天，仍被众多的中老年消费者所喜闻乐见。为以他们为诉求对象的产品而写出的优秀的戏曲文学式广告文案，也是很有效果的。

（三）精彩实例及简评

［实例1］

解说：狂风巨浪……（音乐）

伯克：船要翻了，加伦，你看怎么办?

加伦：快！扣紧救生衣，快跳海。

（狂风巨浪声、跳海声、游水声）

解说：（直升飞机声）这是一个真实的故事。1983年2月3日，国家海洋局第二海洋研究所助理研究员蒋加伦和澳大利亚生物学家伯克，驾驶一只小艇，在南极爱丽丝海峡考察，不幸落水。

（混播：飞机飞行员的呼号：戴维斯站，发现伯克和蒋加伦先生！发现伯克和蒋加伦先生，请指示，请指示!）

地面：马上救人！马上救人！他们冒着狂风在－15℃的水中搏斗了半个小时才爬上岸，他们在冰天雪地中等候了5个小时，才被直升飞机搭救到戴维斯站医务室。

加伦：（声音微弱）我的手和脚都没有知觉了。

医生：你的手和脚全发黑了！严重冻伤！要做好截肢的思想准备！

加伦：（自语）怎么办？难道只有截去手指和脚趾这一条路吗？不！不！不能！我不能将我的手指和脚趾留在南极！哎，我出国前在杭州买了一瓶"孔凤春"珍珠霜。它说明书上写着：能生肌润肤，促进皮肤的新陈代谢！

解说：蒋加伦每天坚持三次涂搽孔凤春珍珠霜。不久，他的手和脚有知觉了，皮肤也红润起来了。严重冻伤的手脚奇迹般地得到了恢复，这真乐坏了这些在冰雪世界上孜孜追求事业的人们！

医生：奇迹！奇迹！没有想到杭州孔凤春珍珠霜有这么大的作用！

加伦：我也没想到孔凤春珍珠霜能使我的脚起死回生。以后我们再来南极，要多带些杭州孔凤春珍珠霜！

【简评】从以上实例可以看出，写话剧广告文案要抓住基本的戏剧冲突，如上例中与自然的对抗：南极爱丽丝海峡的巨浪将中澳联合科学考察团的小艇掀翻了，半小时的水中挣扎和5个多小时的营救，使蒋加伦手脚失去知觉，他面临着截肢的巨大痛苦。这种紧张冲突就产生了吸引消费者高度关注文案的艺术魅力。另外，要恰到好处地运用旁白来补充交代台词不易表达的某些信息，把故事发生的背景交代清楚，还要把剧中的情节与文案的主题结合起来。

[实例2]

羊羔美酒的广告文案：

（探子上场，锣鼓）

探子：报——启禀丞相，司马懿十五万大军西城四十里安营扎寨。

诸葛亮：再探——哎呀，想我西城乃是一座空城，这便如何是好？噢噢噢，有了，想我诸葛一生从不弄险，惟有设下空城之计，方可骗过司马懿，来——

老军：丞相有何吩咐？

诸葛亮：命尔等速备琴棋设于城楼之上。

老军：是——

诸葛亮：再取羊羔美酒，摆设西城之外，准备犒赏司马大军。

老军：这羊羔美酒可上哪儿去弄呀？

诸葛亮：老夫听说，成都彭县羊羔美酒厂已经酿制出这一传统美酒。前日，老夫已命人采购回来，后营搬取。

老军：是，后营搬取成都彭县羊羔美酒啊！

（锣鼓）

【简评】 从这篇戏曲式广告文案里我们可以看出：第一，基本戏剧情节，可取自现成的戏曲剧本（也可自编），但必须将广告产品融合进去，而且要妥帖自然，天衣无缝。本实例所借用的京剧《空城计》里原本就有诸葛亮命人抬酒上城的情节，作者在这里巧妙地将广告产品羊羔美酒嵌进去（诸葛亮命人抬羊羔美酒上城楼），就显得自然天成，毫不牵强。第二，在语言运用上，一定要合乎传统戏曲半文半白的特点，如本实例就用得相当成功，“这便如何是好”、“尔等”、“老夫”之类的语词就是明显属于文言句式或文言句词，它们与白话交织起来，其文白夹杂就有着浓郁的传统戏曲的韵味。

二十二、讲故事法

（一）含义

讲故事法是指用讲故事的形式来创作广告文案的一种方法。将产品或企业的来历、特征等通过故事情节的展开逐步让消费者了解，从而达到广告宣传的目的。

（二）写作方法

按故事类别可将这种方法分为两种基本的类型：

（1）传说故事型（包括神话故事）。指企业借民间某一地区有关的人文、景观、风俗习惯、土特产品的来历传说来宣传与之相关的商品、服务等方面的一种广告形式。这种广告文案，写作时要注重真实性，胡编乱造毫无事实根据的传说只会引起消费者的反感，而不会引起共鸣。

（2）生活故事型。指以现实生活为基础，将文案写成贴近生活的故事。

（三）精彩实例及简评

［实例1］

标题：一双手展开了一个美丽的传奇故事！

正文：在远古，一个很遥远的国度，有一位非常讲究美食的国王。在皇家御厨中，有一位技艺高超的厨师，他所做的大餐小点深受国王的爱好。有一天，国王忽然发现餐点差了，将厨师找来一问，原来厨师那双巧手突然变得又红又肿，这双手当然做不出美好的餐点来。国王立刻让御医为厨师医治，可惜无效。厨师不得不离去。

可怜的厨师流浪到森林中的一个小村庄，帮一位老人牧羊。他经常用手抚摸羊身上的毛，渐渐发觉手不疼了。后来，他又帮老人剪羊毛，手上的红肿也渐渐消失了。他欣喜地发现自己的手好了。

他离开老人返回京城，正碰上皇宫贴出告示征聘厨师。于是他蓄长了胡须前往应聘，所做的大餐小点，极获国王赞赏。他知道自己的手已恢复了过去的灵巧。当他被录用时剃了胡须，大家才发现他就是从前的大厨师。

美食品尝家国王召见他，问他的手是怎样治好的。大厨师想了想说，大概是用手不断整理羊毛，无意中获得治疗的吧。

根据这条线索，国王让科学家们详加研究，结果发现，羊毛中含有一种自然的油脂，提炼出来，有治疗皮肤病的功能。国王命其名为兰丽。

【简评】美国加州的“兰丽绵羊油”广告创造了一个富有传奇色彩的故事，突出了产品的效用，吸引了人们的注意力。

以故事的说明性来达到广告的宣传目的，这种方式可使信息易于被受众了解。

[实例 2]

标题：一天少抽一包烟
半年买台洗衣机

正文：同事小王的烟瘾大得在咱们厂是出了名的，他太太为他抽烟的事没少责骂他。

今年春节，小王决定戒烟，但是要一下子戒掉，还真不容易！小王想，只有逐渐减量，先从每天少抽一包烟做起。那么，小王每天少抽一包烟省下来的钱打算怎么花呢？他盘算着，要买一样东西，这件东西一要实用，二要实惠，还要讨太太的喜欢。

嗨！有了！买一台申花微电脑全自动洗衣机。这种洗衣机是国内价格最低的微电脑全自动洗衣机，每台零售价才 880 元，质量也不赖，它毕竟已获得国家质量银奖嘛。每天少抽一包烟就足够买台申花牌洗衣机了。

小王决心已定，他打算到今年秋天，就去买一台申花牌电脑洗衣机送给太太，他还要大家替他保密呢，小王说：“我要给太太一个意外的惊喜！”

【简评】这个故事型广告文案虽然有不少细节，但“一天少抽一包烟，半年买台洗衣机”无疑是整个故事的核心和主要情节。作者将最精彩的广告信息放在标题中首先展示出来，就可以吸引消费者去阅读正文并采取购买行动。

二十三、借用曲艺法

（一）含义

曲艺又称说唱艺术，包括相声、快板、评书等。它一般通过说话、唱词或说唱结合的形式叙述事件，刻画人物，表达作者对某个事件或问题的思考，这里的“借用曲艺法”就是用这种说唱艺术的形式来创作广告文案的一种方法。

专家提示

创作相声体广告文案应当遵循下列原则：

①要把广告产品功效与相声中有关生活内容巧妙地结合起来，以突出广告主题为主要任务。

②要遵照相声艺术的自身规律，通过曲解、打岔、强词夺理、不懂装懂、双关谐音等方法来设置“包袱”，让消费者发出轻松的笑，在获得美感的过程中牢牢记住广告产品及其功效。

③要懂得相声的结构模式，即由垫话、正话、收底三部分组成。垫话就是开头部分，正话即主要部分，收底则是尾声。垫话要巧妙地引出话题，为正文打下坚实的基础，正话主要是通过上文所述的技巧设置“包袱”，收底则要向观众抖出包袱，交代悬念，引发笑声。

（二）写作方法

（1）相声型。相声是我国人民喜爱的艺术形式，它通过设景、打岔、双关、曲解、强词夺理等方法吸引听众（观众）。写作相声式广告文案，借相声这种艺术形式来宣传商品，把生活现象和商品的性能结合起来，让消费者在愉快、轻松的氛围中不知不觉地接受广告信息。

（2）快板书型。快板书是曲艺的一种，分山东快书和竹板快书，用竹板或铜板敲打伴奏，词儿合辙押韵，说时节奏较快。快板书式广告文案写作时一般不需要直接介绍商品，而是要求将广告信息和故事情节巧妙地结合在一起，从而达到宣传商品的目的。

专家提示

创作快板书广告文案，下列几个问题值得我们注意：

①它的语言节奏快，句式较短，以七言句最为多见，三言句、五言句相对用得较少。

②做到合辙押韵，可以从头至尾一韵到底，也可以换韵，以求创造出变化错综的形式美。

③它的内容必须有效地显示出广告主题。

（三）精彩实例及简评

［实例 1］

杨高先生为“郁美净多效硅酮霜”、“郁美净西林蜜”创作的相声广告文案：她为什么年轻？

甲：今天咱俩研究个问题。

乙：什么问题？

甲：比方说，两位女同志站在一起，一位显得年轻，一位显得老相，这是为什么？

乙：这问题简单呀，一位八十来岁，一位十几岁，两人显得就不一样了。

甲：不！我说这两位女同志年龄差不多。就说你爱人和我爱人吧，今年都三十六岁，对不对？

乙：对，都是属猪的。

甲：可是我爱人看着就不像三十六的。

乙：像多少？

甲：二十六。

乙：年轻十岁。我爱人呢？

甲：也不像三十六。

乙：那像多少？

甲：六十六。

乙：啊？六十六的是我妈！

甲：跟你妈差不多。

乙：这像话吗？

甲：我说的有根据。

乙：还有根据？

甲：当然有。谁不说我爱人越长越年轻？

乙：这倒是。因为你爱人是搞文艺工作的。

甲：这不是主要的。重要的是她交了一个好朋友。

乙：啊？交的谁？

甲："老蜜"。

乙：你不生气？

甲：我非常支持。"老蜜"使得我爱人年轻漂亮了，我能生气吗？

乙：好嘛！这位"老蜜"是谁？

甲："老蜜"，郁美净西林蜜。

乙：化妆品呀？

甲：你以为呢？

乙：我以为她又新搞了一个。

甲：去你的吧！郁美净西林蜜是一种高级美容珍品。西林是一种奶素，是由鲜牛奶所提炼，其中含有蛋白质、多种维生素和皮肤不可缺少的无机微量元素等营养成分。经常使用可以减慢皮肤衰老，增加弹性。你看看我爱人打乒乓球都不用球拍。

乙：用什么？

甲：手，弹性大，跟红双喜反贴胶粒球拍差不多。球来了，"当"，弹回去了。

乙：这可方便，手能随身携带。

甲：你爱人就不行了。打乒乓球，对方一记重扣，你爱人来个海底捞月，姿势倒不错，可麻烦了。

乙：怎么呢？

甲：乒乓球把你爱人的手砸个坑儿。

乙：啊！

甲：没弹性哪，跟发面糕似的。

乙：这可玄了，其实我爱人也经常使用。

甲：西林蜜？

乙：蛤蜊油。

甲：好嘛，也太惨点啦！

乙：不是惨，因为我爱人是清洁工，每日风吹日晒的，使什么也不行。

甲：谁说的？你爱人可以使用郁美净多效硅酮霜。保证她满意。

乙：是吗？

甲：这是一种最新的多功能护肤美容佳品。可以在清晨和晚上敷擦面部、手部，能使皮肤表面形成超级的防护薄膜，推迟老化。还可以增强皮肤美感，使皮肤洁白细嫩，有效地防止寒风、烈日、病菌对皮肤的侵袭，还可防止出现皱纹。

乙：这好。我爱人脸上的皱纹跟门帘似的。

甲：不但如此，而且对清洁皮肤、防裂、防尘、防工业湿疹和抗紫外线光对皮肤的辐射都具有良好的效果。

甲：不过你爱人最好别用。

乙：为什么？

甲：她经常使用，模样变了，我担心她会不会把你淘汰。

乙：去你的吧！这两种化妆品是哪儿生产的？

甲：天津第二日用化学厂生产的。

乙：好。我也想用，行吗？

甲：太可以了。比如你刮胡子以后，擦点郁美净硅酮霜，皮肤感到滋润、滑爽、柔软、舒适。

乙：好，我两天就得刮一次胡子，如果我也想年轻几岁，让肉皮白嫩点儿，使用什么化妆品好呢？

甲：就您这尊容？一脸的疙瘩，跟橘子皮似的。别说，还真有一种适合您擦的美容佳品。

乙：哪种？

甲：脚气灵。

【简评】这则广告文案采用人们喜闻乐见的相声形式，把产品的性能与生活中的事情结合起来，使受众在笑声中接受了广告信息。

［实例2］

“男宝”药品的广告文案：

有个同志叫大老唐，
家里外头都挺忙。
近半年，他身体有点不得劲，
动不动，虚汗就在脸上淌。
他爱人玉香急着催他去看病，
他却说：“这点小病咋能对人讲？”
就这样，老唐感到腰腿酸痛精力差，
食欲不振脸发黄啦！
为这事，玉香没少掉眼泪，
老唐才勉强找医生述端详。
医生问诊号脉，
对症为他开药方。
这种药，是民间秘方名贵药材叫“男宝”，
它能固肾补气、强身健脑、充沛精力、强壮机能，
是男性滋用佳品，疗效强。
从此后，老唐服用“男宝”药，
只觉得精神振奋添力量。
肾气不亏阳气壮，
脸上开始泛红光。（白：玉香、老唐心里别提多高兴了）
家庭幸福安乐康。

【简评】这是典型的山东快板书式广告文案。

二十四、报告文学法

（一）含义

很明显，这种方法就是在创作广告文案时采用报告文学的形式，借报告

文学的独特性来吸引消费者，以达到预定的广告目标。

（二）写作方法

报告文学广告文案与纯文学中的报告文学在内容上差别很大，前者一般是以树立企业形象为目标的，侧重于用典型化的情节揭示广告独特的企业理念、经营哲学、企业文化和企业形象的内涵（如企业行为模式、视觉形象等），并且突出企业的经济业绩、创新意识和对消费者的关爱意识，有时还要特别强调企业艰难而又辉煌的发展历程以及有强烈的忧患意识和民族主义、爱国主义精神等。

而纯报告文学的内容却与上面所说的基本不同，它们一般不涉及广告信息方面的内容，其题材领域较报告文学式广告文案宽得多，它广泛地涉及社会生活的各个领域，如工农业生产、文化艺术、人性、教育、科学、爱情婚姻、军事和外交等，其主题也更加丰富多样。在艺术形式上，两者差别不太明显，在塑造形象、安排结构等方面相似，差别主要表现在语言意味上，纯报告文学的语言没有商业化功利色彩，而报告文学式广告文案总是或显或隐地指向企业经济效益方面，如市场占有率的提高和产品销售额的增加等。

（三）精彩实例及简评

［实例］

广东科龙电器有限公司曾在《中国青年报》上发了一篇整版报告文学式广告文案，它首先回顾了科龙公司极其艰难的创业之路：当时这个仅有几个人的小厂，硬是用手工敲打的原始方式，呕心沥血，殚精竭虑，最终敲出了第一台冰箱，但由于没有生产许可证产品就不能上市，只得四处奔波……经过20年异常艰苦的奋斗，终于获得了超常规的发展，取得了极大的成功。其拳头产品科龙冰箱成为市场畅销不衰的名牌产品，并且从当初的单一产品向系列化发展，品牌延伸战略获得了预期的胜利，现已成为中国最大的家电生产基地之一。

在文案的后一部分，作者还特别突出了科龙公司反潮流的勇气和可贵的民族主义精神，其典型情节就是在国内很多著名企业被外商控股，著名品牌销声匿迹的局势下，国际著名工业巨头纷纷到科龙公司寻求合作，然而都碰壁而归。因为科龙人决心要凭自己的实力和智慧，使自己的产品成为国际著名品牌，而不需要借助外国品牌达到自己的目标。

【简评】 这篇报告文学式广告文案刊出之后，在社会上激起了强烈反响，使读者不仅全面了解了科龙公司的企业理念、奋斗历史和辉煌业绩，更重要的是为科龙人的铮铮铁骨和雄心壮志而倍感自豪，表明广告为科龙公司树立了十分良好的企业形象，同时也为其系列电器产品源源不断地售出提供了坚实的基础和强大的动力。

二十五、发布新闻法

（一）含义

用新闻法进行广告创作是指采用新闻形式或以新闻意识来撰写广告内容。写作时，要以典型的、令人信服的事实说服受众，对事情有真实的叙述，对人物有生动的描写，以达到新闻宣传的目的。

专家提示

用新闻法创作广告文案时，常用的词语多是形容词、副词，如令人惊奇的、即将推出的、现在、突然、最新消息、隆重推出、先驱、再也不、第一、首次、创新等。

（二）写作方法

用新闻法创作广告文案不是单纯地模仿新闻的形式，更要着重立意和内容新，同时，要注意用事实来说话，以必要的背景材料来衬托主题，引人注目，先声夺人，把主要事实开门见山地告知广告对象。当商品刚进入市场，消费者对商品还知之甚少时，常采用新闻型广告来详尽介绍商品的情况，让受众尽快了解商品，形成消费需求。新闻型广告与新闻报道一样，要求消息真实、准确，还要迅速及时，讲究时效，文字简洁、明快。

（三）精彩实例及简评

［实例 1］

标题：健康之路

正文：热烈祝贺河南省中医中风病工程技术研究中心成立。

河南省中医中风病工程技术研究中心，是经河南省、市卫生主管部门隆重推荐，河南省科委审批并报省政府、科技部备案的全国第一家省级中医中风病工程技术研究机构。机构中心主任是韩群英。韩主任系首届中国百名杰出青年中医、河南省"五一"劳动奖章获得者、中医学术研究会理事。这个中风病工程技术研究中心设有偏瘫康复研究所、脑性瘫痪研究所等十多个大机构，拥有脑瘫研究室、脑病实验智能检测仪、语言及肢体brunstrom诊断评价康复设备以及OT、Pr、ST等国际最先进的医疗康复设施。中心研制开发出治疗脑瘫的药物和产品共6种之多，均获得国家生产批准文号；承担两项脑瘫省级重大科技攻关课题，堪称脑瘫患者康复的希望。

【简评】这是典型的新闻广告文案，少了几分商业气息。

［实例 2］

"妙笔"既出，谁与争锋——

透析诺基亚6108妙笔手机市场热销

2003年的中国手机市场，可谓群雄并起，五百多款机型，令人应接不暇。在如此激烈的市场竞争中，单款机型的市场占有率很难达到百分之一，而诺基亚6108妙笔居然能在如此纷乱的市场中"妙笔生花"，自上市以来，保持稳定上升的趋势，在市场中独领风骚。上市短短的一个月，市场份额一路高歌猛进，各地一度供不应求。

能领袖群伦，自有过人之处。且说外观，诺基亚6108妙笔就已独具匠心。来自兵马俑的键盘灵感，拔剑出鞘式的手写笔，越品越有味道。而诺基亚6108妙笔的最妙之处在于将联想式手写输入融入手机，不仅符合国人的书写习惯，又满足了东方人偏爱小巧外观的心理。另外，内置中英文双向辞典，Java，移动QQ等等，也是诺基亚6108妙笔的必不可少的基本功能。除了外观和功能，杰出的整体营销策略以及极富竞争力的超低价格也促成了诺基亚6108妙笔的令人吃惊的全国热销。

虽然诺基亚一向以准确预估消费需求著称，对诺基亚6108妙笔的上市后出色市场表现已有所准备，但热销至此仍超出了诺基亚的预期。而诺基亚也从诺基亚6108妙笔这款出自北京诺基亚产品开发中心的热销产品上，更加清晰地看到了本地化研发的美好前景。相信在不远的将来，更多专为本地市场推出的诺基亚手机还将带给我们意想不到的惊喜。

【简评】采用新闻报道的写法，让人把广告当新闻看，看似传递最新消息，实则是在宣传自己的产品。

二十六、引证法

（一）含义

引证法也叫证言法、证明法。为说明广告内容属实，所许诺言都能实现，特引证权威的鉴定评论或奖励，名人的赞扬、推荐，消费者的反映等。

一般情况下，人们对那些社会上的知名人士、权威人士或权威机构的言论都十分相信。因此，一些广告主利用这一点，要求广告写作人员在广告文稿中借知名人士、权威人士或权威机构的言论来为自己的产品做宣传。

（二）精彩实例及简评

［实例］

标题：一次性水晶花牌特效黄黑牙脱色增白灵广告

正文：洁齿美容为当今世界新潮流，靠引进最新技术首创的一次性特效黄黑牙脱色增白灵，经中国人民解放军十几家大医院对上千例患者临床验证，有效率达100%。通过省级鉴定（88003），对氟斑牙、黄锈牙以及烟、咖啡、槟榔等多种因素形成的黄黑褐牙有特效。该产品首次展出即赢得了美国、日本、中国台湾朋友的好评，世界著名生物学家美国天普尔大学教授牛满江博士和夫人张保英给予高度评价，并为产品题词："美化时代，美化生活。"该产品无毒无副作用，一次脱色永保洁白。本店受托办理邮购，每盒售价18.5元，包装邮费2.50元。用户可通过邮局直接向我店汇款购买，备有现货，常年办理邮购。

【简评】通过权威机构和知名人士的鉴定及评价证明产品的效果良好，安全可靠。

二十七、论说法

（一）含义

论说法也叫议论法。其主要靠充分发挥的论据或雄辩的评论的推断来说服消费者。广告属于理性诉求，旨在唤起人们对商品有明确的理性认识，从而促成购买行动。

（二）写作方法

（1）立论型。所谓立论型广告文案，就是用科学理论、事实、数据等确凿无疑的论据从正面论证某种观点的正确性。

（2）驳论型。在具体的广告文案中，或是正面论证某种产品的功效，或是驳斥社会上某种不利于广告产品销售的错误论点，使得广告产品销售额得到较大幅度的增加，这就是驳论。“驳论式”文案侧重于驳斥某种错误的观点以证明自己所持见解的正确性。

（三）精彩实例及简评

［实例 1］

标题：以台式机的价钱获得真正服务器的功能

正文：一般中小型公司，为了节省开支，以台式微机作为服务器，但使用后才发现诸多不便，后悔莫及。现在康柏为体恤客户、解决这项难题，特别推出低价位的 ProSignia VS，让您以台式机的价钱，轻易购得一真正的服务器。

超强的效率：顾名思义，个人电脑只供个人使用，速度慢且扩展能力有限，但 ProSignia VS 是特别为提供网络服务而设计的，它的 32 bit EISA 扩展总线及 Fast-SCSI-2 局部总线在数据传达上要比一般台式电脑的 16 bit EISA 总线及 IDE 控制器更加快速敏捷，难怪一般台式电脑要俯首称臣。

超级智慧型容错及防错处理：一般台式电脑若出现故障，只能束手待毙坐等外援，但 ProSignia VS 特有内置运行记录及 ASR 自动快速复原功能，就是在电脑出现故障后，将服务器自动启动，找寻记录档案，分析问题所在，然后做出修正。ProSingia VS 还具有一般台式电脑没有的防错功能，秘密在于特选的 Insigh Manager 21 网络管理软件，Proliant 储存系统及能支持 RAID Levels 0，1，4，5 的 SMART SCSI 陈列控制器。

聪明简易的安装程序：特设 Smart 智能型安装程序，让您轻易地设置硬件及安装网络操作系统，使您在网络管理中轻松踏出成功的第一步。

超强记忆容量：ProSignia VS 还配备高达 128Mb 的内存量。更可先配 256Kb 的高速缓冲，应付任何复杂软件都绰绰有余。

【简评】这篇文案先提出一个论点，即康柏 ProSignia VS 电脑相当于台式机的价格，但却具有高档次的服务器的功能。然后，作者从四个方面进行论证，即康柏 ProSignia VS 具有超强的效率、超级智慧型容错及防错处理、聪明简易的安装程序、超强记忆容量。由于论据翔实、条理清楚，因而使论点具有无可辩驳的正确性，并使消费者心服口服。

[**实例 2**]

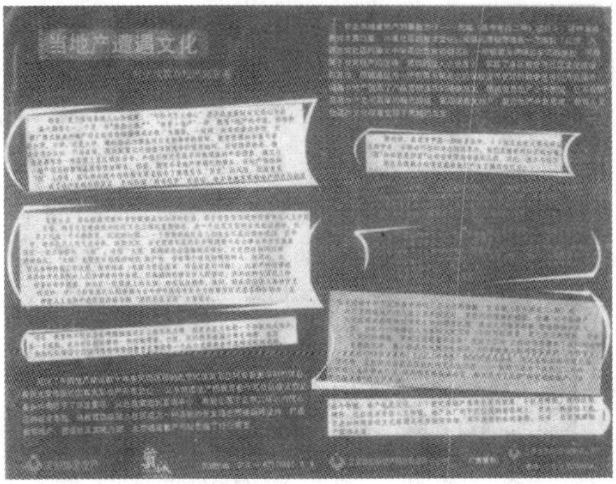

【简评】广告整篇在论述文化，看似与企业关系不大，但是通过进一步论证，强调了文化与房产的密切关系，并证明自己的地产也是一种文化，从而树立起良好的企业形象。

二十八、解决问题法

（一）含义

在创作广告文案时，针对产品或服务的特点并结合现实摆出事实来，让受众觉得该产品或服务确实可以解决问题，这种创作方法就叫解决问题法。

（二）写作方法

写作广告文案时，主要以自然、通顺、流畅的文字介绍商品或服务的特性、优点、功能与效用，并对商品或服务加以适当的赞誉，以说明此商品真能解决问题。

（三）精彩实例及简评

［实例1］

标题：开家服装翻新店

正文： 韩国技术、原料，精良的设备，是成功的保证。

服装穿一段时间后，会出现褪色、洗花，或颜色不鲜亮，显得过时了，扔了吧可惜，穿出去吧又难看。每个家庭都有好几套这样的衣服。

本公司最新引进韩国技术及全自动化的机械设备，能将旧服装翻新。纯棉、纯毛、纯麻、化纤类的服装，医院、酒店、餐厅的床单被套、浴巾、蚊帐、台布等都可以翻新。一般翻新一件衣服成本1.50～2.50元，收费15～30元不等，店员1～2人，店铺面积15平方米以上，用电220V。这是刚兴起的朝阳产业，它会像干洗店一样很快普及到全国。

本公司计划发展1000家加盟店，每县级城市1～2家，免收加盟费，免费培训1～2人，统一使用“太空人”品牌，统一店面形象设计，统一店员服饰，形成全国规模化经营。

提供全套设备：A型8800元；B型12800元。质量三包，长期供应原料。

陆续投入500万元的广告支持，以提高各加盟店在当地的知名度，做到加盟一家成功一家。

【简评】 这篇广告文案，在一开始就摆出了问题即衣服穿一段时间后普遍出现的各种现象，随后推出可以解决这些问题的商品和服务，并说明其特征、优点、性能和效用，同时还告诉受众企业的团体优势和对成员的优惠措施，很好地传达了广告的诉求点。

［实例2］

【简评】这则广告先是以流畅的文字表明自己的实力：以深厚之传统功力结合高新技术的纯熟运用，会聚成叩开市场的强劲动力。并得出真正的解决问题的结论“旭日东升·激发营销能量”。

二十九、情报法

（一）含义

情报法是指在创作广告文案时把企业的商品或服务以及生产情况的一些重要信息透露给消费者的一种创作方法。

（二）写作方法

按内容的不同，可将其分为生产情报型和商品情报型两种。

（1）生产情报型。这类广告的创作，写作时大多要以宣传商品带给受众的价值、利益和欲望满足为立意。

（2）商品情报型。这类广告的创作，写作时大多要围绕商品的性能、功效等塑造形象，营构意境。这类广告的诉求形式多以事实说话。

（三）精彩实例及简评

［实例］

标题：双脚的享受

正文：日行夜行，双脚很容易感到疲倦，不要等双脚提出抗议才想办法，你应该立即放一双爽健气孔鞋垫在鞋内，你的双脚一定会感激你的体贴。

爽健气孔鞋垫超级柔软，能减轻走路时产生的震动和摩擦，而且特有千百个气孔，通爽卫生，无论你行走或站立多久，双脚都感到轻松舒服。

爽健还有各种优质脚部护理用品，令你双脚更健康漂亮。

【简评】这则广告文案将“爽健气孔鞋垫”的产品信息告诉给了消费者，传达了产品所带给消费者的价值。

三十、对话法

（一）含义

所谓对话法就是以对话的形式来展开广告内容的文案写作的方法。

（二）写作方法

写作时多是通过人物聊天的形式表达内容。人物以两个或两个以上为准。这种对话形式活泼自然。

把广告内容通过两个人或几个人对话的方式表达出来，这种对话形式好像在拉家常，多在广播、电视广告中使用。

人和人之间对话，能互相沟通，了解对方。广告文案中采用对话式，可以很好地传递广告信息。

（三）精彩实例及简评

［实例 1］

标题：超越汽车的骑仕摩托

画面：小汽车、摩托车、摩托车追小汽车，追上，紧急刹车。

正文：

泰国服务员：对不起。

德国司机：你为什么拦我的车？

德国女士：先生，您是找我的吗？

泰国服务员：您是凯丽小姐吗？这是您的手提包，刚才您把它遗忘在总服务台了。

德国女士：啊，真是我的，太谢谢您了。

（说德语：咦，您追我追得真快呀！）

泰国服务员：哦，您没看见我开的是什么车吧？世界摩托车大赛参赛的骑仕摩托。

德国女性：嗬，骑仕摩托，真棒啊！

（摩托车渐远……）

【简评】 这则广告文案创作得较为新颖，对话的开始并没有提骑仕摩托，直到最后德国女士惊奇服务员为什么追那么快时，才点出广告主题，不失为一篇好文案。

［实例 2］

【简评】 通过伴侣之间的对话，烘托出“新天干红”是只能分享而不能让给别人的好东西，显得自然而又平添了几分温情。美中不足的是画面中酒的名字字体过小，若不是下方再次说明将很难辨别出是什么牌子的酒。

三十一、激将恭维法

（一）激将法

（1）含义。所谓激将法，指广告文案中的相关内容是对消费者自尊心、好胜心进行刺激，从反面促进消费者做出购买决策的一种创作方法。

（2）写作方法。激将法虽然很有效，但如果用过了头，也可能会弄巧成拙、引起受众的反感，甚至会引来官司，因而运用这种方法时必须慎重，通常的方法是：先用恭维再用激将，或者先激将后恭维。

（二）恭维法

（1）含义。恭维法，就是对消费者加以肯定和赞美的一种创作方法。

（2）写作方法。人们通常都喜欢听赞美的话语，得到肯定是每个人的心理欲求。因此在写作文案时要多用恭维的语言，并把它与激将法适当结合起来。但是，运用恭维要适度，过多的恭维不仅不会让消费者购买产品，反而可能适得其反。

专家提示

激将法一般的口吻是“如果你是绅士，那么你就应该选择……”或者是“不是聪明人，不要买”等。

（三）精彩实例及简评

［实例 1］

我们只为懂衣服的人服务……　　（某服装厂广告）

【简评】这样的广告语言口吻极为傲慢，如果出现在生活中可能会被视为不友好，但放在广告里，却能通过刺激消费者的好胜心，使之做出购买决定。而事实上，这句广告语的弦外之音仍然是恭维：既然你买了我们的产品，那你就已经是一个懂衣服的人了。

［实例 2］

如果你不来，广告明日之星就是他们。　　（中央电视台广告）

【简评】中央电视台为了吸引更多的广告人来参加他们举办的广告大赛，可谓煞费苦心。他们把街上磨剪刀的老大爷封为最佳广告语奖，把不断发出噪音的弹棉花的师傅定为最佳原创音乐奖，确实能够在心理上刺激那些对广告情有独钟的人士，谁希望广告大奖赛变成一场闹剧呢？

三十二、提问法

（一）含义

提问法就是通过一问一答或只问不答的方式来表达广告内容的一种广告文案写作方法。

（二）写作方法

按提问和问答的方式不同可以分为问答型和质问型两种。

问答型这种文案针对性强，在写作时以提出问题、解决问题的方式来介绍商品或服务，充分突出商品的长处，形式生动活泼，容易唤起人们的感情。质问型可激发消费者的想象力，适宜介绍和解释一些知识性、技术性较强或容易令人生疑的商品或服务。

专家提示

这种文案的疑问常用语表现为问号，所以一般多用“难道……?”、“……? 它是……”，“谁不愿?”、“您能……?”、“您想……?”、“谁能……?”、“怎么? ……您呢?”等。

（三）精彩实例及简评

［实例 1］

问：当您下次前往亚洲旅行时，在假日酒店，谁会向您提供最佳保证?

答：——很多人轻诺寡信，但我却一诺千金。

我们保证您有个整洁及井井有条的房间，内有足够的房间设备，其操作一切正确。

若我们不能遵守承诺，那天晚上您将可以免费留宿。

【简评】这是假日酒店的广告文案，文案开头提问，后面回答，是标准的问答型写作方法。

［实例2］

【简评】问答型提问法。

三十三、解说法

（一）含义

所谓的解说法是指广告的内容通过解说员之口来告诉消费者的一种广告文案创作方法。

（二）写作方法

这种广告文案的方法是要求解说员用语言或行为对商品特征、功能和效果等一方面或几方面进行客观描述，让解说员和商品共同进入受众（消费者）的视听范围。

（三）精彩实例及简评

［实例1］

标题：这辆新型“劳斯莱斯”在时速60英里时，最大闹声是来自电钟

正文：什么原因使得“劳斯莱斯”成为世界上最好的车子？

一位知名的“劳斯莱斯”工程师说：“说穿了，根本没有什么真正的戏法——这只不过是耐心地注意到细节。”

（1）行车技术参数报告：在时速 60 英里时，最大闹声是来自电子钟。引擎是出奇的寂静。三个消音装置把声音的频率在听觉上拔掉。

（2）每个“劳斯莱斯”的引擎在安装前都先以最大气门开足 7 小时，而每辆车子都在各种不同的路面试车数百英里。

（3）“劳斯莱斯”是为车主自己驾驶而设计的，它比国内制造的最大型车小 18 英寸。

（4）本车系自动方向盘，自动刹车及自动排挡，极易驾驶与停车，不需要司机。

（5）除驾驶速度计之外，在车身与车盘之间，互相无金属之衔接。整个车身都加以封闭绝缘。

（6）完成车子要在最后测验经过一个星期的精密调整。在这里分别接受 98 种严酷的考验。例如：工程师们使用听诊器来注意听轮轴所发出的低弱的声音。

（7）“劳斯莱斯”保用三年。已有了从东岸到西岸的经销网及零件站，在服务上不再有任何的麻烦了。

（8）著名的“劳斯莱斯”引擎冷却器，除了“亨利·莱斯”在 1993 年去世时把红色的姓名第一个字母 R 改为黑色外，从来没更改过。

（9）汽车车身之设计制造，在全部 14 层油漆完成之前，先涂 5 层底漆，然后每次都用人工磨光。

（10）移动在方向盘柱上的开关，你就能够调整减震器以适应道路状况（驾驶不觉疲劳，是本车的显著特点）。

（11）另外有后车窗除霜开关，控制着由 1360 条看不见的热线。备有两套通风系统，因而你坐在车内也可以随意关闭全部车窗而调节空气以求舒适。

（12）座位垫面是由 8 头英国牛皮所制——足够制作 128 双软皮鞋。

（13）镶贴胡桃木的野餐桌可从仪器板下拉出。另外，有两个在前座后面旋转出来。

（14）你也能有下列额外随意的选择：做浓咖啡的机械、电话自动记录器、床、洗漱用冷热水、一支电动刮胡刀等。

（15）你只要压一下驾驶者座下的橡板，就能使整个车盘加上润滑油；仪器板上的计量器将指示出曲轴箱中机油的存量。

（16）汽油耗量极低，因而不需要买特价汽油，是一种使人喜悦的经济车。

(17) 具有两种不同的制动刹车，液压制动器与机械制动器。“劳斯莱斯”是非常安全的汽车，也是非常灵活的车子。可在时速 85 英里时宁静地行驶。最高时速超过 100 英里。

(18) “劳斯莱斯”的工程师们定期访问以检修车主的汽车，并在服务时提出忠告。

(19) “班特利”是“劳斯莱斯”所制造。除了引擎冷却器外，两车完全一样，是同一工厂中同一群工程师所制作。“班特利”因为其引擎冷却器制造较为简单，所以便宜 100 美元。对驾驶“劳斯莱斯”感觉没有信心的人士可买一辆“班特利”。

价格：本广告画面的车子——在主要港口岸边交货——13550 美元。

假如你想得到驾驶“劳斯莱斯”或“班特利”的愉快经验请与我们的经销商联系。他的名号写于本页底端。

劳斯莱斯公司。

纽约·洛克菲勒广场 10 号

【简评】上述这篇广告文案采用的就是解说法的创作方式，借解说员之口将广告内容逐一展开。广告首先提出了一个问题，接着借用工程师的话回答了这个问题，同时又很自然地引出了“劳斯莱斯”的各个“细节”，随后分条列出“劳斯莱斯”之所以成为世界上最好的车子的原因，即“细节”，使受众在解惑的同时了解了该车的特征、技术参数、功能、优点和价格，最后交代了公司地址，很好地传达了广告的各个诉求点，不失为一篇经典的广告文案。

［实例 2］

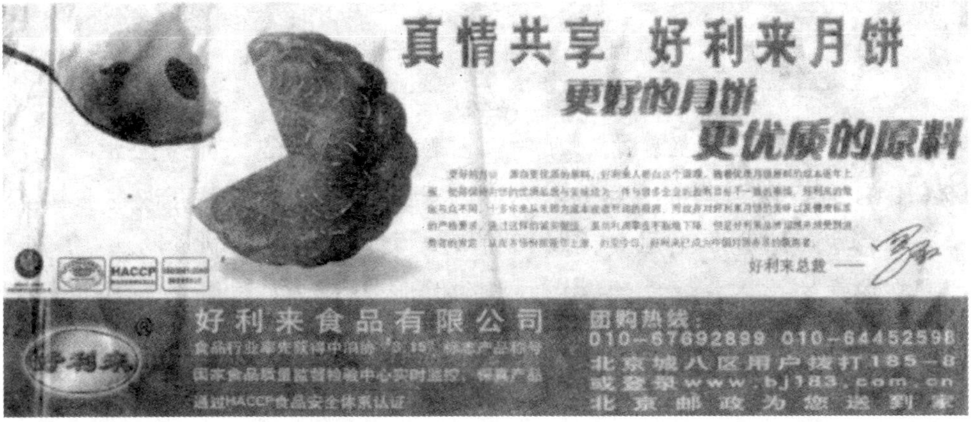

【简评】“好利来”的总裁亲自当“解说员”，这样的广告更能得到消费者的信赖。

三十四、揭秘法

（一）含义及写作方法

所谓揭秘法是指披露自己产品的原料及其来源、生产工艺、生产过程或者与自己的行业密切相关的信息，把这些通常被视为商业秘密的东西都告诉消费者的一种创作方法。通过公开这些“秘密”，可以让消费者了解到该产品物有所值和与众不同。

（二）精彩实例与简评

［实例］

标题：怎样做番茄豆酱

正文：我们并不保密，夫人。如果你们有条件的话，我们将教给您如何烹制番茄豆酱，就像尼康公司的罐头豆酱一样可口。做法：取密执安州特产的精选黄豆，再用手工选出饱满、白色的，要颗粒均匀。

这样选出的精豆，要比普通豆的价格高出6~8倍，但它们的确是优质的。

然后把精豆水泡一夜，再煮至半熟。

下一步您就难以做到了：这些豆要用流动蒸汽煮——这条件您就不具备了，因为蒸汽温度要高达245℃。

不能用干燥的气烘烤，因为这样一来豆子就变脆了。

另外，豆子加热时应该按小批量进行，我们就是装在小罐里加热的。这样才能保证炉子的最高温度达到每一颗豆粒，不然的话，有的生豆料就不易消化。它们还容易发酵并产生气体，自己家里煮的豆子就带有这种毛病。

然后将番茄汁加豆里同煮，我厂的可口豆酱就是这样制成的。

需要注意的是，要把豆子煮成豆沙但外形又不变。这时把加热的罐头浸在冷水里，豆酱突然遇冷就会连同调料一起凝固。

这样烹制出的豆酱才是完全容易消化的。每一颗豆料都经过同样的蒸煮，但连豆皮也不能蹭破一丁点。这样的豆子又烂又结实，因为它们仍旧完整成形。

加进的番茄汁对您来说也是难得的。它是采用熟透而完整的鲜番茄制成的。如果是用青番茄做的，那就缺少滋味；如果是罐头厂用下脚料做的，那里面的好东西全都失掉了。所以一般市场上出售的番茄酱，其价格通常是我们所用番茄酱的1/5。

我们的看法是：您自己家里煮的豆往往成了一锅烂粥——上面硬，中间生，底下烂——既不完整也不松软，甚至难以消化，您做的豆酱很容易发酵并生气味。这一切其实并不是您的错，不过是因为您的家里并不具备我厂的烹制条件而已。

看来，最好的办法还是让我们为您烹制。我们这里提供这道菜——新鲜又可口，马上就能吃。

想一想吧！既然能从尼康公司买到现成的番茄豆酱，那又何必自己动手呢？尼康豆酱是大自然为人类提供的最佳食品——其养分高达48%。作为食品，其价值比肉类还高，但价格仅为肉食的1/3。您每星期至少应该食用三次尼康豆酱。

假如您自己把好端端一锅豆酱做砸了，这对您自己，对全家人将会是多大的损失啊！

不信就把您自己做的和尼康豆酱一起让全家人尝尝，问问他们哪个好，任凭他们选择。如果他们都选用尼康豆酱，那您可就省了大事了。再计算一下您每月的菜金，也会节约不少。

【简评】 乍一看这篇文章的标题和开头，似乎是教人们怎样做番茄豆酱，很能吸引读者的目光。在随后介绍做法的过程中也把自己的生产“秘密”一一道出，表面上是教，是揭秘，实际上却向消费者传达了这样几个信息：①我们的原料上等，价格也高于普通黄豆6～8倍；②只是别的用普通黄豆制成的同类产品价格的5倍；③工艺要求苛刻，过程复杂，别人无法达到；④营养易消化，新鲜可口，属即食型；⑤价格便宜，为消费者省钱，也可以省时省力。这样的诉求方式不仅很完整地传达了广告诉求点，同时也让受众更易接受，新颖别致，很自然地取得了很好的宣传效果。

三十五、瞄准受众注目点法

（一）含义及写作方法

创作广告文案前要仔细研究受众最看重的是什么。然后紧紧抓住其注目点大做文章，细做文章。

(二) 精彩实例及简评

［实例］

标题：现在“波多黎各”对新工业提供百分之百的免税

副题：总督缪拿斯（Munoz）说：联邦税法不适用于波多黎各，而本邦也提供豁免全部地方税，这就是为什么317家新工厂已经设立在波多黎各的原因，这些保障都是美国宪法所赋予的。

正文：为了提高波多黎各生活水准而作的一项戏剧性的邀请，本邦政府现在正提供给美国制造厂以如此压倒性的鼓励，因而已有300多家新工厂建立在这个距离佛罗里达海岸961英里的充满阳光的海岛上了。

最大的鼓励政策是对绝大多数在波多黎各设立新厂的制造商都给予免税。

例如：

假如你的公司今年在税后净赚5.3万美元，你如在波多黎各净利则就会是10万美元——多赚87%，只因为联邦的所得税法适用于波多黎各，而一切地方捐税也一概全部免除。

一项对一家俄亥俄州公司最近的分析显示，由于税金的免除与经常费用的节省，把新厂设在波多黎各将把它全年的净利从187000美元增至442000美元。

在波多黎各的公司，你的股息如得到5万美元，而你如在美国只净得25000美元——因为联邦个人所得税法也不适用于此地。

关于劳工

• 波多黎各大量供应为数65万的男女劳工，他们都具有相当高程度的生产能力与效率——这一部分要感谢本邦政府的职业培训学校。这些学校也为经理人及监督人提供特别的课程。

• 在技术能力方面的进步也许要用如今有28家工厂生产精密的电子设备这件事实来计量。

• 美国的公司中已在波多黎各设厂生产的有“西凡尼亚电气公司”、“卡宝兰顿公司”、“圣·来吉斯纸业公司”、“雷明顿·蓝德”、“威尼魏斯·连斯”、“美国皮鞋公司”、“魏斯顿电气公司”。

接近乐园

• 请注意听一下“圣·来吉斯纸业公司”的副总经理克里士坦生（Chrisen

Sen）所说的："这里的气候可能是人类所能见到的最与乐园接近的地方了。"

"我发现，一般来讲，波多黎各人极为友善，有礼貌并且合作。在波多黎各的这个工厂是我们在品质与产量两方面最有效的工厂之一，我们的劳工在一切情况之下都有极好的效果。"

● 克里士坦生可能还加上说，全年 12 个月气温总是停留在温和的二十几度，你住在屋外就行了。

● 游泳、划船与钓鱼，真是世外桃源。而你的太太也会因家事有充足的帮佣而欢欣。

波多黎各的最好时刻

● 假如你决定把你下一个工厂设在波多黎各，你将不只得到由于免税而得到的经济上的利益以及政府的协助。你也将发现是作为提升作业的极好的刺激，以及参加与西半球成长最快的社区的光荣，这也许是波多黎各最好的时刻。而决定成为其一部分的美国制造商在财务上及精神上将不会得到补偿。

● 本邦将会不遗余力地协助你启动。它将为你建立工厂，它将帮助你获得财源，甚至会代你选择安排人事——然后训练他们来操作你的机械。

运输情况

● 波多黎各与美国大陆之间有六家轮船公司及四家航空公司有定时航运服务。从纽约到圣胡安（San Juan，波多黎各首府）乘飞机只要五小时半。

● 有利的运输情况能使一家驻西部的制造商在波多黎各建立一个较大而更有效率的工厂，以代替在美洲大陆建立两个较小的工厂——并能很经济地为加州及纽约两个市场服务。

● 重量轻的货品，像雷达零件等，今天离开在波多黎各的生产线，用航运明天就会在洛杉矶、芝加哥或其他各美国大城市交货。当然，对美国大陆任何种类的交易都不课税。

三十六、明确阐述结论法

（一）含义

该法就是直截了当说明广告信息的结论，让读者或受众自己作出判断的一种写作方法。

你的结论应能使你的读者行动起来。

专家提示

以下是一些能够鼓励消费者立即采取行动的表述词句：

只有三天

今天，星期四和星期五；只有星期六

数量有限

期满为止

离圣诞节仅有7天

时间就要到了

仅在今天

最后机会、最后的两天；最后一次机会

截止到某月某日；只到明天

限量供应，售完为止；

此价格仅在12月3日前

截止到12月31日前；12月30日前有售

优惠到9月30日

有效期在12月30日之前

即买即送礼品

需进一步信息拨321－4567

马上打电话

请拨免费电话

打折

请拿起电话

马上注册

马上订阅

立即行动吧

不要耽搁

最后时机

（二）写作方法

首先，反复陈述你的主要卖点。你越是清楚地让受众知道他能得到的好处，消费者就越乐意按照你所希望的那样调整自己的决定。

其次，阐述以促使读者做出决定。一定要让读者清楚地知道他必须立即行动起来。

（三）精彩实例及简评

［实例］

【简评】本篇的目的是为了说明佳通轮胎技高一筹的耐磨性。在打磨机里嵌入了轮胎，“磨”与“被磨”的状况被颠倒了——正常情况是路面磨轮胎，广告中却是轮胎磨路面。谁比谁更怕磨，一看便知。

三十七、诠释法

（一）含义

诠释法是将产品的性质、功能、结构、配方等向消费者予以解释，使他们对广告产品形成一个完整的印象。

（二）写作方法

这种广告文案的写作注重实话实说。它需要充分体现广告的通俗化、生活化、大众化。写作时，不采用文学修辞手法，而要实事求是地传达信息，以达到科学、准确、具体和有价值的目的。

（三）精彩实例及简评

［实例］

粉黛佳人口服液的独特配方，精选十余种天然植物，运用现代科学方法提炼和生物技术合成，产生出富含被人体直接吸收的SOD和多种生理活性物质。依据传统的食养文化，从人的整体机能调节入手，治本为主，以内养外，有效抑制色素沉着，全面隐退面部各种斑块，渐显肌肤白净、细腻、润泽、富有弹性，不含激素，无副作用。

粉黛佳人口服液的独特配方中含有的其他成分还能有效地清除脂肪代谢障碍，使极低密度脂蛋白和低密度脂蛋白下降，加速人体内多余脂肪的分解，并转化成能滋养肌肤的营养成分，清除臃肿，避免人体发胖，渐显美丽身姿。

【简评】这是深圳市杰治保健品有限公司发布的一篇广告文案，其对自己的产品粉黛佳人口服液的有关情况作出了简明的阐释，如它是从十余种天然植物中提炼出的精华，可使肌肤白净、臃肿消除，渐显美丽身姿。由于该文案深入地概括了广告产品独特的营养成分结构和重要的美化功能，因而使广大消费者对产品形成了统一、完整的深刻印象，为销售额的增长打下了一个坚实的基础。

三十八、与文化相结合法

（一）含义

顾名思义，与文化相结合就是写作的文案与当地和当时的文化及人性的特点趋势结合起来，体现出文化的深蕴及不同文化之间的差异性。

（二）写作方法

随着现代人思想、文化心态的改变，尤其是对人的自身存在意义的追求，在广告文案写作中贯注对物的人性化诉求，充分挖掘读者心底里的中国文化情怀，进而产生共鸣。还有一种方法就是把新与旧的生活方式进行对比，让新一代消费者感觉到新的价值，体现出新观念、新思想的新选择。

可以说，文化的差异性和共通性既给现代广告文案写作带来了限制，同时，也给广告文案创作拓展了更为广阔的伸展空间和深厚的文化底蕴。

（三）精彩实例及简评

［**实例**］

万宝路的一则贺岁广告将镜头对准中国的西部大漠。镜头中，马蹄声响，无数中国人身穿民族服装骑马从嘉峪关各城门拥入。忽然锣鼓声震天动地，城上城下，城内城外，一排排、一行行西部汉子，个个喜气洋洋，正跳着庆祝丰收的锣鼓舞。鼓声越来越大，舞步越跳越快，直至高潮，戛然而止。镜头近90度仰拍，随着一声粗亮豪迈的长啸，城头突然倒挂下无数鲜红的缎带。最后在一片欢天喜地的场景衬托下，传来了“万宝路恭贺各位新年进步”的广告语。

【简评】这则广告运用的是具有中国民族特色的形式，传递给受众的却是“万宝路”不变的精神内涵。广告秉承了万宝路一贯的豪迈、粗犷不羁，依然给人以不同凡响、傲气冲天的“万宝路世界”的感觉，所不同的是西部牛仔换成了中国大汉，但它不单纯是表现形式的转换，而是体现着对中西方文化的差异性与共通性的深刻把握。狂放不羁的万宝路精神在喧天的锣鼓声中融入了中国的文化氛围。在这则广告中，东西方文化之间实现了沟通。

三十九、书信法

（一）含义

采用书信形式进行广告文案创作的方法叫书信法。

（二）写作方法

书信，能够拉近亲人、朋友之间的距离，联络彼此的感情。广告文案采用书信形式来介绍商品或服务，就显得亲切，没有陌生感。用书信法写作广告文案有两种不同的形式，一种是直接写给受众，另外一种是通过书信的形式从侧面夸耀产品，传递诉求信息。

（三）精彩实例及简评

[实例1]

亲爱的读者：

从9月1日起开始征订《消息报》。

遗憾的是，2003年的订户将不得不增加负担，全年订费为22卢布56戈比。订费是涨了。在纸张涨价，销售劳务费提高的新形势下，我们的报纸要生存下去，我们别无出路。

而你们有办法。你们完全有权拒绝订阅《消息报》，将22卢布56戈比的订费用在急需的地方。

《消息报》一年的订费可以用来：在莫斯科的市场上购买924克猪肉；或在圣彼得堡购买1102克牛肉；或在车里雅宾斯克购买1500克蜂蜜；或在各地购买一包美国香烟；或购买一瓶好的白兰地酒（五星牌）。这样的“或者”还可以写上许多，但任何一种“或者”只有一次享用。而您选择《消息报》——将全年享用。事情就是这样，亲爱的读者。

【简评】这是俄罗斯的《消息报》的征订广告。文案采用给读者写信的形式并把事实掰开揉碎展现在读者面前，令人拍案叫绝。

[实例2]

亲爱的爸爸：

我刚刚从DOW公司面试回来，这次面试使我觉得我好像适合我的研究工作。我的工作是寻求新的提高食品质量的办法，寻求帮助病人的方法，我打算去应聘，爸爸我一定会尽量让您满意的。

爱你的戴维

【简评】这封信就不那么直接了，DOW公司的这一短文案可谓别出心裁。表面上，正文是在描述一个为了理想能够实现而感到兴奋的年轻人，但事实上却是在阐述DOW公司的经营理念。这一精巧构思和聪慧的表达方式刺激了受众的情感，使得DOW公司树立了口碑良好的企业形象。

四十、比拟法

（一）含义

比拟是根据想象把物拟作人或把人拟作物以及把甲物拟作乙物，采用这种手段来创作广告文案的方法就叫做比拟法。

（二）写作方法

（1）拟人法。拟人法广告文案，就是把商品当做人来写，使商品人格化，赋予商品以人的言行或思想感情。

（2）拟物法。拟物法广告文案，就是把甲物的属性当做乙物的属性来写。

（三）精彩实例及简评

［实例 1］

男抓挠：“我是不求人。”
女抓挠：“我是老头乐。”
男抓挠：“你怎么了？”
女抓挠（愁眉苦脸地）：“我，没有人找我了！”

（药品广告）

画面：一支皮炎平软膏横扫过来，女抓挠带着男抓挠赶紧逃跑。
画外音：999 皮炎软膏，万事不求人。

【简评】治疗皮肤炎症的药物广告经常利用的镜头是人们瘙痒难止的痛苦表情，然后是使用药膏后的舒服表情。尽管也能说明问题，但显得较为生硬、平庸。而皮炎平的广告则换了个角度，用抓挠下岗失业说明 999 皮炎平软膏良好的疗效。拟人化的手法，是这则广告成功的关键所在。抓挠无可奈何的表情，互相关心的对话，让人在轻松的氛围中接受了产品的有关信息。

[实例2]

【简评】本广告把打印机比作聪明可爱的小狗，又给小狗赋予人类的思想和感情，让受众于轻松中加深了对产品的印象。

四十一、比喻法

（一）含义

比喻就是平常所说的打比方，也就是用本质不同却具有相似点的另一事物说明或描绘该事物。

比喻里被比方的事物称本体，用来打比方的事物称喻体，联系二者的词语称喻词。本体和喻体是本质上不同的两类事物，利用它们之间在某一方面的相似点来描绘本体。

比喻可以把一般的、抽象的比作具体的、形象的；把陌生的比作熟悉的；把高深的比作浅显的。

（二）写作方法

（1）明喻法。是用另一种事物来比方要表达的对象的一种比喻方法。明喻的本体、喻词、喻体三者都出现。喻词常用“如”、“似”、“像”、“仿佛”、“犹如”、“有如”、“像……一样”、“如……一般”一类的词。

明喻常例公式为：Ⓐ像Ⓑ。

（2）暗喻法。暗喻法广告文案从表面看来是叙述、判断或说明，暗中包含着比喻关系。暗喻的本体和喻体都出现。常用喻词有：成、是、成了、成为、变成、叫、做、叫做、等于等，或者用破折号代替比喻词。

暗喻常例公式为：Ⓐ是Ⓑ。

（3）借喻法。本体和比喻词都不出现，只出现喻体。此法适用于人们熟悉其性能的产品，例如一个广告公司为自己做的广告的口号就是：“在梦想与现实间架起桥梁”。虽然创意一般，但使用的借喻手法倒也清楚地表达了广告公司服务大众的特点。

（三）精彩实例及简评

[实例 1]

一款杰出的笔记本电脑就像一辆终极跑车，体现拥有者的深邃品位。东芝 TECRA 系列在世界任何角落均备受成功人士钟爱。全新 TECRA9000，脱胎换骨，前卫而更显尊贵，将先锋科技与前瞻设计和谐结合，为您创造完美操控境界。

【简评】 东芝 TECRA9000 的市场指导价为 24999 元，属于笔记本电脑中的高档产品。如何说服消费者购买这样一款昂贵的电脑呢？广告将电脑比喻为跑车，赋予其代表身份品位的概念，希望达到促销的目的。

[实例 2]

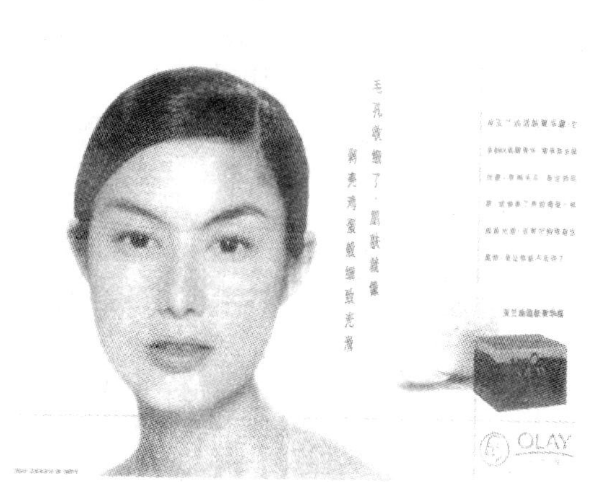

【简评】“毛孔收细了，肌肤就像剥壳鸡蛋般细致光滑。”把光滑细致的皮肤比喻成为剥壳的鸡蛋，从而显示产品的功效，这是典型的比喻文案。

四十二、反复法

（一）含义

将某一词语在广告文案里多次使用就是反复法，一般用来强调某一产品的利益点或特性，有时也强调特殊时期的特殊做法或企业和产品名称。

（二）写作方法

（1）连续反复式。连续反复是接连重复相同的词语或句子，中间没有其他词语间隔。

（2）间隔反复式。重复运用的词语或句子中间，隔着其他词语或句子。广告语中，词语表现为商品的名称。

广告语言使用反复要避免啰唆和不必要的重复，使反复的效果达到最佳。

（三）精彩实例及简评

［实例 1］

在 CLUB MED，到处都是松绑的七情六欲，松绑的心情，松绑的表情，松绑的食欲，松绑的运动细胞，松绑的睡眠，松绑的梦，松绑的每分每秒……

人生难得松绑一回，现在就打电话到各大旅行社或 CLUB MED 度假村洽询详情。

（度假村广告）

【简评】度假村不断地用松绑一词来吸引受众的注意。这就是它向受众承诺的利益点，在这里一切都很放松，包括你所有的感官和欲望。松绑对总是被绑在公事里的人们来说，确实是一种诱惑。

［**实例 2**］

【简评】这是“非典”时期一家建材城的广告，文案多处用“非常”一词，强调了特殊时期的特殊行动和服务，可以对消费者产生很大的诱惑。

四十三、排比法

（一）含义

所谓排比，就是把意义相关、结构相同或相似、语气一致的三个或三个以上的词、词组或句子排列在一起。运用排比这一方法可以使语意连贯，气势宏大，适合集中传达有关产品的复杂广告信息或加强受众对某一创意点的印象。

（二）写作方法

（1）并列排比法。用几个不分重点的排比，传达一组没有主次之别的信息。

（2）承接排比法。几个排比项之间存在着时间或语意上的承接或递进关系。

（三）精彩实例及简评

［**实例 1**］

女人为了男人穿鞋，男人教女人走路
为了用婀娜多姿讨好他，你穿上了高跟鞋
你含蓄地用欢迎鉴赏的态度在他目光可及之处来回游走

慢慢慢慢慢慢地走
走成了习惯，走成了行为，走成了思想……
走不出他的目光围栏
因为在你穿上高跟鞋的时候，就收起了双脚
走路成了一件陌生的事
所以，走不出路来的女人
只好安分守己地等着
男人教女人走路

【简评】“走成了习惯，走成了行为，走成了思想……”习惯久了就成了行为，行为做多了，就成了思想，这就是有着承接关系的排比。耐克鞋广告这种强有力的句式，有利于劝服女性不要继续受高跟鞋的束缚，容易在情感上唤起女性受众的共鸣。

［实例2］

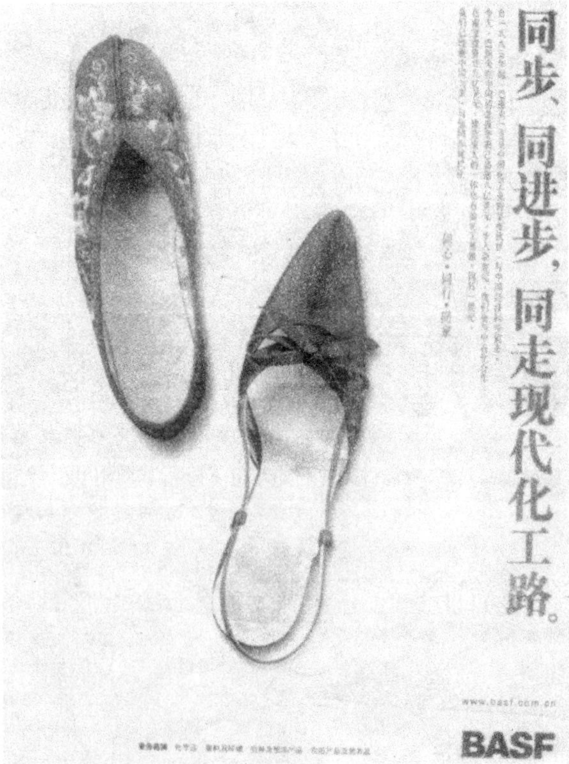

【简评】本广告采取排比法，使语意连贯，颇有气势，画面上一只中国式绣花鞋，一只西洋鞋，与文字匹配极佳。

四十四、双关法

（一）含义

利用语音或语义联系，有意使语句同时兼顾表里两种意思，言在此而意在彼的方法叫双关。

（二）写作方法

双关可分谐音双关和语义双关。

（1）在文案写作中，利用音同或音近造成的双关称谐音双关法。

（2）一个字或一个词具有多重语义，放在特定的语言环境中就形成了双关，这样的双关称语义双关法。

（三）精彩实例及简评

［实例］

1090——要灵就灵。（T1090 型冷光晒图机广告）

凯灵凯灵——一开就灵。（凯灵牌电扇广告）

在法国销量第一“伊露姿”在中国飘香南粤“一路知”。（化妆品广告）

上海索达刻字装潢服务社，三天交货，全市最快，欢迎光临。索达——速达。（刻字社广告）

阿里瓜子，一嗑就开心。（瓜子广告）

熊猫熊猫，国之瑰宝。（“熊猫”电子广告）

【简评】以上广告均恰当地运用双关，使语言精练、幽默、含蓄，饶有风趣，给人以意犹未尽的文字享受。

四十五、镶嵌法

（一）含义

所谓镶嵌，是指将广告信息要素如广告主企业名称、品牌名称或与产品有关的词语，以整体或拆散的形式分别嵌入到文案的某些部分（标题、正文或广告语）之中，产生一种兴味盎然、巧妙无比的效果。

（二）写作方法

在广告文案的写作中，镶嵌法主要表现为两种不同的类型：

（1）整体性镶嵌法。它是指将广告信息要素完整地嵌入广告文案中的某个部分中。

（2）分散性镶嵌法。它是将广告信息要素进行适当的分拆，拆开的部分是完整的句子，但整体上又能将各个部分予以还原。

专家提示

无论是哪一种镶嵌方式，都要自然妥帖，不露人工斧凿的痕迹，任何牵强附会必然会导致广大消费者的不快，其结果很可能是弄巧成拙，达不到好的广告效果。

（三）精彩实例及简评

［实例］

惠天下宾客，罗中外名品。（惠罗公司广告）

年年岁岁雪相似，岁岁年年豹不同。（雪豹皮衣广告）

家家获益，事事利民。（益民百货股份有限公司）

【简评】分散性镶嵌。

四十六、借代法

（一）含义

在广告文案中，用与本体有密切关系的事物来代替本体出现，这一方式就是借代。运用借代可以使本体的形象更突出，特点更鲜明。

专家提示

借代的方法有多种：以效果代替产品或企业本身，以产品的部分来代替产品的整体，以相关事物来代替产品或企业特点等。运用借代时必须注意，用以取代本体的事物在语意和形象上必须贴切，必须能说明问题，不能不顾逻辑胡乱借代。

（二）写作方法

用借代写作时，要利用客观事物之间的种种关系巧妙地构成语言上的艺术换名。这样的换名，要求突出事物的特征，能够突出商品的商标，引起消费者的联想，加深消费者的印象。

（三）精彩实例及简评

[实例 1]

我们拥有无数个爱迪生。　　　　（美国爱迪生电器公司广告）

【简评】 爱迪生是科学家的名字，但在这里却成了“创造性天才”的代名词。但用爱迪生就比用“创造性天才”来得自然准确也更生动，还和公司的名称联系到了一起。

[实例 2]

给电脑一颗奔腾的芯。　　　　（英特尔芯片广告）

【简评】 英特尔是以芯片生产立足于市场的。这在语意上是利用“心”和“芯”之间的借代关系，说明了芯片对于电脑的重要性不亚于心脏对于人体的重要性。

四十七、回环顶真法

回环与顶真有一个共同特点，即前一句的最末一个词恰好是后一句的第一个词，但二者并非完全相同。下面我们来分别介绍。

（一）回环

（1）含义。把两个词语相同而排列顺序不同的语言片段紧紧连在一起形成循环的形式来表现不同事物或情境间的有机联系，这种方式叫作回环。

（2）特点。第一，它一般用在标题和广告语的撰写上，可使标题或广告更为有力，在巧妙的表达中激起消费者对广告文案和广告产品倾注关心之情，为广告达到优异的效果创造了一个有利的条件。第二，它往往与其他修辞手法联合起来使用，比单用回环效果更好。第三，广告文案中的回环有时并不过分拘泥于它的定义，而是经常作出某些灵活的变通。如“你喜欢七喜，七喜也喜欢你”，就不符合严格的回环定式，因为第二个句子中间加了一个“也”字，用来表示广告主对消费者的厚爱之情，尤其是强调广告主、产品与消费者之间相互关爱之意，所以更加强化了广告文案的传播效果。

（二）顶真

（1）含义。把前一句结尾的词语用在后一句开头，形成首尾蝉联句式的方式叫顶真。顶真虽然与回环有相同之处，但二者的区别也是明显的：回环的后一句文字往往是对前一句顺序上的颠倒，而顶真的后一句并非如此。

顶真的手法多用来表达因果相连、先后承接的事物。广告文案中，将顶真运用得当，不但能使句子结构整齐，语气贯通，而且能突出产品之间环环相扣的有机联系，增强语言的表现力。

（2）特点。可以看出，广告文案中顶真的特点在于：第一，它是出于创造一种快节奏的需要而运用的，也就是说，顶真具有节奏较快的特征。第二，广告中的顶真还具有较强的气势，以加大刺激力度，让受众对广告中的产品引起高度注意，从而激起他们购买本产品的动机和行为。第三，由于文案中前一句与后一句有浑然天成的交叉之处，故易被消费者识记而难以忘怀。

专家提示

在广告文案创作中运用回环和顶真手法必须抓住它的特点，按规律创造出一种较快的节奏，以强大的气势去震撼消费者的心灵，尤其要把句与句之间重复交叉的部分写得自然天成，不要让消费者产生勉强拼凑之感。

（三）精彩实例及简评

［实例］

①比了来买，买了去比。（黄金首饰广告）
②自然之美，美的自然。（旅游广告）
③到“南洋”，喜洋洋！喜洋洋，到“南洋”！（南洋商城广告）
④客上天然居，居然天上客。（天然居茶楼广告）
⑤静静地洗，洗得净净。（洗衣机广告）
⑥长城电扇，电扇长城。（长城牌电扇广告）
⑦骆驼进万家，万家欢乐多。（江苏骆驼电扇广告）
⑧生活需要光明，光明家具给你带来温馨！（光明家具广告）

【简评】以上广告语均采用回环或顶真手法，语言简洁，却给人留下深刻的印象。

四十八、对联法

（一）含义

对联也称对句，是汉语特有的运用方式，指把字数相等、结构相同或相近的两个词句成对排列在一起。它需要声调、词性、词义和句式的巧妙配合。对联用在广告中，因其形式优美、音律和谐，所以能增强语言的感染力，同时便于记忆。

（二）写作方法

（1）意义相近的对法。又称正对，指对句的两个语句间含义相同或相近。

NISSAN新蓝鸟汽车的广告口号为“钻石等级，旗舰风范”，用钻石和旗舰表明新蓝鸟汽车的高品质和领先同行的技术水准。

（2）意义相对的对法。又称反对，指对句的两个语句间含义相反，或包含有相互对立的两个方面。

某空调的广告是：“狂热中追求冷静，冷漠中渴望热情。”狂热对冷漠，冷静对热情。两对反义词，把空调同时具有的制冷制热功能描述得极为准确。

（3）意义相连的对法。又称串对，指对句的两个语句并没有意义相近或相反的因素，存在的只是一种承接、递进或因果关系等。

专家提示

古代的对联讲究平对仄，红对绿，动词对动词，名词对名词，并且选词不能雷同，语意还要有所相关。而在广告语中要求不必如此严格，关键是在于能够用这一手法把广告执行到位。

（三）精彩实例及简评

［实例 1］

旅店联

- 南来北往
  宾至如归

横批：莫不怀爱

- 春夏秋冬一岁川流不息
  东西南北四方宾至如归

横批：千里逢迎

- 未晚先投宿
  鸡鸣早看天

横批：栖栖为旅人

- 踪迹息风尘满地江湖仆仆
  萍逢征会后一肩行李匆匆

横批：缘在三生

【简评】前后两句是典型的对句，并且存在着一种承接、递进和因果关系，对句的使用使整个广告优美和谐，增强了语言的感染力。

［实例2］

酒店联

● 风来隔壁三家醉
　雨过开瓶十里芳
横批：琼浆玉液

● 座上不乏豪客饮
　门前不扶醉人归
横批：一醉方休

● 沽酒客来风亦醉
　驳宴人去路还香
横批：香远益清

［实例3］

饭店联

● 宇内江山如是包括
　人间骨肉同此团圆
横批：生来笼统

● 饭菜誉满三江水
　情意饱暖四海心
横批：客馔常怀

● 名驰塞北
　味压江南
横批：誉满全国

［实例4］

美容店联

● 逢人皆体面
　遇我尽升冠
横批：成人之美

• 修就一番新气象
  剪去千缕旧东西
横批：辞旧迎新
• 到来尽是弹冠客
  此去应无搔首人
横批：若遂平生志
• 虽云毫末技艺
  却是顶上功夫
横批：低头服输

四十九、借用名人法

（一）含义

用名人写广告文案是极为常用也是很有效的一种方法，在美国曾经有一个这样的调查结果：在最受欢迎的电视广告中，每 50 个中就有 20 个是以名人为主的。

（二）写作方法

以下几种情况应该运用名人做广告：

（1）某个产品是由某个名人创造的。名人造就名牌，如爱迪生创立爱迪生灯泡。

（2）名人表现出来的个性和形象与产品有联系。在这里要强调的是，你所选择的明星与你的产品的目标受众必须存在着联系。如果你所选择的明星和你的产品的联系不明显，你的广告可能会面临惨败。

（3）产品的代言人被认为是该领域的专家。如迈克尔·乔丹为耐克代言。

（4）在广告中加入某种人文的抽象的东西。这种情况适用于服务团体、研究机构、慈善机构。

（5）当你的目标受众感到使用你的产品有可能冒很高的风险或好处很少时，明星的运用能够使你的客户放心并对你的产品产生兴趣和好奇心。

（6）当你仅仅是为了引起注意时。一个著名人物的出现，可以在很大程度上提高广告的知名度。但是用年轻的演员、戏剧演员、非演艺人员，像记者、厨师之类，成功的相当少。一般来说，用女性广告能收到平均以上的效果。

（7）当你想立即声名远扬时。在广告中使用名人，利用他或她目前巨大的知名度，不失为一夜成名的好办法。

以摇滚歌星麦当娜为广告人物，百事可乐为其普通产品推出新一轮的广告宣传，并使用了麦当娜的新 MTV《像个祈祷者》的片段。《广告时代》周刊的每月看广告调查显示，该广告获得了最佳回想率。

（8）当你想吸引年轻人时。美国的查尔斯·阿特金和马丁·布鲁克曾经研究了酒类广告的名人广告效果。他们的结论是使用名人做广告对青少年影响最大，而对老年人的影响非常有限。对青少年而言，名人的影响力可以很好地吸引他们的注意，从而扩大了产品信息的传递。

（9）当想做一个愉快、现代、活泼的广告时，没人比影星、歌星或笑星更具有活力和妙趣横生了。例如，葛优为“南极人”、赵本山为“泻立停”所做的广告。

（三）精彩实例及简评

［实例］

金喜善（TCL 手机）

张柏芝（可口可乐）

张曼玉（铂金协会）

周迅（索芙特洗面奶）

F4（联想 1+1 数码）

陈佩斯（立白洗衣粉）

【简评】上列图片广告表示：使用人们喜爱的偶像明星，能有效吸引人们的注意力，尤其是对年轻人，效果更加明显。

五十、增加可信度法

（一）现状

大多数消费者在面对广告宣传时多少都有点儿怀疑。真实纪录有限公司为《广告时代》周刊做了一项调查，43%的调查对象认为广告业是“道德标准最低的”。哈里斯的一次调查要求对各种机构在公众心中的信任度进行排名，广告代理商排名最后。在这种现状下，要想取得良好的宣传效果，除了优秀的设计和精妙的广告语言以外，还要想方设法增加广告的可信度。在前面，我们已经介绍过“引证法”，这里，我们详细介绍其具体的方法。

（二）增加可信度的方法及精彩实例简评

（1）设计方案要基于重要的经验和试验基础之上。广告设计方案和报告由独立的研究调查中心实施取得的效果要比单纯地劝说消费者购买某个特定的品牌好。

（2）令人满意的承诺。研究表明，当包退货款得到充分的保证时，它始终是最有效的促销手段。

（3）产品的市场寿命。当一个产品在市场上长期存在，消费者就会把市场寿命长和高质量联系在一起。

象牙香皂已经生产了105年，同仁堂已有300年历史了，它们现在仍然是非常受欢迎的品牌。

（4）著名的客户。刚当总统时，比尔·克林顿习惯性地到麦当劳，一边喝着咖啡一边和选民聊天来结束他的晨跑。这使汉堡系列产品获得了很高的展露度和可信度。

据麦当劳公共关系部主任托马斯·哈里斯说：“这足以证明麦当劳的菜单是合理的，并对食用汉堡包给予肯定。这使麦当劳成为时尚，甚至平常不去麦当劳的人也去了。”

［实例］

【简评】 广告特别突出了“中国营养学会研制”的字样使人觉得质量和效果肯定不同凡响，很好地增加了广告的可信度。

（5）分店或销售窗口量。众多的分店在一定程度上表明产品或服务受欢迎的程度。这就是为什么地铁餐馆经常提起到某一年它将拥有 13000 家分店的原因。随着每年平均 1100 家分店的开张，地铁快餐很快成为年收入 600 亿美元的快餐连锁企业。

（6）官方机构的认证。可信赖机构（独立的消费者组织、研究机构、商业联合会或政府部门）的声明是很有说服力的。

邓洛普网球拍是美国网球协会指定的网球拍。佳洁士一经美国牙齿保健协会推荐，在短短的几个月内销售额上升了 23%。

汽车防盗器“大棒”，经美国全国警察兄弟会认证后，销售额比上一年上升了 75%，达 1 亿美元。

（7）奖品和奖章。由于公众普遍认为获奖产品的质量好，所以在广告中要尽量提及你所获得的奖项。

（8）消费者数量。满意的消费者数量能够影响潜在消费者。看看麦当劳餐馆，它已经服务了 700 多亿人次，而且还在增加。

（9）忠诚客户的推荐。来自于忠诚客户的推荐始终是大多数产品促销的有力武器。

（10）选择公司的管理人员为代言人。雷明顿、温蒂快餐、克莱斯勒、久力农场、H&R 证券、普鲁登塞尔、凯玛超市的广告都使用了管理人员为代言人以增加信任度。

五十一、哲理法

（一）含义

用较为经典的哲理性的语言反映公司的经营理念和产品的高档品位，从而引发一定层次的消费者购买欲望，以提升自身的品格形象的方法，称为哲理法。

（二）写作方法

这种方法是针对有一定文化品位、社会地位、较高层次的消费者，因而在写广告文案时着重讲述语言的精确经典及深刻的文化蕴涵，以充分体现公司的经营理念和产品的高档次、高品位，从而激发一定层次消费者的购买欲。

（三）精彩实例及简评

［实例］

【简评】标题“品味成功，品味生活”首先提升了消费者的显尊品位，文中“看不见的锋芒才是最有力的锋芒。你相信，成功不在气势而在气度”这充满哲理且非常自信的语言，充分体现了公司的经营理念和产品形象。

五十二、合作法

（一）含义

选择知名企业或知名产品，或为其服务或与其进行配套合作，使双方的结合产生珠联璧合的效应，以提高消费者对本产品新的认知度与购买欲的方法，我们叫它合作法。

（二）写作方法

写作合作型广告文案，要以本企业与其他著名企业的产品怎样进行合作和合作后产生的新的市场效应作为诉求重点。力求在语言表达上准确到位，简洁明晰。

（三）精彩实例及简评

［实例 1］

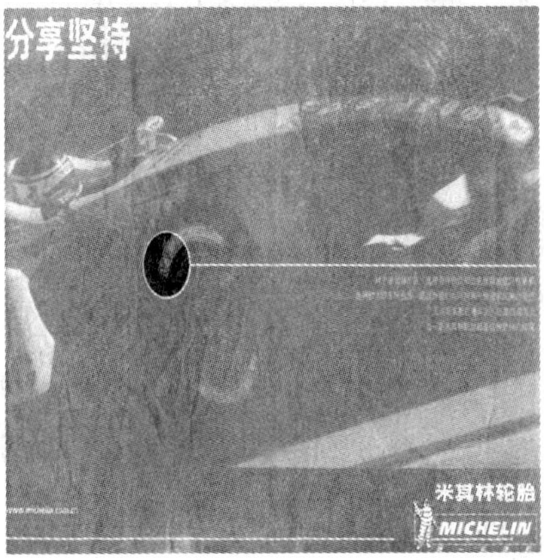

【简评】米其林轮胎和丰田汽车合作，“选择合作伙伴和追求优异成绩同样重要”。文案以较为含蓄的语言，表达本企业及其产品和著名企业及其产品具有同等质地，结合后将会更完美。

［实例 2］

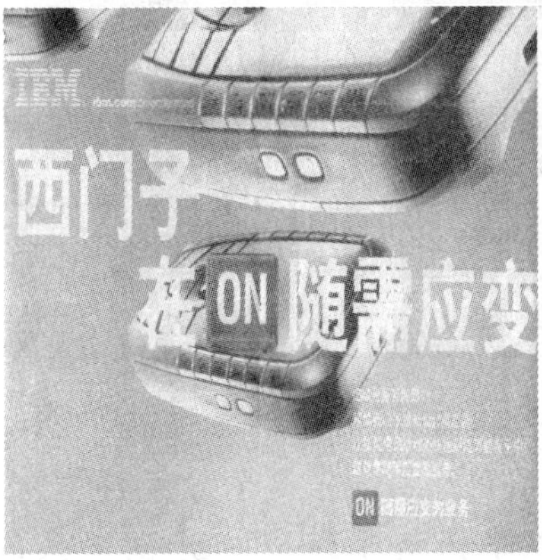

【简评】IBM 与西门子结合，“让新型电话”能够更快地到达消费者手中。

五十三、借势法

（一）含义

为了说明和表达企业产品或技术服务水平已经达到或一定能达到某种新的高度，以知名人物或某一具有重大意义的事情作为喻体，来充分展示本企业勇猛精进的精神和勇攀高峰的勇气，以增强和扩大在消费者心目中的认知度及引发震撼力的广告文案，我们称之为借势法广告文案。

（二）写作方法

作为知名人物和具有重大意义的事情的喻体应和本企业产品技术服务项目具有某些方面的可比性。并且在描述相似性时，力求在一两句话上即能传达出广告文案的诉求重点，展示企业不断攀升新高的精神。

（三）精彩实例及简评

［实例］

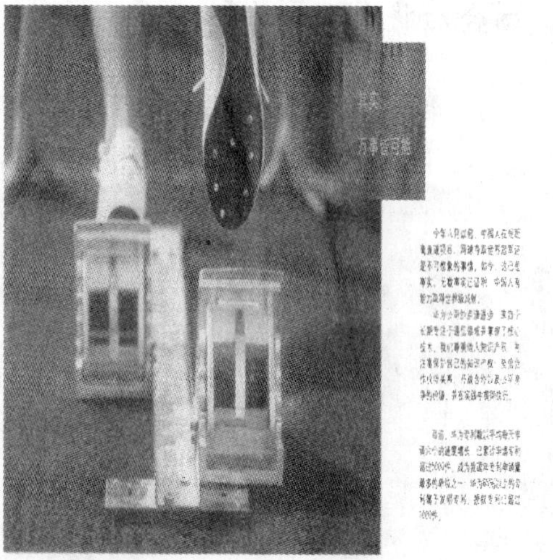

【简评】广告文案以华为勇于进取、开创未来的精神同中国在短跑和网

球技术项目上获得世界冠军这一具有开创意义的事情相比，具有很强的振奋色彩，且接着具体说明华为公司是我国年专利技术申请量最多的单位之一，增强了消费者心目中的认知度和可信度。

五十四、诉求一点法

（一）含义

企业或产品和同业相比，各个方面虽然都不错，但更有其最突出的部分，抓住这一点进行有效的文案诉求，我们称之为诉求一点法。

（二）写作方法

诉求一点法就是对产品、技术项目和销售等某个突出或新颖的部分进行重点诉求。但要注意，在进行重点诉求时要切实肯定产品、技术项目的其他部分都是同行业的一流水平，这样才能使你欲诉求的那一点基础厚实、真实可信，令消费者信赖。

（三）精彩实例及简评

［实例］

【简评】“有些高度，别的建筑永远到达不了！”首先在标题中对其突出的一点进行描述，接着在正文中再对这一突出的“点”展开具体的语言描绘，大大增强了消费者对诉求点（即新亮点）的认知度。

五十五、诉求理念法

（一）含义

将主要诉求重点放在阐述企业理念方面的文案叫做诉求理念广告文案。

（二）写作方法

用精确的语言文字，明白无误地道出企业的理念，并对在这一理念的精神鼓舞下企业所取得的实际成果（即产品或服务项目）向消费者作进一步阐述，以获得认同，增加消费。

（三）精彩实例及简评

［实例］

【简评】该文案的诉求重点为“千里之行，始于足下”，画面和正文更表明该公司具有的求真务实，从走好每一步直到今天跻身世界领先水平的敢于领先的精神和追求先进技术，讲求更完善服务的宗旨。

五十六、煽情法

（一）含义

利用描述亲情、爱情、友情的有关故事情节，以引起心理共鸣和引发特别关注，将产品的某些优异特点或服务的某些特别的内容蕴涵在相关的故事情节中，以便对消费者煽其情、促其行。这样的广告文案就是特别煽情广告文案。

（二）写作方法

（1）友情、爱情、亲情的情节描写要自然贴切，毫无造作之情。

（2）选择的故事情节应和产品或服务的诉求点有某种内在的关联。

（三）精彩实例及简评

［实例］

【简评】这是利用“孩子的成长过程”这一母子之情来引入文案的实例。“绿计划，家庭置业，森林寓所”连孩子都情有独钟，以至“长大了，会收拾房间了”。

五十七、关注法

（一）含义

关心消费者当前的心理、情感和行为，以便获得消费者的理解和支持，这种文案就称为关注法广告文案。

（二）写作方法

动之以情、晓之以理，用事实数据说话。

（三）精彩实例及简评

［实例］

标题：家乐福集团总裁杜哲睿（又译迪朗）在巴黎接受记者采访时指出

“奥运会之所以交给中国举办，就是让中国能有机会展现其30年来的开放成果。我本人就可以证明这些年中国的变化，也正是这些变化，给家乐福带来了在中国13年以来与其合作伙伴的共同发展。”

“家乐福集团及其分支机构没有向任何政治团体或宗教团体直接或间接地提供过任何帮助，无论是在中国还是在其他地方，家乐福集团从来没有这么做过，将来也不会这么做。”

“我希望人们现在能够平静下来，让奥运会最后的准备工作能在祥和的气氛中进行。因为北京奥运会的成功举办是有利于所有人的。”

家乐福伴随中国一起成长

2001年　家乐福发起并与相关部门组织了“海峡两岸迎奥运长跑活动”，数万名海峡两岸的同胞声援支持北京申办2008年奥运会。

2002年　家乐福倡议成立了“法国企业家声援上海申博俱乐部”，支持中国上海申办2010年世博会。

2003年　家乐福向北京市政府紧急捐赠10万个N95型医用口罩，抗击“非典”。

2004年　家乐福成立“家乐福（中国）食品安全基金会”。

2005 年　家乐福（中国）食品安全基金会邀请 40 多家中国优秀企业赴欧洲学习考察“食品安全与质量控制”。

2006 年　家乐福参加商务部在长沙举办的首届“中博会”，并与中部六省签署了投资发展合作意向书。

2007 年　家乐福国际基金会捐资在成都大邑、合肥肥西、蚌埠五河等地建立首批“希望小学”。

2008 年　家乐福为响应中国政府节能降耗的号召，于 1 月在武汉推出首家节能门店，并承诺新开所有门店将达到节能 20% 的目标。

【简评】家乐福公司面对消费者的不满情绪，以动情真诚的文字和真实数据向消费者做了诚恳的说明。

五十八、比较法

（一）含义

与别的同行相比较，以突出自己的特色。

（二）精彩实例及简评

［**实例**］

每个城市都有自己的时尚符号
伦敦的 Harrods
巴黎的 Galeries Lafayette
纽约的 Macy's
……
正如今天
王府井百货会成为
北京的新符号

【简评】将自己公司与所在城市的关系与世界名城相比较，以突出表现自己的特色。

五十九、历史悠久法

（一）含义

你的公司或产品具有较长的历史，以此为题材写成的文案即历史悠久广告文案。

（二）写作方法

写作历史年代一定要真实，不可造假，否则可能影响效果。

（三）精彩实例及简评

［实例］

标题：一百年，责任为先

正文：1908 年，交通银行创立之初，便支持政府成功收回了京汉铁路的路权。百年之间，交通银行扮演着银行业的“先锋者”和“探路者”。

从中国最早的发钞银行之一到第一家综合性商业银行；从中国第一家股份制商业银行到第一家境外上市的国有商业银行，每一个第一都是划时代的开始，每一次开创更象征我们驱动中国经济不断前进的责任与使命。

【简评】该银行实事求是地介绍了自己具有百年历史，其业绩令人称赞。

六十、疑问法

（一）含义

以疑问句的方式撰写广告文案的方法就是疑问法。

（二）写作方法

可用一般疑问句或反问句写作。

（三）精彩实例及简评

［**实例**］

时尚型？运动型？智慧型？可爱型？无论你是哪一型！设计经典、操控过人、动力澎湃的东风标致 206 都能如你所求，尽显你的独特个性。东风标致 206，一车一型，各有精彩！

欲寻求完美匹配性格，请亲临东风标致特许经销商处一探究竟，或致电400 8877 108。

东风标致现全国招募经销商，详情请登录 www. peugeot. com. cn 或致电 010－65618558－96627。

【**简评**】该广告文案用四个疑问句概括了东风标致 206 的特点，引人注目。

六十一、实例法

（一）含义

用具体的、较有名的实例撰写文案的方法称为实例法。

（二）精彩实例及简评

［**实例**］

标题：停止扩建仓库　开始扩大市场

正文：IBM 帮助苏宁电器升级了全国一体化 ERP 管理系统，使其在中国零售业率先实现了信息化转型。通过该系统，苏宁能够对数百家连锁店的经营进行统一管理和资源整合，公司的管理成本得到了有效控制，市场扩张力也获得了大幅提升。开始进行企业信息化转型，请登录 ibm. com/do/cn/retail，停止空谈，开始行动。

【**简评**】以自己公司服务的对象来说明产品特点。

第四章　广告标题写作41法

广告标题的撰写是广告文案写作的重要组成部分。

成功有效的广告标题必是文案高手在深入透彻地理解了商品、市场和消费群体之后而产生的灵感。正如大卫·奥格威（D. Ogilvy）所说，先“做家庭作业”，然后是“放松之后所产生的灵感”。

我们通过研究提炼出中外数万条经典广告标题，加之自己的写作经验，总结出41种极为有效的写作方法或技巧。这些写作技巧是中外广告人经验和智慧的结晶。仔细认真理解它们，你必能写出反响非凡的广告标题。

广告文案写作方法、技巧（第三章中）也可以应用到广告标题写作中。

一、新闻式标题

（一）含义

新闻广告标题是指能够提供有关商品或服务的新信息。新信息包括新产品的推出、旧产品的改进或新用途，以及产品的各种特点和产品的销售量、市场占有率等。由于这种广告标题给人们提供了更新的信息，所以，潜在的顾客更容易接受。据大卫·奥格威（D. Ogilvy）说，具有新闻性的标题比没有新闻性的标题会多出22%的人记住它。

（二）写作方法

这种标题的写作方法可以从四个角度入手：

（1）新推出的产品（这类情况比较容易发现）。

（2）旧产品的改进或新用途。

（3）产品的制造、销售或服务方面的特点，比如“某产品的销售量居同类产品之首”、“某产品的市场占有率为80%”等。

（4）产品本身固有的一些特点，而且一般的消费者并不了解的，如果把这些特点写在标题中，对大众来说仍然是具有新闻价值的。比如质量好的空调具有三大特点：“声音低、最凉爽、最省电”。这就是没有新闻而制造新闻。

专家提示

①新闻广告标题常用的词语多是形容词、副词，如令人惊奇的、即将推出的、现在、突然、最新消息、隆重推出、先驱、再也不、第一、首先、最先、创新。

②创作这类标题时，要善于抓住产品或服务的“新特点”，让消费者有新的感受。这就要求创作人员多调查，多掌握资料。

（三）精彩实例及简评

［实例1］

经穿·耐洗·易藏，一件三样。（牛仔服）

【简评】这则广告标题给读者提供了牛仔服的三个信息，均具有新闻价值。

［实例2］

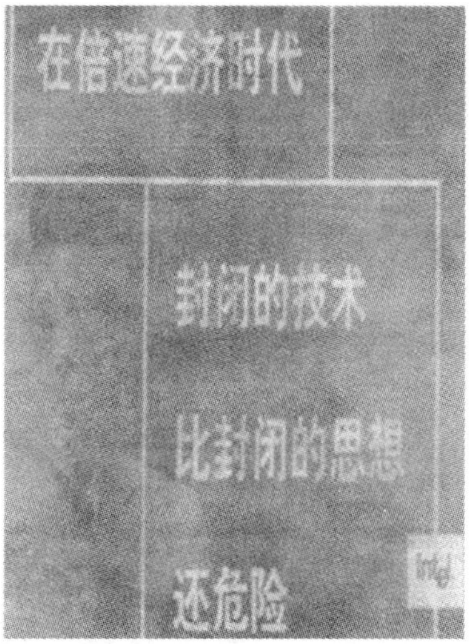

【简评】这是一个报纸整版的平面广告。气势宏大，底色为蓝色，象征高科技。字体设计为黑体，方方正正，显得严肃郑重。标题告诉人们，在信息经济时代，技术产品如服务器应该是开放的、兼容的，封闭的技术注定不会成功。属新闻广告标题。

二、承诺式标题

（一）含义

承诺广告标题也称许诺广告标题，是指能给读者（听众、观众）带来物质（金钱）利益、身体健康和精神享受的标题。这种标题常常具有极大的吸引力和推销力，能极大地促进消费者购买商品，接受服务。

该类标题的应用不受时间限制，任何时候都能运用。它运用的范围也很广，不论什么种类的商品，什么样的服务均可使用。大卫·奥格威（D. Ogilvy）、霍普金斯（C. Hopkins）等广告大师非常推崇这种标题，认为这种写作技巧具有永恒或持久的魅力，可以使用几十年。

广告大师里夫斯指出“消费者只从一则广告中获取一件东西——一个强有力的承诺，或是一个强有力的概念”，“购买此物，您将得到特别的优惠”。

（二）种类

（1）带来物质（金钱）利益的标题（也可称“利益广告标题”）。这种标题常常许诺购买某商品或接受服务能得到价格上的优惠、赠品、奖品、购物券等。受众对这些诱惑往往很感兴趣，很喜欢阅读这类文案。大卫·奥格威认为：“这类文案会有一半以上的人记住。”

（2）满足身体的健康和容貌美丽的标题。药品、营养保健品、食品等能免除疾病痛苦，给人以健康，能使人们的外表更加美丽。这些都是人类本能的欲望。许诺标题恰好满足了人类天生的基本欲望，因此具有很大的吸引力，容易引起消费者的兴趣，具有极大的销售力。

（3）满足精神利益的标题。这种标题是指某产品或服务能够提高人们的社会地位，满足人们的社交需要，增强人们的自信心。

专家提示

①承诺广告标题典型词句有：降价、减价、优惠、甩卖、附赠、大派送、免费、花费最少；方便、实用、牢固、高贵、气派、成功、满意、舒服。

②创作这类标题时，一般要求保证价钱的许诺能兑现，若不然则会招致无穷的麻烦。所以，要谨慎使用“许诺”。有时许诺某商品五折优惠，但可能赔本，这时如果停止优惠，就可能招惹麻烦。这种情况在现实中时有发生。

（三）精彩实例及简评

［实例 1］

- 我们能帮你节省办公费用。　　（办公设备）

【简评】办公能省钱，好有诱惑力。

- 你将获得更大的自由。　　（电脑）
- 好饼干为您带来好运气。　　（饼干）
- 从十二个方面增强你的体魄。　　（面包）
- 花很少的钱便能美食一顿。　　（猪肉黄豆罐头）
- 给你百分之百的自信。　　（除臭剂）

【简评】承诺给受众精神上的满足。

[实例2]

【简评】 这则广告向受众表示，只要采用方正的“机架式”服务器，就能节省更多的时间，并能集中管理。这样的好处当然是顾客愿意接受的。属承诺广告标题。

三、疑问式标题

（一）含义和特征

疑问广告标题就是以提问题的方式来引起受众注意力的标题。疑问标题必须要找出所做广告的商品或服务的最引人注意的、大众极为关注或担忧的特征，从而提出问题。据统计，每35个标题就有一个是疑问标题。可见，这样的写作方法还是很有实际效果的。

疑问广告标题之所以有效，是因为人们总是爱寻根问底，追求事物的原因，这是人们最普遍的心理。所以，疑问标题首先能紧紧抓住人们的视线，进而促使他们阅读正文。这种方法也可以应用到“广告正文”的写作。

（二）写作方法

疑问广告标题在写作和表现方法上主要有两类：一是反问式，二是设问式，即自问自答式。反问式疑问具有一种肯定的语气，所以在写作时一定要谨慎，以免引起人们的心理抵抗。设问式应简洁明了。

专家提示

①反问疑问式广告标题表现为问句，所以常用语一般多用“难道……?”、“……？它是……”、“谁不愿?”、“您能……?”、“您想……?”、“谁能？……”、“怎么？……您呢?”。

②创作疑问标题应该全面掌握所做广告的商品或服务的每一特点、细节，及时捕捉最引人关心的热点、焦点问题，主观臆造一个问题常常是没有什么效果的。此外，写作这种标题还应站在受众的角度观察问题，不能给受众一种强迫的感觉。这种广告标题也不宜过长，应简洁易懂，一般应包含商品名称。

（三）精彩实例及简评

［实例 1］

● 独乐乐，与众乐乐，孰乐?　（卡拉 OK）

【简评】这个广告标题巧用了中国一句古语，做到了“古为今用”。

● 谁不愿——春光更好。　（春兰空调）

● 奇在哪里？妙在哪里？好在哪里？多点情趣，多点欢乐。（家用电器）

【简评】这则广告标题连用了三个“在哪里”，能引起受众的注意，若改为奇？妙？好？可能效果更佳。

［实例 2］

【简评】大大的问号，底字（“标准配置”）即是答案。这应该是一个极好的疑问广告标题。

四、夸耀式标题

（一）含义及特征

夸耀（夸张）广告标题就是对广告产品（或服务）的特征、功能或售后服务的适度的合理的赞许。这类标题是广告人特别喜欢使用的，应用的范围和频率极高，其效果也是比较好的。撰写此类标题一定要言之有物，不可空洞，也不能过分夸大，否则会招致受众的心理反感。

这种标题之所以被广泛使用，其心理原理就是人类总是有一种自我表现、希望自己做得更好的欲求。

（二）写作方法

夸耀广告标题在写作方法和表现形式上有自夸和“他夸”，真夸和假夸之分。自夸广告标题就是广告主以自己的语气夸耀自己产品的质量或服务或销量或市场占有率。“他夸”则是广告主借助他人夸许自己的产品或服务。真夸是一种比较符合实际的赞许，这是合理的，也能够引起受众的注意，促使消费者的购买。假夸则会引起反感。

专家提示

夸耀广告标题应该符合产品（服务）的实际情况，不可随意拔高。在遣词造句上应当委婉，不可咄咄逼人。使用有关最高级词语时应谨慎。如果广告的产品达不到最高级最好不要使用，否则效果不佳。

（三）精彩实例及简评

［**实例**］

- 一流名牌，质量的保证！　　（西装）

【简评】“一流”应有根据。如果广告正文确能提出“一流”的权威证据，这则广告标题才是有效的。

- 致力于创造中国最高档次名牌表——蓝宝石。　　（蓝宝石牌手表）

【简评】“致力于……最高”这个词用得好，比较委婉，说明该手表目前虽然不是“最高档次的”，但却正不断努力，精益求精。

- 世界流行，国内首创！　　（皮领带）
- 谁能夺得中国首任“亨乐宝宝的”荣誉！　　（儿童营养品）
- 味道好极了！　　（雀巢咖啡）

【简评】这是以消费者夸耀雀巢咖啡的口吻而撰写的一句广告语，由于反复使用，加之有关画面的配合，从而产生了极大的推销力。

五、劝导式标题

（一）含义

劝导式广告标题就是建议、劝解、叮嘱受众接受某种商品或服务的标题。这种标题应用也较为广泛，效果也不错，但劝导必须以理服人，以情动人，不可强迫、强逼，否则就难以达到广告的效果，人们也不会去读广告正文。

通过劝导、建议、指导等使受众了解某产品或服务的特点、功能，从而促使消费者购买或接受服务，这是符合人类的心理的。一般来说，人们总是愿意接受他人正确的建议。

专家提示

创作劝导广告标题应注意措辞的合理诱导性，要自然，不可以使用强迫的语气、词句，否则将招致人们心理拒绝。

（二）写作方法及种类

劝导广告标题在写作和表现方法上主要包括六个种类，它们是：请求式、建议式、叮咛（叮嘱）式、引导式、提醒式和忠告式。

（三）精彩实例及简评

[**实例 1**]

- 请喝可口可乐。（可口可乐）

【**简评**】这是一种请求式广告标题，没有丝毫强迫。

- 谨防伪钞！（彩色复印机公司）
- 千万别忘了上一次大水灾。（保险公司）

【简评】这是一种忠告式广告标题，特别提请注意，从而引起大众对水灾保险的重视。

- 请你为明天着想！（保险公司）
- 美餐的良好开端。（瓷器）

【简评】这是一种夸耀与引导式的广告标题。

［实例 2］

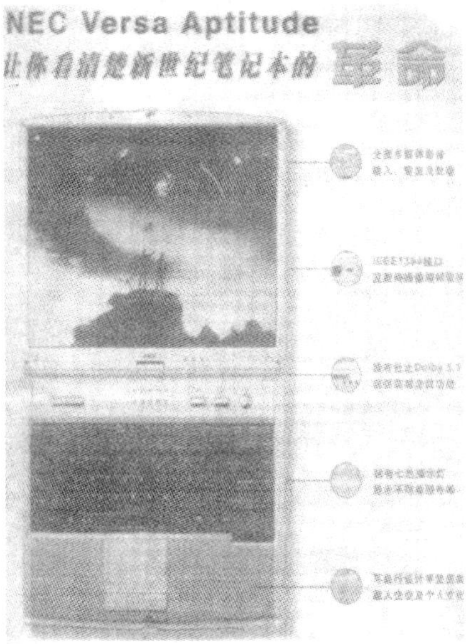

【简评】NEC 的这台笔记本电脑告诉并建议受众“看清楚”它的“革命”性的众多特征。清晰的画面，正面列举的五大革命性功能，都是对“让你看清楚新世纪笔记本的革命”这个广告标题的进一步说明！

六、比喻式标题

（一）含义

比喻广告标题就是为了使广告语更生动更形象而把所做广告的商品或服务比作某种事物或现象的标题。比喻的商品（服务）称作本体，被比喻的事物称为喻体。

比喻广告标题是文案创作中一种常用的方法，由于它具有生动、形象具体的特性，因而很具有吸引力，它能打动受众的情感，引发受众的注意力和促使受众行动。

我国平面广告获奖作品中，近1/3的广告语均巧妙使用比喻。

（二）写作方法

比喻是一种文学修辞手法，有三种比喻方式，即明喻、暗喻、借喻。比喻广告标题在写作方法上就是借用文学手段来宣传产品，因而它相应也就划分为三种类型，即明喻广告标题、暗喻广告标题、借喻广告标题。

专家提示

这种标题要求创作人员尽量使喻体和本体具有可比性，使二者具有相似性。这样，才能使比喻标题起到形象生动、引人注意的作用。如果比喻不恰当，就会使人觉得可笑。应用比喻时，虽然要求喻体和本体应具有可比性和相似性，但并不是说二者具有完全的相同性，因此创作人应充分发挥自己的想象力，多找一些“喻体”，比较哪个“喻体”更具有生动性，更具魅力。

（三）精彩实例及简评

[实例1]

太阳的唯一对手。（灯具）

【简评】把灯具与太阳相提并论，这是一个非常具有想象力的大胆比喻。

- 上帝之光。（圣诞树挂灯）
- 电话就是你的高速公路。（电话）
- 克拉夫衬衣，你的贴心伴侣。（克拉夫衬衣）
- 像餐桌上的公主。（果酱）

【简评】把果酱比喻为餐桌上的公主，可见这种果酱是多么令人感到可爱。此为明喻，因为句中有比喻词“像”。

[实例 2]

【简评】这是一则商用电脑广告。空旷的地球上，架着一台天文望远镜，上方是无边无际的宇宙，图的右下角是精美的电脑产品，图上有一行醒目的广告语（标题）：“通往未来的辉煌之路，我们只走了一小步……”在这则标题中，设计者把该公司开发的电脑产品比作人类探索宇宙迈出的“一小步”，从而表达了该公司志在高远、不断创新的企业精神。

七、拟人式标题

（一）含义

拟人式广告标题是把广告的产品或服务比作有生命的人，从而使产品具有人的情感思维。这种标题由于使“死产品”变成“活的人”，因而使受众对产品感到亲切，也更容易接受广告。

拟人化标题具有生动、亲切、可爱、有趣的特点，因而其诱惑力、销售力也是巨大的。巧妙地、恰当地使用定能产生不可思议的强大力量。

（二）写作方法

这种标题的写作方法就是赋予产品以人的各种情感、思维力、记忆力、语言，人的动作，人能做的工作，人的体力，等等。

专家提示

要创作优美的拟人广告标题，就必须认真研究拟人主体（产品）的各种特征，以及使用操作方法，全面掌握产品的各种信息，并在此基础上捕捉对消费者具有吸引力的有价值的信息。在你做完这些工作之后，就应该寻找恰当的，亲切可爱的“汉语或外语词句”。你不妨列举十几条，甚至几十条引人注目的语句，然后从中筛选出令人满意的一条或几条。

（三）写作要求

拟人广告标题的创作，要求拟人的“主体”（产品）和“客体”（人的各种情感等）之间一定要恰当自然，不能牵强附会，生拉硬扯，否则会让人感到可笑，从而就削弱了这种标题的吸引力。

（四）精彩实例及简评

［**实例 1**］

- 它从不会忘记什么。（电脑储存器）
- 我们是您从不作声的仆人，却有着一百双手。（厨房用具）

【简评】厨房用具确实能帮助人们做许许多多的事情，因而说它是“仆人”、有“一百双手”。这个标题既生动，又具推销力。

- 最温柔体贴的毛巾。（毛巾）
- “帕美你”更关心您姣美的面容。（香皂）
- 与您的皮肤相亲相爱。（香皂）

【简评】将香皂拟为您的“情人”，多么巧妙的创意！

［实例 2］

【简评】健康、靓丽、活泼、可爱的美女是“扫描专家”，实际上以此靓女作为“EPSON 扫描仪”的“化身”。这是一则成功运用拟人广告标题的范例。

八、幽默式标题

（一）含义和特征

幽默是一种智慧，是一种轻松，是一种丰富的想象力。幽默广告标题是充满着智慧和想象力的一种有趣的或可笑的语句。幽默广告标题的特征之一就是令人发笑，使人觉得有趣。幽默必须是充满智慧的，具有想象力的，含有意味深长的内容，否则，幽默就不是幽默。

幽默广告标题被人们广泛使用，主要是因为人类的心理需要轻松、开朗。因此，这种广告标题常常具有感人的吸引力，能够使人们对广告产品产生浓厚的兴趣。

（二）写作方法

这种标题在写作表现方法上可以人的心情、好奇等作为幽默对象，也可以某事物、现象作为对象，其表现形式是很广泛的。

专家提示

幽默式标题不是单纯地追求幽默，不是纯文学的幽默，而是必须结合广告内容的幽默，不可离开广告的产品或服务去“幽默”。广告撰稿人必须明确幽默是手段，而不是目的。幽默式广告标题的最终目标是推销产品，是增加产品的市场占有率。

（三）精彩实例及简评

［**实例**］

- 盗贼可从不管春夏秋冬。（意外事件保险）
- 请把你家的狗拴牢，不然它会自己跑到卡斯克公司来的。（宠物食品公司）

【简评】 如果该广告标题说：我们公司的食品是多么有营养，味道多么美，那么就没有多大的意义了。这则广告标题之所以引人注意，就在于它不因循守旧，而采用幽默的手法，让狗自己赞扬宠物食品的美味。这样的构思真是奇妙。

- 搭起双脚，让您的手指散散步吧！（电话）

【简评】 这则广告标题之所以幽默、富有吸引力，就在于它把“手”与“脚”的功能颠倒，让“手”代替“脚”的功能去“散步”。这种构思也是很新颖的，不同于一般的反向思维方式。

- 令人大饱眼福。（泳装）
- 在每一个关键部位向您大献殷勤。（内衣）

【简评】 上述两则标题之所以有趣，就在于它包含了人们极感兴趣的话题——“性”。

- 已长发的部分，请勿再涂此药。（生发剂）

【简评】 美国的P·K·D生发剂在生产初期，销路很不理想，公司面临倒闭的危险。为了救活公司，经理请一家推销公司为他出主意。结果，只一句话，就使这种生发剂在两年间销出了300多万瓶，纯利润创了历史纪录，销售量大大超过其他生发剂。这家公司成功的原因，就是在标签证明及说明书上用醒目的红字印着这样一句富有幽默感的广告标题："已长发的部分，请勿再涂此药。"

九、巧用成语式标题

（一）含义

巧用成语广告标题是指结合广告内容，合理恰当地使用成语。这里的"成语"不仅指一般意义的成语，也含有某些习惯用语、俗语等。"巧用"的含义是指要与广告的内容相符合，要恰如其分。

（二）写作方法

巧用成语广告标题在写作方法和表现形式上可以分为三种：

（1）直接引用。如某火灾保险公司的一则广告标题是："烈火见真情。"

（2）改变一个或两个字词。如某轮胎公司的一则广告标题为：路遥知"凯勒"。

（3）成语的前后加上一句短语，但成语本身不改变。如一则著名的广告标题："车到山前必有路，有路必有丰田车。"

专家提示

我国的成语有数万条，常用的也有两三千条，因此，广告创作者应认真研究学习，熟练使用。可参考《中国成语辞典》、《中华成语大词典》、《汉语非本义词典》等。

（三）精彩实例及简评

［**实例1**］

• 出口成章。　　　　（口述记录仪）

• 烈火见真情。　　　　（火灾保险公司）

- 捷足先登。（鞋）
- 三十六计，走为上。（鞋）
- 千里之行，始于足下。（鞋）
- 一夫当关，万夫莫开。（保险门）
- 取之不尽，用之不竭。（海产品）

【简评】以上几则标题都是直接引用成语，使用也比较恰当，效果也不错。

［实例 2］

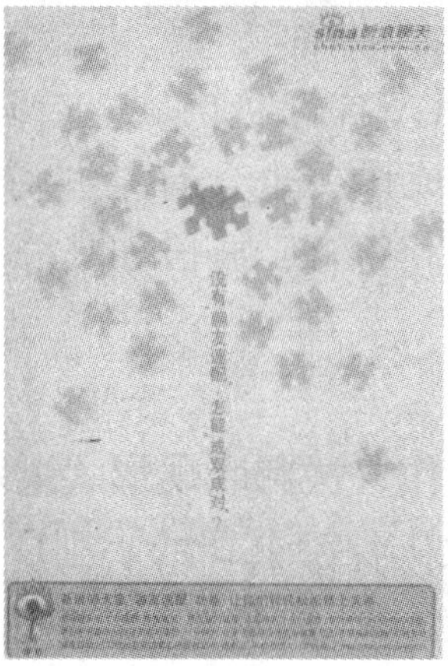

【简评】巧用成语“成双成对”，且是一个疑问标题，给受众以诱惑。属于很好的含有多种写作方法、特点的复合广告语。

十、反复式标题

（一）含义

反复广告标题就是指在一则标题中有两个或两个以上的词语是完全相同的标题。这种标题由于使用两个一模一样的词语，因而能够起到强调、醒目的作用，往往能引起受众的注意。该类标题在广告中使用的范围是很广的，频率也是很高的。

（二）写作方法

反复广告标题在写作和表现方式中一般可以分为两类：一是两个句子的

开头的词语是相同的，如“要么自己下海，要么购买法菜”（法菜牌水产品）；二是一句话中有两个词是重复的。

（三）写作要求

反复广告标题是一种较广泛使用的广告标题。在创作这种标题时要推敲反复词语的选择，更要明确反复的目的是推销产品，提高产品的市场占有率，绝不能为“反复”而“反复”。此外，写作此类标题还应运用其他类型的标题，最好不要单独使用。

（四）精彩实例及简评

［实例］

- 哪儿有生活，哪儿就有希望。（生活杂志）

【简评】这是一则使用“哪儿……哪儿……”的反复标题。同时，由于“生活”还是杂志名称，因而，这则标题也可叫作双关语式标题，也就是说这则标题是复合标题（一则标题含有两种类型以上写作方法的标题称为复合标题）。大部分优秀广告标题均是复合标题。

- 没有“艾特”就没有美国。（艾特饼干）
- 佳宝、佳宝，味道最好！（佳宝牌饮料）
- 更好的产品应有更好的商标。（商标印刷公司）
- 今日在此地，今日又在彼地。（航空货运）
- 哪里有生活，哪里有“布特”。（布特啤酒）
- 不必等待，不必奔波。（电传）

【简评】以上几则标题反复的词语都在两句话的开头。

十一、数字精确式标题

（一）含义和特征

数字精确化广告标题就是指包含一个重要数字的标题。数字精确化广告标题的数字必须是精确的，符合实际的。如“有七分之一的人类每天必须刮胡须（剃须刀）”。

数字精确化广告标题，由于它体现了精确化特征，因而极具有说服力，令人信服。所以，在创作标题中，如果具有精确化的数字，则应尽量使用。

（二）写作方法

数字精确化广告标题在写作方法和表现形式上可从以下几方面入手：

（1）原料、成分的构成方面数字化。如“百分之百的纯洁”（香皂）。

（2）制造方面的数字化。如飞机制造公司的一则广告标题就是：“我们已开始制造第二个一千架商用飞机。”

（3）用途方面的数字化。如某水泥公司的广告标题是：“它有一百万零一种用途。”

（4）使用方面的数字化。如“帮您节约三分之一的燃油” （燃油取暖器）。

专家提示

构思创作数字精确化广告标题首先应注意的就是数字必须是准确的，不能是模棱两可的。使用不准确的数字必然大大降低广告的效果，失去人们的信任。如“托比帮您行万里”（鞋）。“万里”就是一个不精确数字。在广告中最好不使用那些“虚数”。另外，还应注意对某些较大数字的表述方式，应尽量使人易读、易看、易懂。

（三）精彩实例及简评

［实例］

- 100%的纯洁。（衣料）
- 您不妨尝一口12年的苏格兰威士忌。（威士忌酒）
- 一路欢笑，飞奔3000英里。（轮胎）
- 6分钟内让地板焕然一新。（地板蜡）
- 一星期享受7天。（烟草公司）

【简评】这几则广告标题的数字是绝对的精确。更值得肯定的是这些标题的巧妙构思。由此看来，精确数字的来源可以是多方面的。

十二、双关语式标题

（一）含义

一则广告标题中含有一个起重要作用的具有双重含义词语的标题，就称为双关语标题。这类标题在广告创作中应用比较广泛。如果运用恰当，常常能收到极佳的效果。如一则著名的衬衫广告标题是："领袖风采。"双关语标题中的双关词其含义应该是美好的，引人注目的。只有如此，这种标题才能起到它应有的作用。

（二）写作方法

双关语标题在写作和表现方法上主要有以下三种：

（1）一个词本身可能有两层含义。如一家推销催化剂公司的标题是："人类进步需要催化剂。"这里的"催化剂"既指一种化学品，也指一种抽象意义的"促进作用"。

（2）公司或品牌名称含有某种意义。这种情况下，给公司或产品命名就显得非常重要，也就是说给你的产品（公司）首先要起一个好名字，一个有意义的名字。如某阳光保险公司的一则广告标题是："人人都需要阳光。"

（3）赋予产品某种美好的意义。如给灯具赋予"光明"的美好意义。正如一则灯具广告标题："光明，将永远陪伴着您。"

专家提示

如果某一广告的产品具有优美的名称，那么你就可以考虑使用双关语标题。如果某广告产品并没有优美的有意义的名称，那么您可以研究该产品是否有某种美好的特点。假如以上两种尝试都不成功，那么建议您不要使用双关语标题。

（三）精彩实例及简评

［实例］

- 一刻千金。（手表）
- 八十年来，美国家庭的守护神。（守护神家庭财产保险公司）
- 读《时代》能理解时代。（《时代》杂志）
- “布莱特”的明灯把您的前景照亮。（灯具）

【简评】将灯的亮光与人的前途结合起来，糅为一体，从而赋予灯具的使用者以美好的前景，这就是这则广告标题的绝妙之处。

- 为您服务的是世界一流的发明家。（爱迪生电器公司）
- 与您的皮肤相亲相爱。（情人牌香皂）
- 每一个美人牌内衣里都有一个真正的美人。（美人内衣公司）
- 会让您像阳光一般明媚。（阳光衬衫）

【简评】阳光既指太阳的光芒，也是该衬衫的品牌定位。

- 波音有一千张面孔。（波音公司）

【简评】“面孔”既是指波音飞机种类很多，各种各样，也指波音飞机上的乘客来自五洲四海，有各不相同的面孔。

十三、证言式标题

（一）含义

以消费者、专家、名人或名公司的身份来证明产品或服务优良的标题，就称为证言广告标题。

专家最受人信任，消费者的信任度次之，名人的证言更次之。“名人”主要包括影视明星、体育明星等。

证言广告标题在广告创作中是一种比较常用的形式，其效果也非常明显。因此，认真研究它，对创作广告具有重要的意义。

证言广告标题之所以具有很高的说服力，就在于人们的心理倾向于“眼见为实”，人们最相信自己亲耳所听，亲眼所见。

（二）写作方法

证言广告标题的写作方法一般为三种，即消费者证言标题、专家证言标题、名人或名公司证言标题。

（1）消费者证言标题。以消费者使用某产品亲身的感受和体验来作为广告标题，往往能使消费者确信。这种证言必须是真实的，绝对不能欺骗人。否则，将弄巧成拙，陷入窘境。

（2）专家证言标题。专家一般多是指医生、科学家等。专家由于具备某方面的专业知识和技巧，受人尊重，因而专家证言的信任度是很高的。但是不能滥用专家证言。

（3）名人证言标题。对名人证言标题的效果，广告界争论较大。一种观点认为名人证言不可靠，效果不好，大众不太信任。持这种观点的代表人物是美国的大卫·奥格威（D. Ogilvy）。另一种观点认为名人都是在公众心目中有知名度的人，只要谨慎使用名人证言，效果也是非常好的。持这种观点的代表人物是美国的李奥·贝纳（L. Burnett）。本书作者认为，名人证言标题应该而且事实上也是具有诱惑力的，这方面成功的标题还是很多的，如最著名的“我只使用力士香皂”就是一例。

（三）创作要求

采用证言广告标题应了解某一证言的真实性与可靠性；在表述上最好使用第一人称的形式，加上引导；如果使用第三人称，也应该注意其表达方式。具体证言的表达方式可采用不同的标题类型，如夸耀广告标题、引诱广告标题、幽默广告标题等。

（四）精彩实例及简评

［实例1］

- “我第一个想到的就是第一信托投资银行。”　（第一信托投资银行）
- “我终于有了BMW。”　（汽车）
- “为了一支骆驼牌烟，我宁愿多走一英里路。”　（烟草公司）
- “我简直不敢相信，世上竟会有如此美妙的东西。”　（酒）
- “我最讨厌的就是洗碗碟。”　（洗碗机）

【简评】上述标题绝大多数是以第一人称的方式创作的。在表述方式上大都说明了消费者的某种愿望或是使用某产品后的激动心情。

● 总统用的是派克

莫斯科新闻报 1988 年 1 月 3 日

笔比剑更强

美苏两国首脑里根和戈尔巴乔夫用派克钢笔签署销毁中程导弹条约（新闻照片）。

派克钢笔

【简评】20 年前，美国派克钢笔厂曾经用罗斯福总统在一文件上签字的照片做广告，广告词语为："总统用的是派克。"这则广告给消费者留下了深刻印象。1988 年 1 月 3 日，为了使派克钢笔打入苏联市场，他们在《莫斯科新闻报》上以整版的篇幅刊登广告。广告的标题用大写铅字排出"笔比剑更强"，标题下面刊登了美苏两国首脑里根总统与戈尔巴乔夫用派克钢笔签署销毁中程导弹条约的大幅照片，而且照片下方附有派克钢笔说明图。

［**实例 2**］

【简评】微软公司是 Windows 2000 的发明者和所有者，是世界软件领域的大哥大。康柏公司运用微软来证明自己的成功，是非常有说服力的，令人可

信的。当然这一优秀广告标题也具有“疑问式标题”的特质。我们在前面多次说过，凡优秀的有效的标题，往往是综合了两种以上标题写作方法的优点。

十四、定位高贵式标题

（一）含义

定位高贵式广告标题就是把广告的产品定位为高档化、贵族化和具有重要性。该类标题一般是假定只有高贵的和重要的消费者才能购买和使用该广告产品。也就是说，购买此广告产品的人是气质高雅、尊贵和重要的。

这类广告标题的使用范围是特定的，它只适用于那些真正高档、高贵、高雅的产品或高级的服务。

人类从其心理本质上说都有一种试图超过他人、与众不同的天性。定位高贵化标准满足了人们的这种超越他人、自我感觉良好的心理状态。因而，此类形式的标题往往对大众具有很大的吸引力。对有高贵条件的人，这种标题立即就能引起他们的注目；不具备高贵条件的人也会向这方面努力。

（二）写作方法

定位高贵式广告标题在写作上要注意从以下几方面入手：

（1）定位贵族化。即把某产品定位为高档化、高贵化。

（2）定位重要化。即把某产品定位为具有极为重要作用的物，把消费者定位为重要的人。如某出租汽车公司的一则广告标题就是：“您是重要的人物。”

专家提示

创作这类标题将受到一定的条件限制。它不像双关语式标题、比喻式标题、夸耀式标题等的使用几乎不受约束，范围非常广。如果是一般大众产品，千万不能使用这种标题，否则会贻笑大方，被人嗤之以鼻的。

（3）定位高雅化。即将产品定位为具有某种高雅的情趣，具有艺术个性等。例如迪林地毯公司的一则广告标题就是：“有艺术特性的人总会想到迪林公司。”

（三）精彩实例及简评

［实例 1］

- 贵族化的图案，使它们更光彩照人。（银器）
- 为了每一个伟大的时刻。（香槟）
- 天堂里铺的不就是里斯地毯？（里斯地毯）
- 穿上它，就是穿上了最华贵的珍品！（貂皮大衣）
- “出席重要的场合我就穿它。”（高档服装）

【简评】上述几则广告标题是按定位贵族化、定位重要化、定位高雅化而排列的，它们都是极引人注意、极具销售力的标题。

［实例 2］

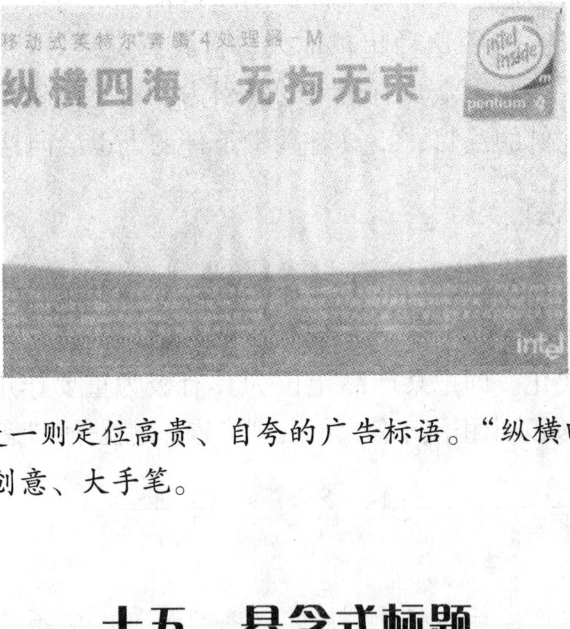

【简评】这是一则定位高贵、自夸的广告标语。“纵横四海、无拘无束”非常有魄力的大创意、大手笔。

十五、悬念式标题

（一）含义

悬念，在《现代汉语词典》中的解释是：欣赏戏剧、电影或其他文艺作品时，对故事发展和人物命运的关切心情。广告中的悬念式标题就是人们对一则广告标题所含内容、事物的发展和结局的关切心情。悬念广告标题在广告标题创作中具有重要的作用，恰当采用它，往往具有极大的吸引力。

广告语作为一种特殊的文学作品，它所包含的内容的变化和答案也是引人关注的。人类具有一种追根究底的心理特点，比较关心事物的最后结局。悬念广告标题正是运用了人们的这种心理状态，使人急欲阅读正文，也就具有了极大的销售力。

（二）写作方法

在进行悬念广告标题的写作时，首先要叙述一件事情或某一产品，但又不能把该产品、事情的结局全部表达出来，要能引起人们的思考，促使读者读下文。需要注意的是，这种标题应当与其他标题（如疑问式、夸耀式）结合使用，这样效果会更好。

（三）精彩实例及简评

[实例]

● 每个人至少应戴三顶草帽。（帽子公司）

【简评】 一个人为什么要戴三顶草帽呢？这就引起受众的注意，受众急于知道答案，这就需要阅读下文。这样的广告标题就是成功的。

● 从 12 个方面增强您的体魄。（面包）

【简评】 12 个方面？是哪 12 个方面，这就引起人们的关心。

● 生活始于 40 岁。（营养食品）

● 北极熊耐寒之谜！（北极熊牌冬装）

● 这里才是两点之间最短的距离。（膨化公司）

● 辉煌 48 小时。（广告公司）

● 哈特将明天引入今天。（镀层公司）

● 我们的旱冰鞋有“三条命”。（轮胎）

● 咖啡煮好了……请喝上一杯。（电动咖啡壶）

【简评】 荷兰飞利浦公司在日本推销电动咖啡壶的电视广告是分两次进行的：在第一次广告播出时间，观众看到的是把碾成碎末的咖啡放进电动咖啡壶内，并打开了开关。这时正好电视节目开始。等节目结束，便出现第二次电视广告，观众看到的是已经煮好了的咖啡，同时播出这样一句广告词：

“咖啡煮好了，这就是飞利浦公司生产的电动咖啡壶，请喝上一杯。”广告共两次播出，不仅给人一种“悬念”，而且它的简短、生动、形象又很能激发观众的消费需求。飞利浦电动咖啡壶很快在日本打开了市场。

十六、比较式标题

（一）含义

比较式广告标题就是把自己的产品与别人的产品从质量、价格、维修等方面进行对比，从而证明自己产品的优秀。

使用比较式广告标题，使两种产品对比，结论明确，因而这种标题具有吸引力，也容易引起人们阅读和看下文。

使用比较式广告标题，一定要谨慎，符合事实，不可虚构事实，贬低他人。

（二）写作方法

比较式广告标题的写作主要从以下三个方面进行：

（1）与同类所有产品相比。例如，一种香皂的广告标题是：“当所有的香皂都无能为力时。”

（2）与同类中的一个公司或产品相比。例如，王安电脑公司的一则广告标题是：“用风吹走 IBM。”

（3）低姿态的比较。例如，一则出租车公司的广告标题是：“我们暂居第二，所以我们丝毫不敢马虎。”

专家提示

一般来说，比较式广告标题最好不采用实比（具体指出对比的对象），而采用虚比（泛泛而比）。运用虚比广告标题，也应全面掌握比较对象的产品（服务）信息。如果你的产品事实上就是比其他的好，便可使用比较标题；如果不是这样，你就不能创作这种标题（因为我国《广告法》明确规定，不得歪曲事实，贬低他人）。

（三）精彩实例及简评

［实例］

- 比一切咖啡更像咖啡的咖啡。（某牌咖啡）
- 货比众家，方知“三羊”最佳。（三羊皮装）
- 比别的更好些，因为它们出自哥罗茜。（哥罗茜纺织品公司）

【简评】以上广告标题都采用了虚比方式。

- 与其他轮胎最小的区别是价格。（××轮胎）

【简评】这表面上是从价格上与其他轮胎相比，实际上还暗示其他轮胎在质量等方面都比该轮胎差。

十七、情感式标题

（一）含义

以家庭人伦亲情、甜蜜爱情和朋友之情作为内容的广告标题即情感式标题。亲情、爱情和友情是人类永恒、美好的情感。因此，以此作为广告标题最能打动人、吸引人。

（二）写作方法

亲情、爱情、友情是构成情感式标题的基本内容。亲情是人类天然的具有血缘关系的最永恒的感情，诸如父母与子女的感情。爱情乃是异性之间一种最热烈的情感。友情即朋友之间最真诚的情感。把能反映人类这几种美好感情的词句写进广告标题必定能促进产品的销售。这种标题能够营造气氛，激发情感，引人注目。

广告正文的写作也可采用这种方法。

（三）写作要求

创作情感式广告标题意在渲染一种亲热的气氛，引发人们的内在情感，激发人们的热情，促使产生购买欲望。因此，这种广告标题关键在于选择能打动人心的句式，尽量使用某种美好的词语。这种标题一般运用的对象产品多是食品、饮料、化妆品等家用日常消费品。

（四）精彩实例及简评

［实例］

- 这些饼干多像是从您老祖母手中烘制出来的呀。（饼干）

【简评】这则广告标题使人们深情怀念自己的祖母，因而具有极大的吸引力。

- 它使您回忆起母亲的手艺。（面包）
- 和家里做的汤一模一样。（番茄汤罐头）
- 一件心爱的志兴童服，一个甜美童年回忆的开始！（志兴牌童衣）
- 两情相悦，不管见面或分手，都能感到时间的跳动！（手表）
- 为了每一个吻更完美。（口香糖）
- 母亲节别忘了赠母亲：五月花。（鲜花）

十八、诱惑式标题

（一）含义

假定以使用某产品后给人们带来的欢乐、美感、激动和体验等而创作的直接诱使消费者的标题，就叫做诱惑式广告标题。这类标题由于直接激发了消费者的情感，因而往往能诱使他们采取行动，是一种运用广泛且富有效果的广告标题。此类标题更强调受众的精神愉悦。

（二）写作方法

在进行此类标题的写作时应先假定自己就是广告产品的消费者，想想作为一个消费者最直接需要的是什么，这样您必能产生某种灵感。如果您读了自己的标题，马上就想采取行动，这就必定是一则有效果的标题。另外，在写作中，还必须符合产品实际，不要过分夸张。

（三）精彩实例及简评

［实例 1］

- 您会把最后一粒面包渣也放进嘴里的。（面包）

【简评】 多么诱人的面包，连“最后一粒碎渣”也不放过，赶快买吧！尝尝吧！

［实例 2］

【简评】 如果您的电脑或服务器等采用 AMD Athlon 这一“科技先锋”，则给您带来“极速力量”和“超凡感受”。

据报道，英特尔（Intel）处理器目前占该类市场总额的 75%。如果 AMD 将自己定位在“第二”的位置，也许效果或销量更大，然否？

十九、竞争式标题

（一）含义

竞争式广告标题也称挑战性广告标题。在广告标题设计中把自己的产品与其他同类产品进行比较，从而证明自己的产品（在某一方面或几方面）胜过其他产品，叫竞争式广告标题。竞争式广告标题与“比较式广告标题”相比，其“竞争性”更强。

（二）写作方法

在进行这种广告标题的写作时一定要注意真实性。自己的产品必须确定具有某种优点，而且是其他同业某些产品所不具备的，同时应该由权威机构或消费者证实。这样在进行比较描写时才能有的放矢，恰到好处。

专家提示

有些国家的法律禁止竞争广告（标题）；有的国家这类广告很发达，例如美国。像可口可乐与百事可乐的广告战已进行了100多年，现在还在激战。（正当的）竞争广告有利于产品的改进和发展，有利于消费者，对企业发展也有很大的促进作用。

（三）精彩实例及简评

［实例1］

【简评】1975年初，百事可乐就向消费者宣告，他们要和可口可乐一争雌雄。

［实例2］

- “霍夫曼”从未碰到过对手。（霍夫曼雪茄烟公司）
- 自1860年以来，它一直是美国上层餐桌上的佳酿。（威士忌）
- 百事可乐：属于你的饮料。（百事可乐）

【简评】从 1929 年开始，百事可乐公司趁可口可乐公司忙于开拓国外市场之机，开始了一场广告战略进攻。他们主要是向消费者灌输这样一个概念：同样 5 分钱，原来只可买 6.5 盎司一瓶的可口可乐，现在却可买到 12 盎司一瓶的百事可乐。这个竞争策略运用电视广告予以表现，在一首《约翰·皮尔》流行歌曲中唱出："百事可乐不多也不少，满 12 盎司让你喝个够，也是 5 分钱，可饮两倍量。百事可乐——属于你的饮料。"这个广告十分奏效，以低廉的价格抢走了可口可乐在美国劳动者阶层中的许多市场。

- 可口可乐打倒可口可乐。　　　　　　　　　　　　　　　　　　　　（饮料）

【简评】1976 年美国达拉斯市的报纸上出现了一则奇特的广告，广告的标题是"可口可乐打倒可口可乐"，标题下面画了一个可乐的瓶子，瓶子的两边放着两个玻璃杯，一个标明 M 字样，另一个标明 Q 字样。于是，出现了广告界有史以来最奇特的广告战。交战双方是美国苏打饮料销售冠军的可口可乐和位居第二位的百事可乐。交战的序幕是自当年第二个月展开的，当时百事可乐公司决定向在达拉斯地区销售比率为其 3 倍的可口可乐挑战（全美饮料市场，可口可乐占 26.2%，百事可乐占 17.4%）。百事可乐公司的促销活动旨在说明百事可乐与可口可乐二者若将牌名取下，消费者将更喜欢百事饮料。经试验，一半以上喝可口可乐的人比较喜欢百事可乐的味道。在试验中，把可口可乐倒入标有 Q 字样的杯子中，百事可乐则倒入标有 M 字样的杯子中，任凭消费者品尝，结果大多数的人都喜欢喝 M 杯子里的可乐，百事可乐根据此一事实大做广告，向可口可乐挑战。可口可乐公司不甘示弱，也进行了一项消费者喜好试验，声称百事可乐的试验是不公平的，因为人们喜欢 M 字母的程度甚于 Q 字母。根据芝加哥市场调查顾问布雷特（Steuan. H. Britt）的理论：Q 比较不受人喜欢，因为许多令人不悦的字眼都是 Q 字母开头的，如庸医 qrack，懒人 quitter，地震 quake，恶心 qualm 等。为了证明它的理论正确，可口可乐就把自己的可乐分置于 M 杯与 Q 杯中，实验结果说明果然大多数人喜欢 M 杯中的可乐（"可口可乐打倒可口可乐"的广告标题即由此而来）。百事可乐认为此举无稽，于是将字母改为 S 和 L，再做一次试验，此次将可口可乐置入 S 杯，百事可乐置入 L 杯中。试验结果是，消费者仍然喜欢 L 杯的可乐。至此，可口可乐的负责人理屈词穷，只好强辩地解释说：因为一般人喜欢 M 字母多于 Q 字母，所以也比较喜欢 L 字母而不喜欢 S 字母。一位专门研究动机的心理学家戴奇特（Emest Dichter）被问及对此的看法，他说，据他研究的结果，找不出人们喜欢 L 字母的理由（可见可乐本身的风味）。

二十、市场定位式标题

（一）含义

市场定位式广告标题就是根据产品市场和消费者的心理及购买行为，将产品确定为某种或某些方面消费者需要的东西的广告标题。

专家提示

在进行市场定位式广告标题的写作时必须先了解广告产品的特征和消费者的心理，同时也应了解竞争者的情况；在创作时，遣词造句应明确、清晰、有力。

（二）写作方法

在进行市场定位式广告标题的写作时，可以从年龄（如6个月以上）定位上来写；也可以从心理定位上来写，如“年轻的感觉”；还可以从社会阶层定位上来写，如“白领用品”或“蓝领用品”。

（三）精彩实例及简评

［**实例**］

- 为了怀旧的人。（威士忌）
- 新时代男士们的追求！（男式服装）
- 轻薄舒适，可解除冬天臃肿的危机！（中老年羊绒大衣）
- 冬季新娘的礼服——新潮婚纱！（婚纱）
- 选择它，就拥有高贵的象征。（钻石戒指）
- 越来越多的妈妈都为六个月以上的宝宝换吃惠氏见儿乐较大婴儿奶粉！（奶粉）

【简评】诉求对象十分明确。

● 百事可乐的一代——认为自己年轻的人现在就喝百事。（百事可乐）

【简评】20世纪60年代，百事可乐把广告战略的重点放在了招徕好动的新一代身上。于是，在其广告中重复出现大批热情奔放的年轻人形象。一个广告画面是：数百名大学生在海上的皮筏里跳舞，一架直升飞机上的摄影师拉近了摄影机镜头，发现每个人手中都拿着一瓶百事可乐，他们都合着音乐的节拍对着太阳畅饮百事可乐。旁白接着说，百事可乐是给“认为自己是年轻人”的那些人喝的。然后，传出节奏活泼的合唱：“今天生龙活虎的人们一致同意：认为自己年轻的人就喝百事可乐”；“他们选择正确的、现代的、轻快的可乐，认为自己年轻的人现在就喝百事。”这一广告影响广泛，效力非凡。一时间，美国年龄在25岁以下的人几乎都迷上了百事可乐。

● 试看，轻松真好。（健美裤）

【简评】诉求对象十分明确，以想要拥有苗条身材的女性为定位目标。

● 蓝领人的啤酒。（啤酒）

【简评】美国的米勒酿酒公司在对啤酒市场调查中发现，啤酒的最多消费者是年轻人、男性，尤以蓝领工人居多。为此，该公司设计了一个旨在吸引蓝领阶层的广告宣传活动。米勒的广告对蓝领工人大加赞赏，把他们描绘成健康的、干着重要工作和充满自豪的工人。广告里的主人公是一群豪爽、大度的工人，他们把在酒吧里喝米勒啤酒当作对一天工作成绩的最高奖赏。考虑到蓝领阶层的文化层次，米勒公司只选择了工人们喜爱的电视作传播媒介，而且，广告播出的时间全部集中于工人们最热爱的体育节目时间。结果，喝米勒啤酒很快作为一种蓝领工人的文化生活方式被人们认同，米勒公司的市场占有率也由第八位上升到第二位。

● 年轻的“密妮”让肌肤更年轻。（花王洗面乳）

【简评】洗面乳应是不分年龄、性别的，但花王的此篇广告词“年轻的‘密妮’让肌肤更年轻”，可以明显地看出是以少女为市场定位的。

二十一、典型特征诉求式标题

（一）含义

典型特征诉求式广告标题，就是找出产品最突出、最明显，对消费者最有吸引力和诱惑力的特点，并将这一特征用适当的语言表达出来。

（二）写作方法

进行这类标题的写作，主要是寻找产品的典型特征。典型特征的寻找并不难，它就在产品的原理、结构或功能、功用之中，对创作者来说，应根据当前的广告竞争者和消费者心理来发现产品的典型特征。例如，所有空调机都有安静、制冷的特点，可别人的广告并没有说出，而你就可以突出强调这一特征。

（三）精彩实例及简评

［实例 1］

- 凉凉凉！热热热！一步到位，冷暖空调机。（冷暖空调机）
- 超强性能超价值，超速实现企业财务信息化。（电子商务解决方案）
- 每一根胡茬，都挨飞利浦两刀。（飞利浦剃须刀）

【简评】强调三刀头双刀锋，以区别于其他厂商单头、双头、单刀锋等的设计，显示了其独特性。

［实例 2］

【简评】 在这一广告的正文中列举了东芝笔记本的七大卓越功能，而标题则突出“东芝已将这种‘不可能’转化为一种可以实现的技术”，这一重要的特征表明了东芝电脑最先进的技术。系属典型特征诉求式广告标题。

此广告中优美醒目的图画更强化了广告标题。

二十二、系列标题

（一）含义

系列广告标题，就是围绕一个主题做一系列的广告标题。可以是一个公司不同产品的系列广告标题，也可以是同一产品的系列广告标题。

专家提示

此类标题对受众具有连续的刺激，如果计划得当，使“系列”广告之间有内在联系，必能产生好作用。

（二）写作方法

在写作时要注意系列广告标题之间有一定的内在联系：可以是从简单到复杂，层层深入；也可以是说明一个事件的进展过程。在写作这类标题时，创作者应该掌握这些特点。

（三）精彩实例及简评

［实例 1］

【简评】这是作者目前看到的最佳系列广告（标题）之一。20幅广告先分别刊出，最后再汇集在一块儿，突出表现该广告的产品——房地产的不同功能、特征。

［实例2］

- 提早——让您的孩子成为国际人。
  赶快——分散您的投资风险。
  　　　　选择安全的居住环境。
  抉择——就在您的一念之间。（国际房地产投资公司）

【简评】该系列广告标题是让消费者去海外购买房地产。广告商除在广告中强调到海外购房的种种好处外，还提醒你决策和行动要快。

- 有DHL全球两万名员工日夜快递包裹，神行太保沉浸在温柔乡……
  有DHL的电脑追踪报告锦囊行踪，诸葛亮一通电话就可掌握胜券……
  有DHL负责专程运送真经，唐三藏大可神闲气定地喝咖啡……
  有DHL将货物运送到全球180多个国家，马可·波罗终于可以舒舒服服地洗个泡泡澡……（快递公司）

【简评】这是国际快递公司（DHL）做的系列广告标题。在这四则标题下配有四幅画，画中有神行太保酣睡、诸葛亮打电话、唐三藏喝咖啡、马可·波罗躺在浴缸里戏水等滑稽可笑的场面。四则广告分别以名人衬托，说明了该公司的业务和服务质量。本系列广告图文并茂，给人留下了深刻的印象。

二十三、公关式标题

（一）公关广告标题的意义

公关广告中的标题就称为公关广告标题。

（二）写作方法

公关式广告标题常常具有新闻写作的特征，也就是说能吸引大众传播媒体的关注和采访。因此，在撰写此类标题时，应该模仿或运用记者的手法，具有客观报道性和鼓动性。

（三）精彩实例及简评

［实例］

● 公司发生一件有趣而又有意义的保护鸽子事件。　　（公司）

【简评】美国纽约一家公司建成一幢52层的总部大楼，这时有人发现一间房子里栖居一大群鸽子，鸽屎、羽毛一片狼藉。可负责广告传播人员见状却喜上眉梢。他们一面紧闭门窗，一面电告“动物保护委员会”和新闻界：“公司发生一件有趣而又有意义的保护鸽子事件，请速派人处理。”于是，几十家新闻单位蜂拥而至，在三天的时间里，从小心翼翼捕捉首只鸽子到最后一只鸽子“落网”，新闻、特写、图片以及电视录像频繁地将该保护鸽子事件展现在报纸和荧屏上。而公司首脑则利用机会，向社会介绍该公司的宗旨和情况，从而使公司的知名度大大提高。

● 此人廉售7000元　　（衬衫公司）

【简评】日本一家衬衫公司为了推销公司生产的产品，雇一人身穿“此人廉售7000元”的衬衫漫步于街头。这一有趣的现象吸引了日本的新闻界，报社、电视台纷纷把这一情形拍摄下来或写成文字报道，连续刊播了几天，不仅轰动了整个日本，世界各地报纸也都做了义务广告，这家公司收到了花小钱做大广告的效果。

二十四、巧用品牌名称式标题

（一）含义

巧用品牌名称式广告标题实际就是在一则广告的标题中包括产品或公司名称，即品牌名被“巧妙”地包含在广告标题中。

（二）精彩实例及简评

［实例］

● 阳光属于你。　　（阳光牌面包）

- 家家爱富豪，富豪爱家家。（富豪牌方便面）
- “骆驼”总是最温顺的。（骆驼牌香烟）

【简评】骆驼是最温顺的，这是用来形容骆驼牌香烟性能温和，真是一语双关。

- 正是“好时光”使你所有的时光更愉快。（好时光威士忌）
- 大哥大西服，西服中的大哥大！（大哥大牌西装）
- 虎啸雄风。（虎啸牌皮装）
- 日新月异，天天新款！（天天牌时装）
- 天天丝织品——丝丝入扣。（天天牌丝织服装）
- 时代新女性，红与白——来自阳光的魅力。（阳光时装）
- TRW 公司在开拓“明天”。

【简评】美国 TRW 公司是一家经营多种产品的公司，根据英语语音规则，TRW 三个字母都属辅音字母，公司的名称缩写念不出来，因此也不容易记住。于是，广告代理商构思了一个绝妙的创意广告，在电视屏幕上，首先映出一个引人注目的口号：“TRW 公司在开拓明天（TOMORROW）。”接着把英文的明天一词移到屏幕中间，从 TOMORROW 中摘下三个字母 TRW。这样一来，人们自然将 TRW 公司与明天联系起来，成了开拓明天的代名词，TRW 公司干脆被人称为“明天”公司。

二十五、巧用典故标题

（一）含义

巧妙运用某一历史或文学典故而形成的广告标题就称为巧用典故广告标题。

（二）写作要求

创作者应注意的就是一个“巧”字。创作这类标题时运用的典故一定要恰当、顺理成章、水到渠成，切不可生拉硬扯，牛头不对马嘴。

（三）精彩实例及简评

［实例］

- 项庄舞剑，意在沛公。（酒厂）

【简评】江苏沛县沛公酒厂在数年前产品一度滞销。1986 年，这家酒厂与电视台合作，推出了一则志在扭转局面的电视广告。创作者运用鸿门宴的典故，设计了如下广告词："项庄舞剑，意在沛公。沛公酒，增美人姿色，壮英雄虎胆。"电视在播放这段广告词时，又加上刘邦面对刺客毫不畏惧，举杯畅饮的画面，配上铿锵有力的音乐，整个广告不仅新颖动人，声情并茂，而且艺术性、可视性都很强，顿时在全国上下获得强烈反响。一时间，沛公酒成了抢手货。

● 世外桃源怡园寻，安居乐业好家园！　　（房地产）

【简评】"世外桃源"，典出东晋诗人陶渊明的名著《桃花源记》。诗人在这篇散文中描写了一个"不知秦汉、无论魏晋"、完全与世隔绝、人民能安居乐业的理想国，表达了诗人对山水田园生活的赞美和"人济苍生"的愿望。这个广告标题借用这一典故赞扬怡园的宁静美丽，是安居乐业的所在。

二十六、藏头诗式标题

（一）含义

巧妙运用中国文学的藏头诗形式而形成的广告标题即是藏头诗式广告标题。该类标题是"镶嵌式广告标题"的一种典型形式。

（二）写作方法

在进行这种广告标题的写作时，就是用藏头诗的方法巧妙地将标题进行文学化地运用，使其具有一定的吸引力和趣味性。

（三）精彩实例及简评

［实例］

● 致君美味传千里，和我天机养寸心；酱配龙蟠调芍药，园开鸡跖钟芙蓉。

（致和酱园）

【简评】过去不少老北京人爱吃王致和的臭豆腐，店主王致和特请前清状元孙家鼎写了上述这首诗挂在门口。这四句的第一个字构成了店名"致和酱园"，生意由此变得更加兴旺。

● 北海全鱼台北茶，京华特色菜肴佳。金堂客点扒猪脸，三寿宾欣斑节虾。元帅多本脑羹味，酒人尽爱牛鞭花。家常白玉汤圆美，好鼓掌声贯彩霞。（北京金三元酒家）

【简评】 这是海外华人张惠民老先生在北京金三元酒家用餐后即兴写的藏头诗，现张挂在酒店的厅堂里，既为酒家增添了文化氛围，又是一个无形的广告。这首诗不但概括了该酒家的名菜名点和经营特色，而且把每句的第一个字组合起来便是“北京金三元酒家好”八个字，构思之妙、令人叫绝。

二十七、强调服务式标题

（一）含义

在广告标题中仅仅说明服务，而不提产品或品牌，这类标题就是强调服务式广告标题。在跨国公司的广告标题中常有这类型标题，而国内公司则很少见。

（二）写作方法

这类标题的写作多数是从某种对用户的服务承诺入手。

（三）精彩实例及简评

［**实例**］

● 由美丽的姑娘们做成的美丽内衣——为了让所有的姑娘更加美丽。（法兰西百合内衣公司）

● 小小尿不湿！真爱献给你。（婴儿尿布）

● 婴儿是我们唯一的照料对象。（婴儿用品公司）

● 为了所有时间的主人。（钟表公司）

● 不只是人到……（福特汽车）

【简评】 在汽车销售的市场竞争中，服务的好坏成为消费者购买该品牌汽车的一个决定性因素。厂家打出“不只是人到……”还要“耳到”（接到电话后，迅速答复）、“口到”、“眼到”（由专家做检查）、“手到”（全部维修由公司做）、“收到”（“细致检查”）的完善彻底的服务，很能表现企业的诚心，使消费者产生好感。

- 有困难，找“大众”。（大众出租汽车公司）

【简评】这是上海“大众”出租汽车公司的广告语，也是他们热情为乘客服务的精神体现。现在这一广告语已在上海市民中广为流行，成为该企业的良好口碑。

- 48 小时内把零件送到你们手中！（卡特皮纳勒公司）

【简评】美国的卡特皮纳勒公司生产推土机和铲车。它在广告中说：“凡是买了我们产品的人，不管在世界哪一个地方，需要更换零配件，我们保证在48 小时内送到你们手中。如果不送到，我们的产品就白送给你们。”他们说到做到，有时为了把一个价值只有50 美元的零件送到边远地区，不惜动用一架直升机，费用达500 美元。由于经营信誉高，这家公司生意长盛不衰。

二十八、说理式标题

（一）含义

在标题中讲述一个科学或生活的道理，以理服人的标题，叫做说理式广告标题。

（二）精彩实例及简评

［实例］

- 冬天出门，从头部暖起！（帽子）
- 衣着不在于华丽，而在于高雅！（服装）
- 婴儿在冬天也会冒汗，应为他穿上薄而能保暖的衣服！（婴儿服）
- 价值高但坚固的衣服，比便宜却要常替换的衣服更合算！（婴儿内衣）
- 咖啡不只是提神的饮料，也是招待客人的最好礼物。（咖啡）
- 苹果吃得多，药就吃得少。（苹果）

【简评】鲜果店老板只用两句话，说明多吃苹果有益健康，而且比吃药好。看到这则广告，顾客能不买他的苹果吗？

- 信息缺乏，我们将寸步难行。（信息公司）

● 偏见，美国是可以摒弃的。

【简评】种族偏见和冲突仍然充斥着美国，为了消弭种族间的仇恨和误解，有关团体在电视节目中推出一则说理式广告。广告开始时出现一面美国国旗，旁白说美国国旗是由很多颜色组成的，如果我们取去了红色（国旗上红色的部分不见了），跟着取去了蓝色（国旗上蓝色的部分也不见了），整面美国国旗将消失（画面变成一片空白）。同样地，美国是由不同人种组成的（画面上出现一群不同肤色的男女），如果我们取去了黑色、黄色、白色、棕色（这四种肤色的人先后在画面消失），美国便会不存在了（画面又变成一片空白）。画面最后推出这样一句口号："偏见，美国是可以摒弃的。"应当说，广告中阐述的道理深入浅出，非常有说服力。

二十九、强调产地式标题

（一）含义

某种产品只能在某地区生产，质量才有保证，即"强调产地式广告标题"。

（二）精彩实例及简评

［实例］

● 新疆的太阳向你微笑。（新疆葡萄干）

【简评】这是强调产地，同时又是比喻和拟人的复合式广告标题。新疆葡萄干是驰名中外的产品，把它比喻为普照大地的太阳也是恰当的。

● 源自东瀛，温馨浪漫——樱之花！（日本"樱之花"羽绒服）

● 来自巴西，风行世界——迷你咖啡口香片。（巴西口香片）

● 它的产地即法国国王的诞生地。（法国香槟酒）

● 全美国都泛起"加拿大"的泡沫。（加拿大啤酒公司）

● 在加利福尼亚酿造出人类的快乐。（酿酒公司）

三十、恭维顾客式标题

（一）含义

直接赞扬顾客，将顾客作为重要人物的广告标题。

（二）精彩实例及简评

［实例］

- 我们的商标母亲们知道，孩子们欢迎。（童装公司）

【简评】此广告语一箭双雕——既恭维了消费者，又夸耀了自家商品的知名度。

- 孩子们都知道其中的差别。（巧克力）
- 聪明的厨师从来不会忘记它。（调味品）
- 为了品茶高手。（茶叶公司）

【简评】这里用“品茶高手”来恭维消费者，用“为了”来强调服务，是强调服务、恭维顾客的复合式广告标题。

- 精英们的雪茄。（阿瑟将军牌雪茄烟）
- 高尚人们的手饰。（高档手表）
- 牌子虽是“魔鬼”，但它却是供天使们享用的。（魔鬼牌火腿）

【简评】这是一则富有幽默感的恭维顾客（把顾客比作“天使”）广告标题。

三十一、“最”字式标题

（一）定义

自称是最大、最好、最优的标题，就是“最”字式广告标题。

（二）写作要求

创作这种标题一定要实事求是，符合实际。如果任意编造，则会贻害无穷，遭人唾骂。

（三）精彩实例及简评

［实例］

- 献给近视患者最真诚的爱。（近视眼镜）
- 一流中的一流。（酿酒公司）

【简评】“最”字式广告标题通常都有“最”，但也可用“一流”、“第一”、“无上”等来表示，因为这其中也含有“最”的意思。

- 葡萄酒中最伟大的名字。（罗马葡萄酒）
- 美国最有名的花。（美国四玫瑰酿酒公司）
- 它来自世界上最大的地窖。（法国香槟酒）
- 至尊无上的享受。（皇帝牌威士忌）
- 我们没有较好的，只有最好的。（食品公司）
- 以最低廉的价格，提供最丰富的男性服装。（男装）
- 穿上它，就是穿上最华贵的珍品。（貂皮大衣）

三十二、否定式标题

（一）含义

在标题中含有否定词的，称为否定式广告标题。

（二）精彩实例及简评

［实例］

- 任何国家都不欣赏迟到者。（闹钟）
- 夏天不能缺少它。（冰淇淋）

• 别让人偷去你的梦！　　　　（牛仔服）

• 杉杉西服，不要太潇洒！　　　　（杉杉西服）

• 在 D. 康恩面前，没有一只老鼠会有免疫力。　　　　（灭鼠药）

【简评】以上五则是典型的否定式广告标题，虽然标题中都含有否定词（不、别、没有），但它们却让受众对广告商品——“闹钟”、“冰淇淋”、“牛仔服”、“杉杉西服”和“灭鼠药”留下了完全肯定的印象，起到了广告的作用。

• 如果“使尔美”也无法改变你的形象，你还是什么也别穿就上街去吧。

（“使尔美”服装）

• 当你第一次喝我们的啤酒时就应警告自己，别为它使自己破产。

（啤酒）

【简评】以上两则既是否定式广告，同时也是幽默广告。消费者当然不会不穿衣服“就上街”，也不会因多喝啤酒而“破产”，但广告中“使尔美”服装能改变人的形象和此品牌啤酒之诱人尽在不言之中了。

三十三、改变消费者观念式标题

（一）含义

通过树立或改变消费者某种观念（消费观、政治观、社会观），从而销售产品的广告标题即改变消费者观念式广告标题。

此类广告标题运用恰当，一般能取得极好的销售效果。

（二）写作方法

此类标题主要是对产品或服务的阐述，其创意写作必须符合人们的某种观念，要让消费者心甘情愿地接受你提倡的观点。

（三）精彩实例及简评

［实例］

• “火烧希特勒”。　　　　（火柴）

【简评】第二次世界大战期间，美国一家火柴厂发明了一种“火烧希特勒”的火柴。该火柴盒贴面是一幅希特勒漫画像，擦火柴的磷片涂于人像的臀部。这样每擦一根火柴，就仿佛火烧一次希特勒。对于热爱和平的人民来说，似乎也解了恨。由于这种火柴构思奇妙，深受大众欢迎。“火烧希特勒”火柴一度成为热门货。

• “轰炸东京”。（菜肴）

【简评】抗战时期，美国飞机轰炸日本东京的消息见诸报纸后，重庆一家饭馆据此大做文章，在店门口张贴一张大字广告“本店供应时兴名菜‘轰炸东京’”！顾客看后都觉得十分好奇，便争先恐后地前往品尝。当店小二端上来后，顾客看到的仍然是往常的“锅巴肉片”，于是就质问主人为什么将此“锅巴肉片”称为“轰炸东京”？主人答道：“鲜汤浇入油余锅中沸沸腾腾的景象，有声有色，难道不是炸弹落地的绝妙写照吗?”顾客不由拍案叫绝。

• 贝纳通，彩色联合国。（成衣公司）

【简评】欧洲第一大名牌成衣公司贝纳通，如今在全世界已建起5000个专卖店，它已成功地打进了纽约第五大道上的高级商业区。它在日本的200个销售员竟创下每两年增长一倍的高业绩。这一切就是靠着一句“贝纳通，彩色联合国”的广告语打响知名度的。这一句广告词代表一个营销策略，它正好同1995年非洲埃塞俄比亚大饥荒时全世界团结一致发动捐款救灾的活动相呼应。当时，美国歌坛巨星义演合唱的“We are the World”得到全球的响应，也给了当时替贝纳通拍广告和海报的摄影师一个绝妙的灵感：“为什么我们不找各种肤色的小孩穿上贝纳通的衣服呢!”于是，全世界各地都出现了贝纳通醒目的广告海报——各种肤色、各个国籍的可爱小孩，穿着贝纳通生产的五颜六色的花衣服，手拉着手，相亲相爱，表现了整个世界“四海一家”，渴望互相认同，平等团结的愿望。成千上万件贝纳通成衣，作为友爱的象征，畅销世界各国，营业额高达10多亿美元。

三十四、创意新颖式标题

（一）含义

创意新颖是指广告的整体策划、广告词或者标题具有与众不同的独特之处。一看该广告，就马上能抓住受众的注意力。这种广告的创意是非常突出的。

创意新颖突出的广告往往能极大促进产品的销售额，提升企业的知名度。

(二) 写作要求

创意新颖的广告不是“眉头一皱”得来的，而是经过全面资料收集和对它的长时间思考而创作出来的。

(三) 精彩实例及简评

[实例 1]

● 均衡一下

如果你的薪水不能与工作相符，你采取何种行为？

□依然认真工作让老板自动加薪。

□请老板喝波蜜，并将想法告诉他（最好的办法）。

□全力表现，让老板知道你的才能。在此之前不妨喝波蜜均衡一下。

【简评】“均衡一下”在我国台湾出现之后成了“新成语”，被大家用在很多的状况发生时，也使波蜜菜汁的知名度大大提升。

[实例 2]

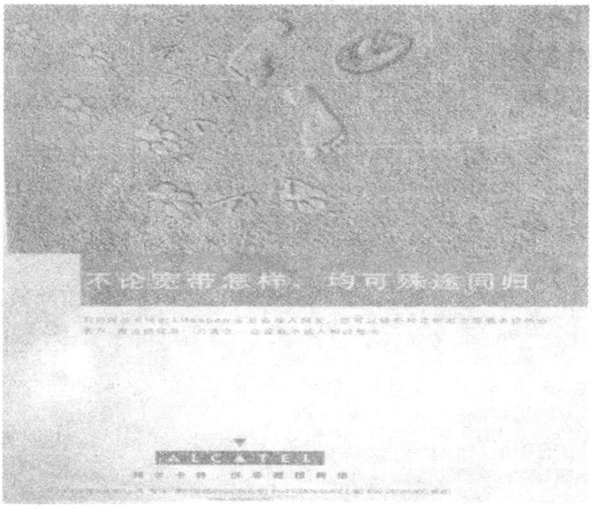

【简评】气势庞大的整版广告。广告语创意极为新颖突出。

- 三分饿，七分馋。

【简评】以上下皆可的苦脸与笑脸做主画面，编排上更以“三分饿、七分馋时”的苦脸为正面，再次反向为产品诉求，创意极佳。

- “现有总统讨厌的书出售。”

【简评】一出版商为了推销一批滞销书，给总统送去一本，并三翻五次去征求意见。忙于政务的总统不愿与他多纠缠，便回了一句：“这本书不错。”出版商借此大做广告：“现有总统喜爱看的书出售。”于是这些书一抢而空。

不久，这个出版商又有书卖不出去，又给总统送了一本。总统已上一回当，就奚落他说：“这书糟糕透了。”出版商闻之，脑子一转又做广告：“现有总统讨厌的书出售。”许多人出于好奇而争相抢购，书又售尽。

第三次，出版商将书送给总统征求意见时，总统便不作答复，出版商又借题发挥，大做广告：“现有令总统难以下结论的书，欲购从速。”居然又被一抢而空。总统哭笑不得，出版商大发其财。

三十五、恐惧式标题

（一）含义

使消费者对自己的生理、心理和生活习惯产生恐惧、担心、忧虑，从而渴望解决的办法，在广告中把这种过程表现出来。

这种广告能使消费者产生强烈的心理刺激，从而引发他们购买的行为。

专家提示

运用这种标题（文案），应当符合法律和社会道德风俗习惯，否则可能产生相反的结果。

（二）精彩实例及简评

［实例］

- “我要你们的脑袋!”

【简评】 20 世纪 30 年代，英国一乡村理发店为了吸引过路行人注意，在村边桥头上竖起一块木牌，上边模仿中古时代绿林豪杰拦路抢劫时恫吓的口吻写道：“先生们，我要你们的脑袋!”这一广告使人过目不忘，吸引了不少顾客。

- “你还不够资格到天国。”

【简评】 日本千代田的人寿保险业务员桂木一朗，常用一段录音对话来作开场白：

车祸死者： 我生前勤于行善不做亏心事，死后理当到极乐世界，为何来到这里?

阎罗王： 你还不够资格到天国呀!

车祸死者： 为什么?

阎罗王： 你死后，你的遗属的生活成了问题，你哪有资格到天国呀!

车祸死者：我并非自杀，实在是因为飞来横祸而死的，我没有责任啊！

阎罗王：假如你在生前投入了意外保险，你的家属就不会坐困愁城，日子难过了。

【简评】这段短短的对话令人叫绝，效果极佳，半年内他就成功地签订了百余份契约，招揽的保险金额竟达 1.6 亿多日元。

● "下一次，弹弓就会射准你。"

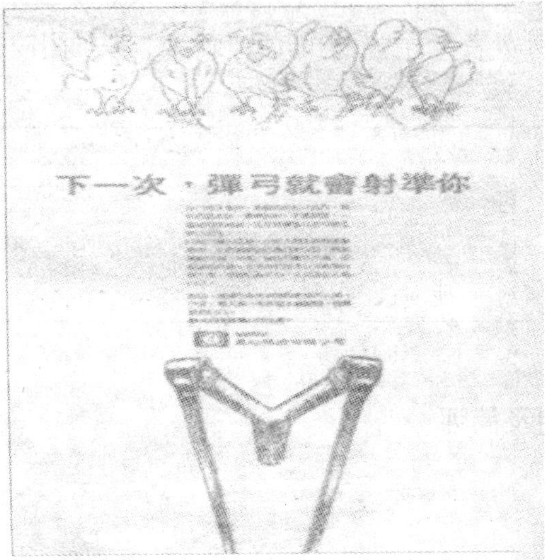

【简评】这句颇具震撼力的恐惧诉求，借着共同维护生态平衡的公益广告来传达黑松企业的经营理念。

三十六、最短式标题

（一）概念

顾名思义，最短式广告标题就是一个字（词）或两三个字（词）的广告语。

人们每天在家里看电视有大量电视广告，出门坐公共汽车，公共汽车内外满是广告，走在路上能看到户外广告，听广播有广播广告，刚坐在办公室打开电脑，又有网络广告。因此，受众对广告普遍产生逆反排斥心理，或是麻木不仁。如果你的广告标题较长，则很难引起其注意。因此，最短、较短的广告语常常能出人意料，引人关注。

（二）精彩实例及简析

[实例1]

最短的一个词（字），如：Lemon（大众汽车公司）。

【简评】一则由美国DDB广告公司于20世纪60年代为大众汽车做的广告表明，简单明了的风格很有说服力。

[实例2]

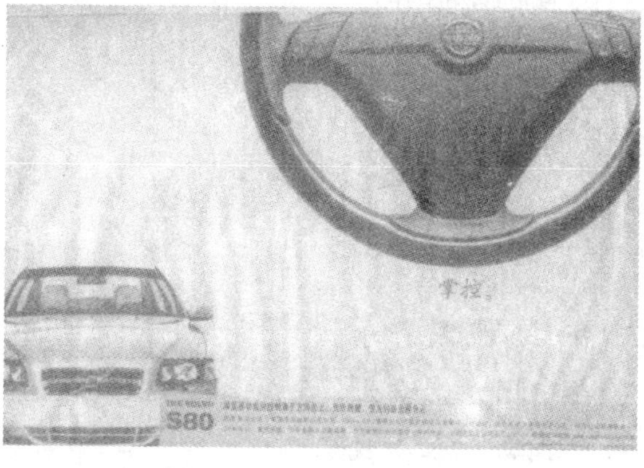

【简评】属最短广告标题。仅仅“掌控”两个字突出体现了该车的易操作性，两个字虽很小，但极具视觉冲击力。

[实例3]

【简评】由撰稿人朱丽安·柯宁和艺术监督赫玛特·柯恩制作的大众汽车广告在美国独树一帜。

三十七、排比式标题

(一) 含义

由三个或三个以上的结构、语气、意义相近相似的词、短语排列而形成的广告标题,就是排比式广告标题。

排比式广告标题因其排比整齐,音律、节奏强,常能给受众以较深刻的印象。

(二) 精彩实例及简评

[实例1]

- 情常在,人常外,家常暖,乐常驻。 (家具公司)
- 生在杭州,长在中国,走向世界。 (洗衣机)
- 人无我有,人有我新,人新我变。 (彩电)
- 新北京,新奥运。

【简评】"新北京"是相对于第一次申奥失败,"新奥运"表明北京的决心,两个"新"排比突出了北京申奥的强烈愿望。

[实例 2]

【简评】本幅广告虽以图为主，但若没有“新雅阁、新力量、新登场”的画龙点睛的文字为辅，也不是完整的广告。

三十八、倒装式标题

（一）含义和作用

把词句正常顺序进行颠倒（前移或后置）的广告语，就是倒装式广告标题。

这种广告语的作用在于突出产品（公司）的典型特征，从而吸引受众的注意力。

（二）精彩实例及简评

[实例 1]

- 赞叹不已——从第一口到最后一口。（咖啡）
- 一切都变得更小，除了它的功能。（复印机）
- 决定黑白——男人的空间设计。（家具）
- 活力 28，沙市日化。（洗衣粉）
- 别忘了，信封能给人留下第一印象。（信封）

［实例2］

【简评】此广告语为倒装广告标题。强调了广告产品即笔记本电脑在性能、价格上都可与台式机相比。

三十九、镶嵌式标题

（一）含义

将一些特定的词、短语巧妙地镶嵌进广告语中的标题，就称为镶嵌式广告标题。

此种广告语由于其巧妙性、幽默性，常常能引起受众的关注，因而适当运用就是一种极为有效的广告语。

（二）写作方法

这种广告标题的创作者应具备较深的文化素养，在写作过程中，应将其与双关对照修辞法结合使用，并有机地包含公司或产品名称。创作此标题重在“巧”，胡“镶”硬“嵌”则效果不好。

（三）精彩实例及简评

［实例］

- 有朋自东方来，不亦乐乎。（东方宾馆）

【简评】巧妙地含有“东方”。

- 广而告之。（电视台广告）
- 胜在品质，多在万家。（胜多电器）
- 国货精华，上海申花。（申花电器）
- 愿春风吹暖千家万户。（春风电器）
- “新哥”让你大显身手。（新哥缝纫机）

【简评】以上即是镶嵌式标题的各种表现形式。

四十、摹绘式标题

（一）含义

模拟产品（服务）的声音、色彩或状态感觉的广告语就称摹绘式广告标题。

此类广告语如果运用恰当、巧妙，往往能令受众产生身临其境、触景生情、栩栩如生的感觉。该广告语多适用于饮料、食品等日常生活用品。

（二）精彩实例及简评

［实例］

- 到“南洋”，喜洋洋；喜洋洋，到“南洋”。（南洋商城）
- 酸溜溜，甜滋滋，凉丝丝。（饮料）

【简评】又酸又甜又凉的饮料，使受众仿佛尝到了此饮料的味道，生动形象。

四十一、精警句式标题

（一）含义

利用一种类似名言警句的方式表达的广告语即精警句式广告标题。

精警广告语运用得当，必能使人产生名言警句的感觉，使人受到启发，易于接受。

（二）精彩实例及简评

［实例 1］

- 大千世界，方寸能容。　　（电脑）
- 保护环境就是保护生命。　　（公益）
- 多一个朋友，多一个世界。　　（公关公司）
- 人类失去联想，世界将会怎样？　　（电脑）

【简评】这是前几年非常流行、影响巨大的广告语。

该广告标题巧妙利用“联想”（也是公司名）这一人类的思维力来表现广告产品的重要性。

［实例 2］

【简评】这是一幅在自己媒体上自我宣传的气势宏伟的整版大型广告，广告标题以大字号清清楚楚表现，甚是吸引眼球。广告语内容也是含有哲理性的，属精警句式广告标题。

［实例 3］

【简评】该广告语较好地体现了咨询公司的主要特点。即通过思想、创意为企业服务，改变企业，改变世界，同时也是该公司的企业形象广告。

第三篇　精彩的行业广告文案写作与实例

第五章　消费品广告文案

消费品广告文案更多地从产品给消费者带来的心灵慰藉、身心实际利益出发，让人回味无穷。因而，情感式广告文案方法多用于消费品广告的创作。

消费品广告按产品分为六大子类：食品、烟酒茶饮料、服装与服饰、饰品、家用电器、化妆美容用品。不同产品的广告，其文案的特征和写作方法也各有特色，下面我们一一阐述。

一、食品类

（一）特征

俗话说，民以食为天。在众多的广告中，食品广告最能吸引人们的眼球，一般情况下，食品广告以展示其精选的制作原料和成形的食品色香味来刺激消费者的购买欲。

食品类广告文案的特征是突出产品的美味性、新鲜性、营养性及价格的合理性等，也有少数文案强调心理性、社会性和交际性。食品类的产品主要有粮食、粮食制品、副食品、水果、调味品、糖果等，此外，还有宠物食品等。

（二）写作方法

作为广告文案的写作者，随着社会生活的变化要了解人们的饮食习惯已呈现出以下五种倾向：

（1）节约时间。各种各样的速食食品的兴起就属这种类型，这符合活动繁忙的现代人的生活方式。

（2）多样化。西洋风味、中华风味、日本风味，顾客可以按照时间、地点、场合加以选择。

（3）西洋化。传统食品多以惯常的方式来食用，而在现代营养食品方面，西洋食品则显示出了显著的优势。同时，冰箱的普及大大延长了这类西洋食品的保存期限，开拓了大片闲暇快餐市场。

（4）天然食品需求。在化学肥料已被称为公害的今天，公众对天然食品的需求倾向日益明显。

（5）营养健康化。对于现代饮食，人们更关注健康、营养，不健康的食品已不受欢迎。

在新型食品兴起的同时，食品广告在写作和表现上也各不相同，其中的关键是如何有效传播有关产品特征的信息。广告文案中要把“味觉出色”、“品质卓越有保证”、“纯正食品”、“新鲜且卫生的健康食品”、“营养价值高的食品”作为信息要点来强调。食品广告文案在这样的基础上进行写作，符合更愉快、更具时尚性的饮食生活方式，同时也体现出产品的亲切感和依赖感。

专家提示

食品广告应该遵守国家法规，我国广告法第19条规定：“食品……广告的内容必须符合卫生许可事项，并且不得使用医疗用语或者容易与药品混淆的语句。”

（三）精彩实例及简评

[实例1]

标题：我叫肥城桃

正文：我叫肥城桃，这次来香港，还是生平第一次。所以也难怪各位看见我就直叫“啊呀”了（谁叫我生得大得惊人呢）。在俺们家乡山东，我可是早与莱阳梨、香蕉苹果齐名了。人们只要一提起山东水果的三绝，总不会忘记提到我的“小名”。

我之所以迟迟不出“闺门”一步，并不是因为我架子大，更不是因为我见不得人——丑怪，恰恰相反，我生得一点儿也不丑，不是说大话，可能比莱阳梨好看得多哩。就是比香甜吧，我也不比它们两位差。讲内在呢，在某些方面，我还比它们强得多，什么维生素A、维生素B、维生素C……我都有，而且很丰富。只有一样，我始终没法跟它们比，那就是我生来身子（皮）单薄，而且越到好吃的时候，皮越加薄，汁更多，谁只要把指儿一挑，我就完蛋了——汁就会流个涓滴不剩……

【简评】 这是山东特产"肥城桃"在香港所作的广告。桃子说话了，足够特别、足够吸引人吧，所以它说完之后，叫人口水都流不停啦！这篇肥城桃的广告文案运用了拟人的手法，借桃子之口说出其种种优点，趣味性十足，让人印象深刻。

[实例2]

标题：我们添加的唯一的东西就是盐

正文： 我们公司的鲑鱼没有必要添加油料以增其汁味。因为它们都是特别肥大的鲑鱼。这些健康的鲑鱼，每年溯游到菩提山之北的长长河川。如果我们在蓝碧河选不出理想的鲑鱼怎么办呢？我们会耐心地等到明年。为什么？因为如果不是完美的，就不会被S&W装入罐头。

【简评】 这则鲑鱼罐头广告文案的宣传重点是产品的健康无害化处理，采用递进的句式结构一层层推进。为什么？答案一步步呈现，最后用一句短促有力的句子沉着地结尾，使产品诚信稳健的形象深入人心。

[实例3]

标题：月光下的收成

正文： 无论日间或夜晚，绿巨人豌豆都在转瞬间选妥，风味绝佳……从产地至装罐不超过3小时。

【简评】 这是由美国广告大师李奥·贝纳为"绿巨人公司"所撰写的广告。广告画面展现的是一轮明月之下收获、罐装豌豆的情景。李奥·贝纳说："如果用'新鲜罐装'作标题是非常容易说的；但是用'月光下的收成'则兼具新闻的价值与浪漫的气氛，并且包含着特种的关切，这在广告作品中是难得一见的妙句。"

二、酒、饮料类

（一）特征及写作方法

历史与文化、品位与个性、情感寄托是酒类广告恒久不衰的主题。

在世界各个国家，酒都具有浓厚的文化象征意味，无论是白酒、葡萄酒还是啤酒，悠久的历史和丰厚的文化底蕴都能给它增添魅力。同时，生产历史和贮存年代也是消费者判定白酒和葡萄酒品质的重要标准。因此，历史和文化象征就成为酒类广告一个典型的诉求点，与之相联系的是悠远、凝重的风格。

同时，喝什么样的酒也代表着消费者的品位与个性，与消费者的身份、自我认同、社会地位密切相关，“品位之选”、“张扬个性”也是一个能够与诉求对象有效沟通的诉求点。

酒也是一种最能够寄托情感的东西，友情、爱情、怀旧，都能够与酒产生关联。酒类产品的广告也可以以各种情感性内容作用于消费者的情感世界。

消费者对不同饮料有不同的需求和选择。因此，饮料产品可以采用的诉求点和广告风格有很大的差异。

茶和咖啡是较为传统的饮料，饮用者多为讲究品位与情调的成年人，因此纯正口味、情趣、格调、品位感、内心感受是茶和咖啡广告的基本方向。

汽水、方便茶饮的突出特点是口味多样化，消费者以追求新鲜感的年轻人为主，广告应该以个性、活力和时尚感吸引消费者。

包装饮用水（包括矿泉水、纯净水）的消费者更关注产品品质，自然、纯净是饮用水的基本诉求点，广告也应该做纯净自然的表现。为吸引年轻消费者，此类产品的广告也可以做个性化的表现。

奶类饮料最核心的价值和利益点在于营养，广告应该突出产品有益健康，并做温馨、生活化的表现。酸牛奶因其特殊的口味，可以做个性化诉求。

此外，饮料产品中还有一种特殊的、能够补充人体所需元素的**功能饮料**。这类产品特点突出，功能主要在于补充体力、解除疲劳等，广告适合突出动感、强调功能。

（二）精彩实例及简评

［实例 1］

标题：“舒味思”的人来了

正文：英国伦敦“舒味思”厂派惠特海先生来了。“舒味思”厂自 1974 年即为伦敦的一家大企业。惠特海先生来到美国各州，为的是检查此地生产的每一滴“舒味思”奎宁柠檬水是否都具有本地厂所独具的口味。这种口味是长久以来由“舒味思”厂制作的全世界唯一的杜松子酒及滋补品的混合物形成的。

惠特海带来了“舒味思”独创的柠檬醇剂，而“舒味思”的碳化秘方就锁在他的小公事提包里。他说：“‘舒味思’有一整套毫厘不差地地道道的制法。”

“舒味思”历经百余年，才产生了奎宁柠檬水这样半苦半甜的完美口味，你把这种奎宁柠檬水和杜松子酒以及冰块混合在高脚杯中，只需 30 秒钟，然后，高雅的读者，你将会由于读了上述文字而赞美这一天。

【简评】这是广告大师奥格威为总部设在伦敦的“舒味思”柠檬水厂的美国分部做的平面广告，他曾多次为这一广告而得意，因为它的确使“舒味思”成为享誉世界的名牌饮品。

这则广告的诉求目标是“舒味思”特殊而严格的品质。为了达到这一目标，广告以英国伦敦“舒味思”总部总裁惠特海先生来美国分部检查产品品质为内容，创造了一个高贵、严谨、自信的氛围，将这些感觉作为“舒味思”的品质特征传达给受众。氛围的创造完全采取了烘托的表达手法：贵宾级的专机和红地毯，衬托了来人的身份不俗；礼帽、手杖和西装革履，透露出来人的绅士风度；那个神秘的手提包密锁着“舒味思”碳化秘方，标题将严肃的氛围烘托到了极点，同时也将产品品质表现到了极点。

［实例 2］

标题：令人凉爽的主意

正文：记得这个画面吗？

6 年前我们用它提醒你，一杯加冰的苏打“四玫瑰”威士忌，在盛夏一个炎热的下午会何等美妙地令你凉爽清新。

假如你曾喝过一杯的话，我们可以肯定你没有忘记。因为一杯这种饮品那无与伦比的芳香和润滑的口感给你带来的绝妙享受会使你久久难忘。

如今，一如既往，没有其他任何威士忌有“四玫瑰”这样与众不同的芳香。如果你小试一下这个凉爽感受，你就会明白我们的话是何等真切。你不想试试吗？

【简评】 这则平面广告出自美国广告大师雷蒙·罗必凯之手，是其闻名世界的作品。画面给人的第一感受是人们面对着一个无与伦比、令人极其惬意的艺术杰作！这惬意，不是别的，是在盛暑难当的夏季遇到的沁人心脾的凉爽的那种惬意。面对如此凛冽清澄，简直可以触摸的冰块，什么样的暑蒸烦闷不会荡然无存？而且，那花苞初绽，楚楚可爱的四朵玫瑰被凝结在晶莹剔透的冰块里，这造型之美是出于人间的鬼斧神工，抑或是造化的天分殊意？令人赞叹不已。

[实例 3]

慨当以慷，忧思难忘。

何以解忧，唯有杜康。　　（河南杜康酒广告）

【简评】 河南杜康酒厂广告诗是从曹操的著名诗作《短歌行》中摘录而成。杜康是传说中的酿酒大师，曹孟德诗中的“杜康”用的是一种借代手法，以酿酒大师之名泛指酒类。而河南杜康酒厂却用杜康来为自己的酒命名，并摘引曹操名诗来作广告文案。其巧借大师、巧借名著的创意，是“点铁成金”法的灵活运用，对广告文案创作有着十分重要的启示意义。

三、服装、服饰类

（一）特征及写作方法

服装产品广告的诉求是个性、品位和气质，服装可以衬托穿着者的内涵。服装广告的画面表现应该着力凸显产品的品质，语言可以根据不同风格的服装灵活运用。

服饰产品包括鞋、皮带、领带、箱包等，通常有风格上明显的划分，因消费者的购买力不同，产品也区分单纯的产品广告和明确的品牌广告，两种广告方式诉求点不同，带给购买者的心理感受也不同。

（二）精彩实例及简评

［实例 1］

标题：像母亲的手一样柔软舒适的儿童鞋

正文：孩子的脚像富有生命的精致小桥，每一步都需与地面十分吻合。

“凯兹”童鞋正是这种吻合的体现，它不像其他鞋那样，像把孩子的脚塞进了不舒服的模具里。“凯兹”鞋是特为孩子们设计的。前面留有适当空隙，使脚趾自如伸展。

那些狭小的鞋，不但挤压、摩擦双脚，还会形成拇指外翻引起疼痛、红肿。

不合适的鞋还会使脚形成多种疾病，例如鸡眼、毛囊炎等。

与僵硬的牛筋鞋底不同，“凯兹”鞋柔软和富有弹性，穿了它，孩子的双脚会得到像母亲手心般的舒适的呵护。

今日的“凯兹”童鞋，款式新颖，由多纹尼龙、加厚羊皮、印花皮等多种材料制成。加垫后跟、绚丽的花边、柔软的内底以及时髦的鞋面，穿在孩子们脚上，看起来就像一辆小小赛车，舒适而充满生机。

“凯兹”童鞋，犹如孩子跟随母亲一样，紧跟孩子的每一步，去畅游想象空间。

【简评】这是一则非常杰出的情感性表现的广告作品，画面具有极大的视觉冲击力，一双圆实的儿童小脚让人感动。它使我们得到了一种生命之美和稚嫩之美的强烈震撼，小脚放在一双年轻母亲的手心，共同构成了一幅美丽的图画。母亲和婴儿，本身就是人类情感世界的主人，他们优美的手脚结合构成的画面，不但引起美感，同时怜爱之情油然而生。这则广告，人们视觉一接触，便会受到深切感染。

画面初看似乎与童鞋无关，一旦阅读标题：“像母亲的手一样柔软舒适的儿童鞋”，受众就会明白广告运用了比喻的手法。童鞋的舒适度很难感受，但小脚在母亲手心里的感觉却是人人都可以体会得到的。

［实例 2］

男声：我是个庸庸碌碌的上班族，不过在平淡的生活中，我倒有一样法宝——PUMA。

星期一，我喜欢走仁爱林荫道来公司，借以平和我的“星期一忧郁症”。

星期二，故意挑公司后的小巷道，多绕些路，只为了听听附近住家起床号的声音。

星期三，我会从小学旁经过，看看年轻的生命活力，顺便感怀一下我自己消逝的天真童年。

星期四……我索性来一段慢跑。

（旁白渐弱）

广告语：快乐的走路族——PUMA——彪马运动鞋

【简评】 这则广告文案引入了一个大众化的叙述主体——一名男性上班族，广告利用这一普通的人物，带出了许多生活化的东西：星期一忧郁症、住家起床号、消逝的天真童年……广告利用这一贴近人们生活的人物和高度生活化的内容，拉近了与人们的心理距离，而文案以“快乐的走路族”为广告语，则生发出了平凡中的某种自在情致。其成功之处正在于男性上班族这一叙述主体的引入。

［实例 3］

画面：一只球鞋，一只小猫。

猫在捉老鼠的时候，奔跑、急行、回转、跃扑，直到捉到老鼠的整个过程，竟是如此灵活敏捷，这与它的内垫有密切关系。

同样的，一位杰出的篮球运动员能够美妙地演出冲刺、切入、急停、转身、跳投到进球的连续动作，这除了个人的体力和训练外，一双理想的篮球鞋是功不可没的。

新推出的阿迪达斯两色底皮面超级篮球鞋，即刻就获得喜爱篮球运动人士的赞美。

因为，它有独创交叉缝式鞋底沟纹，冲刺、急停时不会滑倒。

因为，它有七层不同材料砌成的鞋底，弹性好，能缓解与地面的撞击。

因为，它有特殊功能的圆形吸盘，可密切配合急停、转身跳投。

因为，它有弯曲自如的鞋头和穿孔透气的鞋面，能避免脚趾摩擦挤压，维护鞋内脚部温度，穿久不会疲劳。

【简评】 从标题上看，作者在创作上独具匠心。捉老鼠和投篮，是风马牛不相及的两件事，但作者却把它们巧妙地联系在一起。这种修辞手法叫做“对照”。有比较才能有鉴别，这可能也是作者的意图。

[实例4]

标题：昨夜鲍玛莉夫人在百老汇亮相

画面：一对夫妇背向行走在剧院散场的观众之中，女士身披貂皮披肩，但她背后礼服的拉链却崩开了。

正文：如果你用了泰伦西风型拉链，将它缝入你的衣衫，就可以躲掉这种尴尬事了。泰伦拉链经过精心设计绝不拉拉扯扯、滑溜断裂或者爆开。在百老汇或离开百老汇，保证完全一样。

【简评】貂皮披肩和礼服是高贵的象征，高贵的人穿高档的服装，高档的服装应该配上质量上乘的拉链。于是便很自然地推出了该产品。同时，文案在一定程度上采用了恐惧法：如果不使用“泰伦西风型”拉链，你可能就躲不掉这种尴尬事了。

四、首饰、手表、眼镜、香烟、烟具类

（一）特征和写作方法

1. 首饰

首饰是财富和美的象征，它的广告写作一般追求奢华的表现手法，以尽情展示首饰独到精湛的工艺及情感上的象征意义。

2. 手表

表除了计时功能，还有身份的体现，尤其是高档手表。当然手表广告也适用于情感类广告表现方式，通常是恋人之间互送手表来表达心意，子女送父母手表来表达感激之情等。

3. 眼镜

眼镜是用以矫正视力不良人群的一种消费品，它有实用性和装饰性两个特点，根据不同消费者的具体需求，这类商品的广告文案可以有偏重实用功能和偏重感性诉求两种表现方式。

4. 香烟、烟具

香烟一般是男性消费者消费份额比较大，所以香烟、烟具通常的表现方式偏重于男性的男子汉气质的表现，也有强调口味的享受和身份象征的表现方式。

（二）精彩实例及简评

[实例1]

画面：女表彩照，情侣一对。

大标题：浪琴女表，讲究仪表不可少

小标题：浪琴新貌，纤秀无比，雅丽过人

正文：时尚“潮流”，讲究“纤秀”，精致女装表焉能后人？浪琴新推出的石英款系女装表就是时代的尖端产品，更加纤薄秀丽，款式繁多不一，表面别致出众。

精装镀金表壳，配以鳄鱼皮名贵腕带，时髦华丽极了。

纤纤玉腕，若无浪琴名表，不足以彰显其动人风采。

讲究仪表，浪琴不可少。

【简评】这则广告文案侧重于外在品质的表现，强调“讲究仪表，浪琴不可少”是极易打动爱美女士的经典广告语。

[实例2]

金装云丝顿香烟的电视广告对白：

女：我有些东西送给你。

男：是吗？我还未到生日。

女：没什么，我只是想送点礼物给你。

男：那是什么？

女：不能看，先猜猜，是你每天都要用的东西。

男：肥皂？

女：不是。

男：墨水笔？

女：不是。

男：不知道你在干什么，突如其来的要送东西给我。

女：人家喜欢你哩，想让你开心一下，再猜吧！

男：飞机大炮？

女：胡说八道……

（男女继续对答，声音渐低，旁白开始）

旁白（男声）：爱你365天，金装云丝顿。

【简评】一个轻松风趣的情感类广告文案，猜想谜底引发受众的好奇心，结尾推出产品名称和诉求点：爱你365天。出人意料，使人印象深刻。

[实例3]

标题：一对传奇人物——庞玛与历高斯

正文：在过去的30多年里，亚诺·庞玛和历高斯这对毕生夙敌，在运动场上一直壁垒分明，争持不下。他俩的出现不断为高尔夫球运动灌注新刺激。

"回顾我们多年来的竞争，"历高斯说，"一切都恰如其分，令我们的潜能得以淋漓尽致地发挥。"庞玛表示赞同："不但如此，它还带来无穷乐趣。"

多年来除在球场上各展奇技外，这一对传奇人物还在商场上及高尔夫球场设计等范畴上亦互有攻守，但透过各种大小赛事及争持，他们都不约而同地惺惺相惜，对高尔夫球矢志不渝的热爱及手上腕表的永恒欣赏更是如出一辙。

标题：216小时3分44秒不停站环游世界

正文：加州莫哈韦沙漠（Mojave Desert）的一个晨曦，一架状似昆虫的轻型飞机，正滑向爱德华空军基地。

这一刻标志着航空史上一项非比寻常的伟绩。狄克·劳顿（Dick Rutan）及他的副机师珍娜·依嘉（Jeana Yeager）刚完成了在持续没有燃料的情况下环游世界的创举。

机上每一件物品，均须经过认真挑选。除必要物品外，其余一律不准带上机舱，以免负重过高。

狄克·劳顿及珍娜·依嘉的劳力士天文台表是其中两项最不可或缺的物品。因为整个历史性航程的216小时3分44秒，正是用它们分秒不差地记录下来的。

标题：马友友，一位称自己的大提琴作喇叭花的认真音乐家

正文：马友友被誉为当代最伟大的大提琴家，他形容自己是一个"极度幸运的人"，因为他用的是极其珍罕的大卫杜夫·史特拉德伐利（Davidoff Stradivarius）大提琴及1733年在威尼斯制造的蒙特利娜（Montagnana）

提琴。

“有一次我在盐湖城一个大师深造班中演奏蒙特利娜提琴”，他侃侃而谈，“一个学生为提琴起了一个名字。”

马友友每次出门，必定为自己的乐器购买它们的机票。“一张给我，一张给我的大提琴——喇叭花！”有时当他听到自己的要求时也会不禁一笑。

马友友还有第三件工具——劳力士天文台表，无论他身在何方，始终形影不离，爱不释手。“我真的喜爱它，”他说，“它优雅极了，而且异常坚固。”浑然完美的劳力士，与音乐大师惺惺相惜，凭借马友友的一句话，个中关系，早已尽在不言。

【简评】劳力士天文台表的系列文案与此前的欧米茄手表的系列文案似有异曲同工之妙，相比之下，劳力士系列文案较多地运用了故事性的情节作为文案表述的线索及背景因素，以其中事物情节的相关性作为文案的原创安排，使广告创意及表现与广告的目的之间产生有机的契合与对应。

五、家用电器类

（一）特征及写作方法

价格相对较高、使用时间较长的家用电器是一种非常典型的耐用品，消费者在决定购买以前，要经过慎重比较，对产品特性有了充分的了解才能决定购买，而广告是他们获取产品信息的重要渠道。

因此，家电产品的广告应该集中于产品功能和特性的诉求，如电视机图像清晰、色彩逼真、保护视力等；洗衣机容量大、清洗力强、不伤衣物、具有洗涤特殊材质衣物的功能等；空调制冷好、制冷迅速、工作时宁静无噪声等。“采用先进科技”是产品功能和特性的有力支持点，承诺周到的售后服务则可以增强消费者对产品的信心。

此外，家电产品的广告也适合生活化的表现，加入欢乐家庭的场面、表现使用产品的满足感可以给消费者以积极的感受。

（二）精彩实例及简评

［实例 1］

标题：对不起，我们不是故意的

画面：上方是一台 SONY 彩电，屏幕上正显出一个鲜红的胡萝卜，娇艳可爱，呼之欲出。

而在下方则蹲着一只雪白晶莹的小兔子，圆睁着两只红红的眼睛紧盯着屏幕上的胡萝卜。

【简评】这是我国台湾地区联广广告公司为 SONY 彩电所做的广告，为其经典代表之作，曾获 CLIO 国际电视广告大奖。

［实例 2］

飞利浦的母亲节是一年 365 天。

如果一年有 365 个母亲节，妈妈该有多高兴。

其实，送妈妈一个原装进口飞利浦小家电就成了。

因为它能天天为你孝敬母亲！

让妈妈高兴一次吧！

给她留 365 天的母亲节！

【简评】这是飞利浦公司在母亲节所做的广告。整幅广告中产品照片只占不到 1/6 的版面，那些充满感情的文字所占面积更不到 1/9，其余的都是空白。也许，这是有意留给读者去浮想联翩，感慨生存的广阔天地吧！

［实例 3］

标题：你想偶尔浪漫一下吗？

正文：要浪漫也得有时间、有闲情。生活在大都市的中年夫妻们，平时整天扑在工作上，即使逢星期天，面对一大堆换下的衣物、被褥，也实在没有时间去看画展、逛商场，或体验一下卡拉 OK 的乐趣。

要浪漫，并不难，买上一台申花 3T 豪华型微电脑全自动洗衣机，只要按一下键钮，预先由电脑编排洗衣、脱水操作程序，倒上洗衣粉，整个洗衣、脱水过程就一次完成。您尽可放心地走出家门，重温昔日浪漫情调，充分享受绚丽人生。

【简评】该广告标题中提出了一个人们普遍关心的问题：怎样才能摆脱

烦琐的家务劳动，重温浪漫情怀、享受绚丽人生？“它工作，你休息。”让“申花”微电脑全自动洗衣机帮你洗涤衣物、被褥，好让你有充裕的时间走出家门，“重温昔日的浪漫情调，充分享受绚丽人生”。虽是如叙家常，娓娓道来，却有着极强的诉求力度。

［实例4］

标题：既温暖又安全，除了妈妈的呵护还有飞利浦电暖炉

正文：与家人一起，纵是凛凛寒冬，也倍感温馨，再有飞利浦充油式电暖炉及暖风机相伴，这个冬天便更加温暖。飞利浦充油式电暖炉及暖风机，均有符合国家安全标准的电源线，安全可靠，兼有两年免费保修服务，质量备受信赖。让您和家人在安全舒适的环境中度过寒冬……

广告语：让我们做得更好

【简评】寒冬因为有了飞利浦电暖炉而变得温暖，反差的运用与产品的诉求点相得益彰。

六、化妆、美容用品类

（一）特征与写作方法

化妆品和美容用品是以年轻女性为主要消费者的日用品。这类产品既提供实际的功能性利益，又与女性的外在形象和自我感觉密切相关，因此产品的功能和良好的自我感觉、个性和时尚感是这类产品的主要诉求点，因而在进行广告文案的写作时，应将表现手法集中在力求格调高雅、精致清新、自然优美等方面。

（二）精彩实例及简评

［实例1］

标题：新型紫罗兰太阳系列

正文：近年来太阳黑子活动加剧，强烈的光辐射对不加防护的皮肤造成损害。瞧——讨厌的黑色素及斑纹使娇嫩的肌肤变得那么粗糙，并很快衰老。新型紫罗兰太阳系列含有害光线吸收剂和天然蛋白营养奶，独具防晒营养双重功能。紫罗兰天然太阳系列，丽日添温柔。

【简评】这则广告中的一些重要信息，如太阳黑子活动加剧对皮肤的损害以及产品的特殊成分及功能，都是画面难以表现的，有了广告词的补充，就克服了不足之处。

[实例2]

标题：纯金美容肌肤瞬间添艳彩

副标题：天然艳光璀璨持久

正文：欧洲远古时期，人们已致力于追求恒久之美。天然纯金散发的永恒光芒，从那时起已令仕女们趋之若鹜。她们相信璀璨的黄金具有令青春不灭的神奇力量。法国娇兰以现代美容护肤科技实现了这个美丽的传说，运用多年研究成果，创制最新 DIVIN-AURA 美化容颜用品，让你经常拥有天然艳光。

DIVIN AURA 蕴涵点点天然金箔，具神奇修复功能，能促进细胞活动，令肌肤紧滑细柔。金箔的柔润光泽为肌肤添上动人光彩。

【简评】文案就消费品的独特功能对消费者做出类似承诺的宣传。

[实例3]

标题：WEISS OPT

正文：首先要向您报告一个好消息，
本世纪又将减少一件令人尴尬的事，
那就是头皮屑的尴尬。
要有效摆脱头皮屑，必须改变生活方式，
包括减轻工作压力，不熬夜，
少吃辛辣油腻的食物（太难了……）
当然，很多人像您一样也做不到。
所以建议您改用新一代的 WEISS OPT。
先进的 WEISS OPT 配方，去除头皮屑确实有效。
如果您一时无法改变生活习惯，
就请用新一代的 WEISS OPT 去头皮屑。

【简评】文案把头皮屑造成尴尬的影响力夸大了，这一出奇的做法，引起很大的社会反响，广告效果十分明显。

[实例 4]

标题：珍爱

画面：一个针褡，上面插一根针，引出一根红线，红线伸沿下去渐渐变成口红在纸上画出的红线，末端连着一只口红。

正文：虽然世界不断改变，

但还存在一种永恒，

那就是——母爱。

此时此刻，

珍爱母亲给我们的，

也珍爱母亲的青春。

让您的心意，

加上蜜丝佛陀的美丽，

一起献给母亲。

母亲节如意礼盒，可随意组合搭配，将青春美丽的奥斯汀轿车的喜悦，一起献给最敬爱的母亲！

（凡购满 500 元，凭盒送摸彩券一张，共有 13365 个中奖机会）

【简评】母亲的青春值得珍惜，要怎样做，广告教给你这样一个方法。在母亲节期间关心母亲，给母亲关爱通常是广告的主题，其效果也非常理想。

第六章 产业广告文案

与消费者广告文案的目标不同，产业广告文案多数针对专业的公司或批发商。因而，其广告文案的写作多采用理智型，有些情况也使用认识型。具体方式有：典型特征诉求文案、承诺文案、引导文案、比较文案、历史悠久文案等。少数也可以运用双关语、幽默等方法。

一、农牧、农机和家禽业

（一）特征及写作要求

由于农牧、农机和家禽业广告文案的主要诉求对象是针对专业部门和批发商的，因此，在进行理智诉求时，应讲求语言的真实性、可靠性。在诉求方式上应采取直白或知识引导、优惠承诺等方式。主格调应以说理为主。

（二）精彩实例及简评

［实例1］

男： 正抗旱，停了电，
女： 农民急得团团转；
男： 夜校自习停了电，
女： 校长摇头把气叹；
男： 医院手术停了电，
女： 病人生命多危险！
男： 不要急，莫慌乱，鲁城牌发电机组来供电。
女： 柴油作燃料，物美价又廉。

男：能孵蛋，能磨面，能充电，能抗旱，

女：带着电机溜溜转，帮你致富把钱赚。

男：鲁城牌发电机组何处买？

女：请到山东曲阜电机厂。

【简评】这篇广告文案采用口头韵文的形式表现广告内容，句子全用口语，长短不等，读来抑扬顿挫，很顺口。

[实例2]

标题：种田人，别再喂那些竞争者了！

画面：六七种野草，个个都长着手、脚、眼睛，在那里摇头晃脑，手舞足蹈。

正文：首先，它们吃掉你施给水稻的肥料，然后再用这些能量与水稻争地盘儿。

这就是你进退两难的事情，而Modown公司的预处理除草剂则可以解除你的烦恼。它可以早期控制这些杂草的种子，防止肥料浪费。在四到五个星期之内都有效。

Modown除草剂还能减少潜在的肥料流失问题，因为稻种和除草剂一起种下去要比其他作物如棉花、高粱、大豆要早。结果当然是长势良好、产量大增，令农民获益匪浅。

赶快停止喂养那些杂草吧。

请用Modown herbicide除草剂。

【简评】这是提出问题，解决问题的典型案例。

二、汽车、摩托车及配件

（一）特征及写作方法

性能诉求和个性、身份诉求是汽车广告的两大方向。汽车广告的画面表现应该尽量精美，文案的语言也要较日用品广告正规，不能过于轻松、随意。

普通型轿车是非常典型的选购品，豪华轿车、跑车和越野车则是典型的特殊品。

汽车广告主要有两种类型，一是以产品性能为诉求点的产品广告，二是以品牌形象为诉求点的品牌广告。普通型汽车侧重产品广告，高档汽车侧重品牌广告。产品广告注重提供关于产品丰富翔实的信息，品牌广告注重表现品牌的个性、品位、承诺购买者将获得的身份感或自我满足感。

电视广告适合展示形象，平面广告适合传达具体信息。汽车产品平面广告的典型形式是富有吸引力的产品图片加上包含较多技术术语、产品性能数据的长文案。

（二）精彩实例及简评

[实例 1]

10 年来，丰田的 COASTER 牌，在中国一直是最畅销的小客车。

为什么它能成为最畅销的汽车呢？理由很简单：

COASTER 牌能确保每一位乘客在乘车时有一个宽敞、舒适的感觉。那先进的双叉独立前悬挂——这只有在高级汽车上才能看到的一个特点——使汽车即使在崎岖不平的道路上或高速行驶中，都能确保乘客在乘车时的平稳与舒适。

为了使乘客坐得更加舒适惬意，COASTER 牌除了设有不少用风扇助力的通风口之外，还设有一个强有力的、恒温控制式空气调节器，从而使客舱能经常保持充足、干净而又新鲜的空气。

在乘客享受 COASTER 牌给予的舒适的同时，还可以饱尝它的豪华特点。例如：它那华丽的、带软垫而又可以倾斜的舒适坐椅，以及带任选的茶色玻璃的全视野式玻璃窗户。

不用说，COASTER 牌，包括高顶车在内有着许多类型的式样，您可以放心，这是因为每一种 COASTER 牌都具有丰田车享有世界声誉的优点。

丰田的 COASTER 牌是如此的舒适、豪华、可靠，怪不得能成为最受欢迎、最畅销的汽车。

【简评】这个广告文案融合了新闻报道的特色，详尽介绍了商品（丰田车）的性能、特点、使用方法等，以减少广告的商业气息。这个文案的目标是以其真实性取信于消费者。

[实例 2]

当您的太太驾着车子，在四顾无人的崎岖山路上抛了锚，那种焦急的心情您曾想过吗?

本公司出品的轮胎，具有双层结构，任凭跋山涉水，永不爆裂。对不懂修理轮胎的太太是一种福音。身为一家之主的您，请为您的太太设想，改换本公司出品的新式轮胎吧!

【简评】换位思考拉你进入窘境，再推出解决办法——给出产品，害怕麻烦的心理使人们对能永不爆裂的轮胎有了好感。

[实例 3]

解说：迎面驶来的是一个豪华型轿车送葬车队，每辆车的乘客都是以下遗嘱的受益人。

男声旁白：我，麦克斯 · E. 斯耐费利，趁自己尚健在清醒时，发布以下遗嘱：

给我那花钱如流水的妻子留下 100 美元和一本日历；

我的儿子罗德内和维克多把我给的每一个 5 分币都花在了时髦车和放荡女人身上，我给他们留下 50 美元的 5 分币；

我的生意合伙人朱尔斯的座右铭是“花！花！花!”我什么也“不给！不给！不给!”

我的其他朋友和亲属从未理解 1 美元的价值，我就留给他们 1 美元；

最后是我的侄子哈罗德，他常说：“省 1 分钱就等于挣 1 分钱。”他还说：“麦克斯叔叔，买一辆大众车肯定很值。”我呀，把我所有的 1000 亿美元的财产都留给他。

【简评】这个广告以一个亿万富豪出殡的车队中每个送殡者回味其生前遗嘱的情形，由幽默的旁白表达出这位富豪对每个人的评价和其节俭的个性，然后把对大众车的赞誉巧妙地带出来，看似轻描淡写，却一语中的，很有说服力。但这类文案的使用范围和发布形式、时间一定要处理好!

[实例 4]

一望无际的草原上传来一阵急促的马蹄声和催马扬鞭“驾”的焦急吆喝声。

地平线上跃出两位策马飞驰的牧民。

他们纵马狂奔，闯进了草原医院的护栏。

牧民神情紧张地边敲窗户，边大声地喊着：“大夫！大夫！”

一个医用救护箱挎在了医生的身上。

医生用脚发动南方125摩托车，手加油门。

牧民连忙打开栅栏，医生飞车冲出。

牧民跨上马，调头疾追。

摩托车、骏马奔驰在辽阔的草原上。

医生驾车冲过河溪。

牧民策马直追。

遇到沟坎，医生飞车一跃而过。

马匹却在沟边踌躇不前。

摩托车终于驰到蒙古包前。

夕阳西下，南方125摩托车醒目地停在蒙古包外，牧民们焦急地在等待着。

忽然一声婴儿高亢的啼哭声震动了静寂的草原。

母子平安，牧民们脸上露出兴奋而宽慰的笑容。

日落草原，南方125摩托车停立在蒙古包外，格外醒目。

结尾字幕：有多少南方摩托车，就有多少动人的故事。

【简评】这篇电视广告文案将未使用广告所推销的商品和享用商品后的效果进行对比，表现出商品给消费者带来的利益。

三、现代化办公用品

（一）含义和写作要求

现代化办公用品（含网络产品）展示着科技的高度发展。它是现代社会文明的象征。在创作此类产品的广告文案时，用语应力求简洁明快，着力表现科技带给人们的便利，不要力求把产品内部构造等烦琐的内容打包批发给受众，那样只会使专业知识相对欠缺的消费人群对广告内容乃至产品产生距离感，宣传效果反而不好。

（二）精彩实例及简评

［实例 1］

隆重推出有史以来第一台涡轮启动式复印机——新型 TOSHIBA 2230 Turbo。在精秀的机壳下，是一套业经授予专利的先进复印系统。

拥有它，你一分钟能复印 22 份材料。如果按下涡轮键，则一分钟可复印 30 份。现在你可以提高工作效率 40%，同时节约 33% 的增色剂。更具创新精神的是，我们并没有因为增加涡轮启动而提高价格。

如需要安排免费的示范表演，只需拨 1－800－转 TOSHIBA。

【简评】 文案用具体的几个数字，直截了当、简明扼要地指出了这种复印机的优势所在。

［实例 2］

标题：心中若是有结，误会如何化解？

画面：一条打起结的电话线

正文：以前，人们说“隔墙有耳”，现在的人却常是“耳中有墙”。

人与人之间的相处本来就是充满着不同的声音，你有你的惊人之语，我有我的不平之鸣，我们的社会就是靠着大家的集思广益才能不断地成长和成熟。解开心中的结，听听别人的见解。

泰立电话愿在我们和谐的社会中，祝福各位心有灵犀一点通。

【简评】 人与人之间有障碍需要沟通。沟通需要途径，电话就是其中之一，这则广告文案沿着这条思路创作了一个和谐的广告。

［实例 3］

在竞争日益激烈的信息时代里，您的公司何以突破传统的沟通模式，建立更广泛的现代化联系，使业务不断全球化与规模化？

IBM PC 系列产品将商业网络概念推向另一突破性的高峰。那就是 IBM PC服务器配备了先进的 Lotus Notes 系统，为公司对内及对外联系打开渠道，提供了连接企业内部网（net）与国际互联网（Internet）的理想途径。

您可通过企业内部网随时互通有无，调兵遣将，享有工作协同上的种种优势。先进的通信功能让您与公司各部门、供应商和客户随时交流，分享成果与心得。如此一来，工作流程更加简便，工作效率大为提高。

您还可以通过 Notes 系统与国际互联网有机结合并顺利上网，为商业应用提供广阔的开发与设计空间。您可在网上“报纸”轻松构建自己的主页，让世人对贵公司有所认识，还可在浩瀚的网络世界里探取潮流新知与信息，甚至联网于国际间进行贸易，省却许多时间，享受更多便利。

拥有上述众多优点的 Lotus Notes 系统开创了全球商务办公的新概念。今天就选择 IBM PC 服务器，让它助您集合各方力量，上下齐心，一同把握网上无限商机，开拓未来辉煌之路！

【简评】 文案以基本事实为出发点，进行理性的分析和说服。这则文案的特征是它不仅把事物的属性、状态等告知受众，而且还让受众知道，这类客观的信息与目标受众的实际需求和利益之间存在着什么样的重要关系或现实意义。它往往起到很好的说服作用。

[实例 4]

标题：“再敢拍我，我就要越街过篱、穿林过河、攀上那座山头，把那台鬼相机摔到你脸上。”

【简评】 这是一个具有强烈视觉冲击力的镜头，一位十分讨厌别人拍照的女艺人以惊恐愤怒和手掌拒拍来反对拍摄的一刹那，给人留下了深刻的印象。但是她还是被拍摄下来，且清晰度极高。值得注意的是，文案标题反映了她的愤怒：“再敢拍我，我就要越街过篱、穿林过河、攀上那座山头，把那台鬼相机摔到你脸上。”可见相机距她多么遥远！如此遥远距离，还能拍摄如此清晰。这显然是夸张，但将夸张手法和一个饶有趣味的情节结合起来，对受众自然产生了震撼。

四、建筑与装潢材料

（一）特点

建筑与装潢广告文案应将着力点放在诉求产品的突出特性和展示产品的特有功效上。

（二）精彩实例及简评

［实例1］

Zeelandia生产一种独特的装饰用果胶系列，命名为百乐多。它用水稀释后可以形成优质果胶，在冷冻以后仍易于切割。另外，百乐多果胶保持原有水果的色香味。有三种口味可供选择：草莓味、无味和杏仁味。

百乐多混合果胶是百乐多系列产品中的一种，它是一种极好的装饰用果胶，液状百乐多混合果胶易溶于水，使用时您只需加入25% ~50%的水稀释即可。装饰时您可用手涂刷，也可使用喷涂器。由于百乐多果胶有极好的易溶性，加热时也不会黏结盘底。

百乐多喷涂果胶专为喷涂器设计，它有快速结胶之特性。该果胶也有草莓味、杏仁味和无味三种选择。

【简评】这篇广告文案直接向消费者阐述商品的功能特点，用叙述的方法进行合理的描写。

［实例2］

男播音：火炉方显真金色。

女播音：武汉是我国“气候温度中三大火炉之最”，狮牌油漆经受考验。

男播音：风雪岂能动容颜？

女播音：武汉的冬天风雪严寒，狮牌油漆色泽不减。

男播音：是钢是木难分辨。

女播音：黄鹤楼是水泥钢体结构，狮牌油漆使它看上去和古代木质结构一样。

【简评】在广告中，商品想要突出主题，一定会强调品牌，因为品牌本身就是广告。一种产品可能有多种功能，但宣传时，最好抓住1 ~2种功能做重点描述，这则广告就是如此。

［实例3］

镜头1：将强力胶涂抹在一双鞋底上。

画外音：请看！我们将为你展示难以相信的。

镜头2：镜头中两人将播音员倒托起将其双脚贴于天花板。

画外音：超级三号强力胶的威力。

镜头3：全景中两人继续将播音员倒托起将其双脚贴于天花板。

配音：钟表的滴答声……

镜头4：两人正走出房间，播音员已倒挂于天花板。

画外音：这一段影片没有经过剪辑。

镜头5：播音员倒挂于天花板。

画外音：请详见说明书，超级三号强力胶可以用来粘橡胶、塑料、瓷器……只要几秒钟。

【简评】这则电视广告文案采用实证演示的方法，让观众亲眼目睹商品突出的优点，其目的在于介绍商品的性能、特征、使用方法等。

第七章　服务业及其他行业广告文案

服务业已经成为现代社会的重要产业，深入现代生活的方方面面，传统的服务形式不断发展，新型服务也不断涌现。

广义的服务包括营利性服务和非营利性服务两大类。法院、警察、消防部门及社会公益机构属于非营利性机构，提供非营利性服务；航空公司、酒店、保险公司、律师事务所、各种咨询机构属于营利性机构，提供营利性服务。和生产企业、销售企业一样，服务企业也需要开展营销和广告活动。

服务广告文案的特点：

(1) 无形性。服务并非有形实体，在服务被购买之前，消费者看不到它、摸不到它，甚至无法感受到它。如“美容手术”是一种服务，只有在做了手术之后，消费者才能见到它的效果。

(2) 不可分性。实体产品先被生产出来，经过一定的流通过程进入市场，生产过程和消费过程是分离的，而服务产品要依靠服务的提供者才能存在。如果服务是以人为基础的，那么提供服务的人就是服务的一部分，如果服务是以设备为基础的，那么设备也是服务的组成部分。此外，对于相当多的服务，生产过程和消费过程是不可分的，服务的提供者和消费者必须同时存在，如航空客运服务就只有在有飞行员驾驶、有空中小姐服务的飞机上才能进行，而且没有乘客也不能实现。

(3) 易变性。实体产品一旦被生产出来，它的形态、性能、品质就是确定不变的。而服务则不同，同一种服务常常因服务提供者的不同而有不同质量，即便是相同的服务提供者，也很难保证随时随地都保持相同质量。

(4) 时间性。服务不能贮存。比如一个剧院在不同场，上午上座率可能只有50%，而在晚场却有许多人买不到票。但是它并不能在两场之间调剂余缺，因为无法将早场空余的座位存起来移到晚场。

一、商店、百货公司、专卖店

（一）文案特点

文案精确和突出特点是商店、百货公司、专卖店等商铺广告文案的重要特点，相对来说这些广告文案不会引起人们太多的注意力，大多数人也只是顺便看一下，这就要求广告文案简洁明了、高度浓缩，抓住人们瞬间的注意力，力求用最简短精确的文字语言突出你的服务特征。

（二）精彩实例及简评

[实例1]

节日的来临，使商场经理（特写）大伤脑筋。本商场货色齐全，价廉物美且节日优惠酬宾。“前年”（字幕，随之叮当一声）这个时候，三名职员受伤（画面出现三人在苦笑，全身扎着绷带）。“去年”呢？——又有三名受伤（绷带更厚）！“今年”，怎么办？门外又是热情的顾客驾到的声响，商场派谁去开门迎接呢？（经理耸耸肩膀，一声叮当，推出商场名称！）

【简评】诙谐的表现方式通常最容易引起受众的注意，这个不知派谁去开门的苦闷的商场经理在向人们传达这样一个信息：本商场大受欢迎，连去开门的店员都被热情的顾客挤伤了。

[实例2]

一个蹩脚的理发师会把任何人弄得看上去像笨蛋。

——君若理发请至南八街七号。

【简评】爱因斯坦曾经说过：“幻想比知识更重要。”这位理发店老板可以说是深得其中精髓，把想象力发挥得尽善尽美。爱因斯坦当然不是笨蛋，相反可能是本世纪最聪明的人，但若不是几乎“天下无人不识君”，又有谁能从那不加修饰的外表上看出这一点呢？也正是因“天下无人不识君”，用他来做广告才会有强烈的戏剧效果。

[实例3]

标题：药到“命”除

生病吃药，本该对症下药，以收药到病除之效，但据专家表示，国人常服成药，位居世界第一，这种未经合格医师诊断，擅自服药的习惯，往往造成药到“命”除的不幸事件。造成这种危险性的原因是：市面伪药太多。所谓伪药就是指假药、劣药、禁药及其他违法药品。据卫生部调查，我国每年查获的伪药案件多达1500件（实际情形还不止此数），被查获的只是众多伪药中的一小部分。由此可以推断，伪药在销售药品中占有相当高的比例，实在是太可怕了！

吃到伪药，后果严重：因为伪药毫无药效可言，同时那些缺乏药学常识制造假药的不法之徒，采用廉价类似的原料来做代用品，大多含有致命毒性，即使毒性较轻，也有害于病情，延误治疗时间，更是戕害健康，甚而贻害母体，遗憾终身。有病找医生，不要乱吃药：因为病人体质各异，病情轻重不同，各种药品的治疗效果又不一样，不经诊断而乱服成药，未必可以治疗，何况自己乱吃成药是这样危险，岂可掉以轻心？生病时，还是请到合格医院诊断，按照医生处方，向指定的药房购买，以确保自己的健康、幸福！

【简评】这则药店广告通过与人们熟知的成语“药到病除”相反的标题“药到‘命’除”，给人造成一种悬念，从而吸引读者的注意力，然后通过合理、翔实、层层相因、不断深入的论证，使人看后心悦诚服地接受广告的诉求。

[实例4]

当您光顾布莱维尔书店的时候，没有一个人会问您要买什么，您可以信步所至，随便看书，放心浏览。店员只在您需要时才为您效劳。您不招呼，他们绝不打扰。

无论您来买书或者来浏览，均受欢迎。这就是布莱维尔书店100多年的传统。

【简评】善解人意的店主，令人轻松自在的购书环境，竞争力就体现在这里。

二、餐饮、旅馆、旅游

（一）特点和写作方法

美食、格调、气氛是餐饮服务广告的三大诉求重点。

对于现代人，出外就餐已经不是纯粹为了果腹，而是为了享受美食和体会一种与家庭氛围完全不同的格调和气氛。因此，餐饮服务的广告不但要突出美食的诱惑，还要让诉求对象感受到他们所向往的氛围。

专家提示

因为旅游者大多没有亲身到过目的地，所以在旅游观光广告中详尽描述或生动展示旅游胜地的特色是吸引诉求对象的有效手段。同时，游山玩水已经不是旅游者的唯一需求，他们更看重从旅游观光中获得的感受，所以表现良好的感受也能有效激发诉求对象的向往。

另外，一部分主题餐厅具有特别的风格，要以格调个性和情趣的诉求引起诉求对象的共鸣。

旅游地特色和从旅游观光中获得的休闲娱乐感受是旅游观光广告中的两大诉求方向。

旅游观光广告的诉求对象主要是消费者个人，广告的整体风格应该轻松而富有情趣。

（二）精彩实例及简评

[实例 1]

标题：吃与品尝

如果您了解吃与品尝的差别，您就能体会到国宾大饭店与其他饭店有所不同。

在国宾，我们提供的不仅是国际性水准的住宿与餐饮服务，更重要的是，我们让您感到国宾丰厚的内涵——精致、细腻以及历经时间检验、孕育的独特风格，就像国宾珍藏的夜宴图一样。我们衷心盼望所有光临的贵宾都能亲自体会到其中传达的无限情趣。

您能分辨吃与品尝的差别吗?

当然可以!

那么，您一定能体会到国宾是一家最具有规模和水准的国际观光大饭店。

欢迎光临台北及高雄国宾大饭店。

国宾大饭店的内涵，需要您亲身体会：亲身体会，感受最深。

【简评】这篇广告文案采用优美的词语，绘声绘色地叙述和描写，引发目标受众对饭店服务亲尝一试的向往。

[实例2]

我们的心，永远记得故乡的口味。
一如我们的脸。
总是重复读着故乡的书信，
我们的眼，永远辨得出故乡的口味。
一如我们的脸。
总在梦里，对着故乡的情人。
我们的嘴，永远熟悉故乡的口味，
一如我们的心，
总像流云，朝着故乡的方向。
我们的舌，永远恋着故乡的口味。
一如我们的心，
总在夜里，缅怀故乡的亲友。
4个月，4年或40年，转瞬消逝了，
或许，故乡的人、事、物，已不复往昔，
但是，熟悉的乡味与乡思，
依然扣人齿颊，怀念不已。
兄弟大饭店

【简评】由于现代社会人口流动性极大，思乡情绪非常浓重，各饭店餐馆亦不失时机地推出各地风味美食，借机生财。

[实例3]

楠溪江，清澈的江流，明碧的深潭，具有漓江的风采。倚天的峰峦，飞泻的悬瀑，深邃的洞穴，又有雁荡山的情怀。陶公洞，千仞绝壁，一洞中开，号称天下第十二福地。十二峰的造型各异，步移景换，犹如一卷神奇的写意画。啊，更有鲜美的鱼，爽口的柚子，香甜的板栗供您品尝。

朋友，欢迎您来楠溪江旅游！

【简评】这则广告着重描述了楠溪江风景区水之明媚，山之奇丽，物产之丰富……通过这幅广告，受众不仅对楠溪江的秀美景色心驰神往，那独具特色的风味小吃也让人垂涎欲滴。

[实例4]

标题：请到潭柘寺来

您想到北京参观游览吗？您想了解北京历史吗？您是否知道在北京城流传着这样一句谚语："先有潭柘寺，后有幽州城"？

这座先于京城的古寺，始建于晋代，原名嘉福寺。坐落在京城西郊群山环抱的潭柘寺，殿堂依山势而建，成阶梯形层层高升，东西配殿相辅，古朴雄奇，环境幽雅，是一处高山清泉、松柏交罩的自然风景区。

您想领略三王殿、大雄宝殿黄瓦鎏金的轩昂气势吗？

您想体验方丈院延清阁朱栏的幽雅和别致吗？您想知道"有眼不识金镶玉"这句话的来历吗？

请您到潭柘寺来，古寺的风采会为您欢乐的生活增加一页难忘的篇章。

【简评】这则旅游广告文案，颇具创意，很有趣味，用一个接一个的问句把读者带入一个历史悠久、环境清幽、气魄雄浑的佛家胜地，引人联想，激发了人们的向往之情。

[实例5]

标题：轻轻地踱过历代君主们漫长的沉睡

伦敦威斯敏特大教堂中的亨利七世小教堂里，历代英皇——亨利七世、伊丽莎白一世和苏格兰的玛丽女皇都下葬于此。有22代帝王都曾在这里接受加冕典礼。

在英国，这样著名的大教堂有30个，每座教堂都是一件独树一帜的艺术品。在你访问英国时至少要来参观一所教堂，免得虚此一行。

备有介绍英国教堂的彩色导游册，函索即寄。

英国旅游协会

【简评】这则英国旅游协会的广告充满了浓郁的文化气息，详尽介绍了这座教堂悠久的历史和崇高的地位，风格自然，语言简洁。

三、房地产

（一）特征及写作方法

房屋的优良特性，家的感觉，良好品位、身份感和自我满足感是住房广告的四个典型诉求点。

对于购房的消费者，广告文案应该充分展现消费者居住其中的自在、舒适以及心灵的满足。

不同档次的房屋，其广告诉求应该有不同的侧重点。房屋的价格越高，越应该突出附加价值的诉求，房屋的价格越低，越应该注重实用性的诉求。以特殊消费者为对象的高档住房应主要诉求特别风格、高级配置、品位、身份与地位。

目前，房地产广告非常多，其中有一些也很精彩，下面我们精选数则与读者共享。

专家提示

住房是当代人最大宗的消费，消费者在选购时最为慎重，需要仔细比较房屋的各种基本特性：面积、户型、地理位置、交通条件、价格、配套设施、社区环境等。因此，房地产广告应该事先提供充分信息。因电视广告制作周期长，不适合根据销售情况随时调整广告内容，而且信息容量有限，所以绝大部分房地产广告使用平面媒介。

（二）精彩实例及简评

［实例1］

鲤鱼跃龙门篇

您听过鲤鱼跳跃的声音吗？这是清晨一点的金龙湖畔，请您侧耳倾听。

多少人一辈子没有听过这种声音，住在和信水莲山庄，这个声音将回荡在你的睡梦里，天天鲤鱼跳龙门，就在和信水莲山庄。

夜猫子篇

您听过夜猫子的声音吗？这里是夜里十二点的金龙湖畔，请您侧耳倾听。

如果您希望晚睡，住在和信水莲山庄，您将不会寂寞。和信水莲山庄，夜深人静，鸟比人忙。

莲花篇

您一定看过莲花开放，但是您听过莲花开放的声音吗？

这是清晨六点的金龙湖畔，请您侧耳倾听。

没错，这是一群早起的蜜蜂，正绕着莲花，叫她快开门。和信水莲山庄，越早起床，人越健康。

【简评】 文案以提问方式和出人意料的内容，引起诉求对象的兴趣，并以“请您侧耳倾听”引导听众去倾听都市生活中难以听到的鱼跃声、鸟鸣声、花开声、蜜蜂嗡嗡声。文案与音响配合，将充满自然趣味的画面展现在受众的脑海中，引导受众想象和信水莲山庄中贴近自然的宁静生活。

［实例2］

标题：画中世界的甜蜜家庭

正文：“你在担心公事吗？”妻和我并坐在长凳上，妻子问道。“没那回事。”我故作平静地答道。“爸爸，不要绷着一张脸嘛，放轻松点儿。”看着女儿紧盯着我的脸，我堆起笑容。本想犒赏家人一番，不料反而让女儿安慰我，不禁苦笑起来。

真的有百分之百的理想家庭吗？有个地方让我们可以容忍彼此的缺点，

在日复一日的生活中，一点一点地修正彼此的差异。家的意义就在这里。

和倍房屋认为：完美的家庭是不存在的。我们盖房子，我们也思考家的意义，最后我们找到的答案是：家拥有“长久被爱的资格”。

想回的家只有这里。家人的距离时远时近，我们的家就是宽大的怀抱。

【简评】家的意义何在，长久被爱的资格，宽大的怀抱，感情真挚丰富的话语，引导受众去思考家的定义，体味家的温暖。

[实例3]

我怀念着芳草如茵的绿野，
美丽的小花撒满了大地，
秀石、佳木陈列其间。
蜿蜒的小溪伸展手臂，
迎向天际漂流的白云，
逐风低飞的鸟儿。
清脆悦耳地歌唱……
庄严肃穆的远山，
轻轻地挥洒出缕缕云烟，
不再是梦中的呼唤！
在这里绿野无垠，
我紧紧地拥向思念的绿野……
多么地安详欢乐啊！
“绿野别墅”您的家外家！

【简评】用优美舒展的散文诗，展现绿野别墅美好的特质和绝佳的生活环境，大自然的美好事物在这里都能见到，诗一样的文笔，诗一样的风景，这则文案易给受众带来美好的遐想。

四、保险业

（一）特征及写作方法

保险服务既可以提供给个人，也可以提供给组织机构。但无论是个人消费者还是企业消费者，他们的消费都会非常慎重，会以自己的利益为第一关心点，同时选择可信的企业和周到的服务。

因此，保险服务的广告应该以严肃认真的风格突出以下几个诉求重点：消费者利益，对消费者的关心，企业信誉，周到的服务。

（二）精彩实例及简评

[实例 1]

活着需要保险赔偿的广告文案：

标题："我的心脏"

男声：当我在图书馆的台阶上初次见到萨拉时，我发誓我的心脏漏跳了一拍。

在世界系列大赛极好的一局中，当唐·拉尔森投了一个坏球，我的心脏几乎完全停止跳动。

在 2004 年那庄重的一天，我感到心跑到了我的胸口。

并且，在那惊人的一瞬间，当人们都随着跨出"人类巨大的一步"时，我的心几乎因自豪而爆炸。

但是去年，当医生告诉我的心脏衰竭了，如果……

不做心脏移植，我就，活不到 6 个月了，那时我的心脏卡进我的喉咙。

播音员的声音：一年以前，Prudential 创造了"活着需要保险赔偿"，现在晚期病人能……

在仍然活着的时间内领取他们的死亡赔偿费，并且按照他们的意愿来使用。

男声：现在我活得很好，我想到了移植器官提供者，我想到了他的家庭。

……很自然，我的心走出去和他们在一起了。

播音员的声音：要想得到信息，请打电话给 1-800-654-ROCK。

广告语：活着需要保险赔偿。

【简评】这是一则 60 秒的电视广告文案，广告引入了目标主顾中的一员——一位需要心脏移植的男病人，以他为叙述主体，用第一人称"我"讲述了有关"我的心脏"的一些事情，最后道出"我"必须做心脏移植手术。在广告中，广告安排了另一叙述主体——播音员，通过播音员的叙述来告诉人们稳妥保险公司创设了一项"活着需要保险赔偿"的保险业务，它允许晚期病人在仍然活着的时间内领取他们的死亡保险赔偿费。显然，这一电视广告引入了受众中的一员，通过他来陈述了大部分广告信息，如果将由播音员叙述的告白式信息改由前者来说，则广告会显得很生硬，缺乏广告所必需的自然真切感，广告安排两个叙述主体，将告知式内容通过播音员以旁白的形式来告诉受众，方才显得较为贴切。因此，为了全面而充分地表述广告信息，在广告文案中应该根据创意和信息表述的需要来适当地采用不同的叙述视点。

［实例 2］

标题：当晚霞消逝的时候。

画面：一个手捧谷筐的农夫沉浸在丰收的喜悦中，在夕阳西下、落霞齐飞的时光中归去。

大都会保险公司

【简评】夕阳无限好，只是近黄昏。广告提醒人们不要单单沉浸于现在的美好之中，要有危机意识，做好养老保险。

五、新闻出版业

（一）特征及写作方法

报刊、图书的读者范围比较固定，所以这类广告的文案应作出内容范围的介绍，如经济、文学、社会等，以便读者加以区分和选择。在实事求是的基础上，报刊、图书的阅读效果或者说教育目标，也可加以评说。

一般来说，报刊、图书广告文案应该严肃、正规，但文学类图书和社会类报纸杂志可以根据各自的具体风格作个性化处理，这样效果更好。

（二）精彩实例及简评

［实例 1］

美国 Business Week（《商业周刊》），系全球销量第一之经济杂志。本刊——《商业周刊》中文版（原《国际商业与管理》）创刊于 1986 年，由美国麦格劳·希尔公司（MC Graw-Hill Inc.）与中国对外经济贸易出版社合作出版。

本刊内容全部选译自原版文章，旨在传播介绍世界经济、贸易、商品、投资、市场、金融、营销、科技和新兴产业、社会问题等权威的信息。它特别有助于决策者掌握市场行情和提高企业管理水平，是管理人员、经济贸易界人士、科技人员、师生学者等各界读者不可多得的参考读物。

本刊采用进口高级铜版纸彩色印刷，图文并茂，装帧精美。

本刊已经改为全国各地邮局订阅，并由双月刊改为月刊，每月 23 日出版。国内定价为每期 6 元，全年 60 元。国内读者请到当地邮局订阅，国内代号：82 – 657。

【简评】这则广告文案以说明的方法寻求受众的理解与需求。它的特点是对广告内容的实体部分进行类别或品质的界定、比较，达到受众对广告信息加深认识的作用。

[实例 2]

所谓《未名丛刊》者，并非无名丛书之意，乃是还未想定名目，然而这就作为名字，不再去苦想他了。

这也并非学者们精选的宝书，凡国民都非看不可。只要有稿子，有印费，便即付印，想使萧索的读者、作者、译者，大家稍微感到一点热闹。内容自然是很庞杂的，因为希图在这庞杂中略见一致，所以又一括而为相近的形式，而名之曰《未名丛刊》。

大志向是丝毫也没有。所愿的，无非（1）在自己，是希望那印成的从速卖完，可以收回钱来再印第二种；（2）对于读者，是希望看了之后，不至于以为大受欺骗了。

以上是 1924 年 12 月间的话。

现在将这分为两部分了。《未名丛刊》专收译本；另外又分立了一种单印不阔气作者创作的作品集，叫做《乌合丛书》。

【简评】鲁迅先生的《未名丛刊》与《乌合丛书》发布的出版广告，语言生动带有自谦自嘲的意思。表现方式很特别，读后印象深刻。

[实例 3]

女：对不起，请问您是最后一个从奥马哈来的飞机下来的吗？

男：当然是啦，我下机之后就剩下飞行员了。

女：那就奇怪了，我丈夫也是搭这趟班机回来的，可我怎么没有看见呢？

男：他是怎么个长相？

女：个头跟你差不多，就是有些胖，还有点溜肩膀。

男：溜肩膀？我没见过这个人。

女：噢！

男：我也感到奇怪，我妻子说是到机场来迎接我，怎么也没来呢？请问您是不是见过一位女士，个头跟您相仿，胖墩墩的，还有点大屁股？

女：没见。咱们去机场问事处打听一下好吗？

男：好呀。

女：来，我替你提这只大手提包吧。

男：您知道应该怎么提吗？

女：知道，我刚从柯莱格小姐《减肥指南》上学会了正确提拿重物的姿势。

男：怎么，您也读过《减肥指南》

女：是啊，全书21讲，专教男女减肥方法的。

男：那就太巧了。我在奥马哈也买到柯莱格小姐的这本书，而且生病在旅馆里按它练习。如今我的腰围已经下去了3厘米了。

女：练习起来还挺容易，是吧？

男：看你手提包上的名片，你也叫安德鲁？

女：不，我丈夫叫安德鲁，我叫格蕾丝。

男：那就太奇了，我妻子也叫格蕾丝。

女：安德鲁！

男：原来是你呀！格蕾丝！

女：可不是吗？

男：你可真是苗条多喽！

女：你也完全变样啦！

男：我也不敢认你了。

女：别一本正经了……真逗，安德鲁呵！

【简评】一个生动的小品式广告文案，通过夫妻二人体重减轻，形象改变以致相互不认识这一夸张的情节，表现了《减肥指南》杂志上减肥方法的非凡效果。

［实例 4］

大标题：股

三角钱能变成多少钱?

小标题：小钱变大钱，买股读本报

正文：《中国证券报》依凭新华社遍布全世界的记者网络和先进的通讯手段，将全部、准确、及时地报道国际有关证券政策，普及有关股票知识，传递各地股市行情，分析国内外股票市场，介绍国际股市风云，透露赢家诀窍。

【简评】这是《中国证券报》上的征订广告，当时的《中国证券报》定价是每份三角钱，该文案将“股”和“三角钱”作为标题的创作重点，用“小钱变大钱”来吸引目光，然后将该报社的实力展示给受众，用实力来证明订购此报“真能解决问题”。可以看出，这则广告文案虽短，但“提问法”、“论证法”、“解决问题法”都暗含其中，文案的作者定有深厚功力。

六、公交、出租汽车和航空客运

（一）特征及创作方法

对于公共汽车、地铁、城市轻轨、短途铁路客运和飞机，消费者最为关注的是时间、路线、班次等方面的便利性。同时，因为它们是每天都要乘坐的交通工具，服务的人情味也能给诉求对象以良好的印象。

便利性和人情味是公共交通服务的两大诉求重点，广告的内容总体上应该亲切、自然、人性化。

方便、快捷是出租汽车的特点，此外良好洁净的乘车环境及礼貌周到的服务也是消费者关注的重点。

广告的诉求重点应放在服务的细致周到和对乘客的关怀入微上。

专家提示

便捷是消费者乘飞机旅行的首要原因，但在诸多航空公司之间如何选择，则取决于不同航空公司能提供什么样的服务——舒适性、餐饮、娱乐及对乘客的关怀。

因此，航空客运服务的广告有两个主要的诉求重点——便捷和舒适，而且对舒适程度的承诺更加重要。

（二）精彩实例及简评

［实例1］

一家航空公司特别优越出众，原因何在？很简单：服务人员表现出色，能对乘客照顾得无微不至，使乘客有宾至如归之感。

“国泰”的服务人员，处处替乘客着想，事无大小，均乐于效劳。因此，国泰航空公司为亚洲首屈一指的航空公司，亦是理所当然！

您下次到亚洲公干或旅游，请搭乘服务出众、胜人一筹的国泰航空公司的班机。

【简评】文案将宣传重点放在服务员的出色表现上，周到的服务帮助这个航空公司成长为亚洲最好的航空公司，以劝导方式结尾，给受众带来的心理暗示作用不可忽视。

［实例2］

只花一个把手的钱，我们就能为您运送整台冰箱。

画面：一只打开门的冰箱。

只花几个苹果的钱，我们就能为您运送整箱苹果。

画面：一只装满苹果的箱子，外面放着三个苹果。

只花一个踏板的钱，我们就能为您运送整辆脚踏车。

【简评】广告文案告诉消费者，我们的服务经济划算，物超所值，在以低廉的价格吸引消费者。

［实例3］

（歌）在我的家乡老圣佐安，留有多少我童年时代的梦想，朦胧的初恋与啁啾刻骨铭心。然而有一天，是命运的召唤和安排，我着陆在异国他乡，可我的心却滞留在大海的另一边——我的家乡老圣佐安。

（白）东方航空公司，40 年来，把天各一方的皮尤托里肯家族成员的心连在一起，东方用羽翼将无数的梦变为现实。

（歌）终将有一天，我要返回老圣佐安，重温我的爱情，重温我的梦想。

【简评】现代航空公司广告大都采用温情式表达，但以空中小姐笑迎和劝说居多，主要诉求安全和服务。本广告选择一个具有代表性的家族与东方航空公司的密切关系，表达东方航空公司数十年如一日地奉献爱心，从创意来看诉求点比其他航空公司广告高出一筹，从艺术表现来看，由于情感抒发真实细腻，所以极具感染力。

七、通信、金融

（一）特征及创作方法

通信广告文案的诉求重点主要在新增的服务项目和方便快捷上，另外，由于人们使用通信的频率高，要求提供廉价服务项目也是通信广告文案的另一个诉求重点。

就实际情况而言，人们对金融机构的要求是提供更方便的服务项目和因此带来的相关利益，因而广告文案应在这方面下工夫。

（二）精彩实例及简评

［实例 1］

（一）母子篇

甲：喂，妈，最近还好吗？波士顿天气冷了，小心身体。

乙：我很好，但是你爸又去见那个女人，几天没回家了，呜……呜……你要乖一点呀，阿明。

甲：阿明？我是阿强呀！妈，你别吓唬我，自己儿子的名字也忘了！

乙：阿强？我的儿子叫阿明，你不是我儿子？

甲：什么，我不是你儿子?!莫非我是那个女人生的？你养育我这么多年，让我三十几岁才知道自己的身世，你不觉得很残忍吗？啊！怪不得移民也剩下我在香港！

乙：我儿子才十二岁，你究竟是谁？

甲：噢，我又拨错号码了…（人声渐弱）

男旁白：Sunday 1622，每逢 Sunday 免费拨去美加，拨错号码也没有损失。查询请电：2113 8000

（二）越洋买卖

卖主（接电话）：喂，森记。

买家：是森森森森森记吗？听说你们的花花花花旗参品质很好。

卖主：当然！在华埠，我们的花旗参认了第二，没有人敢认第一。

买家：那怎怎怎怎么算？

卖主：怎么算？你给钱我们就会算，我们收加拿大币的。

买家：这样……

卖主：你想爱（要）多少？

买家：爱？刚才不是说好用用用用钱交易的吗？为什么你们这样做生意的！

卖主：我是问你想要多少花旗参。

买家：我是第第第第一次买，要买多少？

卖主：我们最少要卖 10kilo。

买家：既然你们的花旗参是全全全全华埠最好的，为什么要要要要要 10kilo 才冲到一杯呀？你们做做做做做生意不老实……

男旁白：讲多久都没关系。因为 Sunday 1622 每逢 Sunday 免费拨去美加。查询请电：2113 8000

【简评】广告一开始，就让听众“听”到鲜明有趣的人物形象——关心儿子、抱怨丈夫、有点絮叨的母亲，糊里糊涂的儿子，精明敬业的店老板，结结巴巴表达不清又无比认真的顾客。他们之自然、生动、有点可笑的对话既不断丰富人物形象，又牢牢抓住听众的注意力；通过对话积聚起来的幽默趣味，在最后呈现“讲多久都没关系”的诉求重点时，引爆了创意的全部力量。

［**实例 2**］

主标题：“我不干了！”（占据版面上方 4/5 面积的黑底色上大大的

反白字）

副标题：“不行，你是老板。”

正文：谁都会有倒霉的日子。甚至老板。

当你是一家小企业的老板时，倒霉的日子来得会比一般人更多。

在大公司里，也许你会被财务、销售、人事、市场、生产等专家团团包围。

你可以指责别人，和他们争论，让他们接受你的想法，批评他们，和他们共进午餐，或者干脆把事情交给他们去干。身边有人，让你在遇到麻烦时感觉好点。

但如果你是小企业的老板，你只能靠自己。

在过去的 34 年中，我们已经帮助过超过 5000 家小企业。

并且发现，友好的建议和 5000 元～200 万元的资金常常能使一家小企业走出困境。

ICFC——最大的小企业长期贷款机构

【简评】小企业的老板，面临着庞杂的事务，当他们的企业面临困境而又不能退缩时，贷款机构可以帮助他们解决困难，帮助企业重新恢复生机。

［实例 3］

标题：单利率汽车贷款带给您更大的灵活性

正文：相对于传统的分期付款，我们的单利率汽车贷款是一种适用性强的新型贷款方式。采用该种信贷方式您可以低利筹款，每月只需偿还少量贷款。因单利贷款您只按款额付息。如果您能先期或超额偿还以至提前付清全款，则您将有可观的节余。同时因为采用浮动利率，您还可以从利率下跌中获利。即使利率上浮，您的月偿额也将保持不变，直至最后约定清算日。如果您想了解更多这种灵活借款方式，请与我行任何分行联系或拨电话：×××

【简评】循循善诱的叙述方式吸引受众把注意力转到广告题中来，利益的可视性帮助消费者对贷款业务加深了解。

第四篇　四大媒体广告文案写作

第八章　报刊广告文案

报刊是印刷媒介的主流，其首要特点是通过平面语言进行广告文案的传播。报刊语言一般篇幅较长，词汇丰富，字词含义明确，同音字词不易产生歧义，利用其传递广告信息可以在广告文案中体现书面语言的各种特点。报刊广告文案又必须以适宜媒介和广告本身欲诉求的目标作为最恰当的表达。

一、报纸广告文案的特征

（一）优势

（1）文案的版面相当宽裕。报纸的大量版面，可以提供相当宽裕的广告刊位，可以详细刊登广告内容，并有利于扩大宣传声势。目前，报纸由于版面多，使得广告信息的刊载量也大大增加，为各种版式的广告提供了可能，也能对某些产品或服务进行详尽解释。

（2）文案的宣传覆盖面广。由于报纸覆盖面广，遍及社会各个阶层，因此广告文案应准确把握公众心理，寻找大众化的诉求点，使宣传在范围的广度和影响的深度方面独具优势。

（3）文案的诉求目标明确。报纸广告文案能针对消费者特殊需要和兴趣制订不同的写作策略，使传播具有极强的指向性、针对性、层次性。每种报纸都有稳定的读者群，发行对象十分明确。许多地方性报纸有一定的发行范围，这种明显的区域划分，使得广告主有较强的选择性，便于确定目标消费群体，从而避免广告费用的浪费，增强广告效果。

（4）极利于文案的精雕细琢。报纸一般截稿期较晚，即便在开始前一两小时送达，也能较方便地编排、换稿或改稿，并保证准时印出。同时，多数报纸广告制作简单，再加上现代印刷技术的革新，广告的制作和编排都十分迅速，对广告主来说最能赢得时间，有利于广告文案写作的精雕细琢。

（5）文案的信息诉求性强。报纸特殊的新闻性，使其有很高的可信度。读者对报纸的信任，报纸新闻与广告的交叉编排，都对文案功效的发挥具有直接的作用。报纸的声誉也会在无形中提升广告的形象。报纸广告文案写作可以借鉴新闻写作经验，在形式和内容上坚持信息诉求，使受众感到报纸广告其实是报纸宣传工作的一部分，以提高可信度。

（6）独特的版面语言。充分利用报纸独特的版面语言：空间位置、构图、文符、线条、色彩……来加强广告的视觉效果，使报纸广告文案独具特色。此外，印刷精美的报纸尤其是彩印能对读者形成很强的吸引力，这种报纸广告更能增强其宣传效果。

（二）局限性

由于报纸本身的局限性，报纸广告文案写作也受到一定的限制。

（1）标题的制作要求高。报纸广告受其新闻信息影响只有一天甚至半天的广告效果，很快就失去了价值。大多数稳定读者每天只有半小时到一小时的阅读时间，且阅读的报纸种类多、范围广、内容杂，广告在其中所占比例就微乎其微。对此，报纸广告文案写作对标题的制作有较高的要求，对标题的依赖性强。而文案的标题信息含量是非常有限的。

（2）版面位置的局限。由于报纸始终以传播新闻为主，一般情况下，广告不会占很突出的位置，所占版面也有限制。各国均对广告在报纸中所占的篇幅有相关规定，以保证新闻信息的传播。这不仅限制了广告的数量，也限制了文案对广告内容的展开。同时，由于同一版面广告拥挤会影响读者的注意力，文案所包含的特有的语言内涵无法借助视觉冲击力表现出来。

（3）表达效果不理想。由于报纸往往是急就之章，致使报纸广告中与文案相配合的版面、图画在艺术表现等方面难以达到令人满意的效果，因而也削弱了语言表达的效果。

（4）诉求目标的文化要求限制。由于报纸要求读者具有一定的文化水平和阅读能力，就使一部分教育程度较低、无阅读能力的目标消费者无法成为报纸广告文案的信息接收者。另外，报纸广告文案为迎合普通消费者的阅读趣味，往往以大众化和通俗化为语言表现手段，降低了文案的文化品位，而对文案作者来说，没有两全其美的方法。

二、杂志广告文案的特点

（一）优势

（1）读者集中。杂志广告文案读者集中，诉求对象明确。各种杂志都有固定的读者。如青年杂志的读者主要是青年；妇女杂志的读者主要是妇女；财经杂志的读者主要是经济界人士。杂志的这一特征使得杂志广告文案的写作更具有对象的指向性，可根据不同读者群的阅读趣味选择相应的文案表达方式。

（2）易被仔细阅读。杂志广告文案容易被仔细地阅读。而且，这种阅读也是一种深度的阅读，可使广告文案精雕细琢，加强人们理解的深度，收到较好的效果。

（3）传播范围较大。由于多数杂志具有全国性影响，因此，运用杂志刊登那些适宜于大范围宣传的广告，效果显著。

（4）可以利用的篇幅较多。一份杂志可以在封面、内页、插页和封底等处刊登广告，位置可以根据实际需要安排。现代杂志广告越来越多地施展广告技巧，利用折页、插页、连页、变形和加卡等来吸引读者的注意。这给文案的写作提供了更为宽裕的实体空间，使文案创作具有艺术性。

专家提示

杂志广告文案可能由于杂志本身的信誉而影响自身的风格和效果。此外，杂志风格也是影响杂志广告文案写作的重要因素。广告文案通常应与杂志的总体风格相一致，不宜使读者的阅读过程产生太大的反差心理。

（5）文字与画面相得益彰。由于杂志的印刷精美，图文并茂，杂志广告文案的写作也可以充分考虑与图形、画面的配合，相得益彰，文案的形象性、说明性较强，能够达到良好的效果。许多杂志还采用立体卡通的形式来表现广告产品形象，文案写得生动、形象、鲜明，效果显著。

（6）独居版面、效果显著。杂志广告文案可以独居整个版面，不需要与其他非广告信息混在一处，能让读者细细品味，辅以引人注目的标题、口号，更能增强广告效果。

(7) 受阅时间大大增加。报纸被读者一次阅读完毕通常就失去效用，杂志不但携带方便，而且由于比报纸更具有保存价值，从而使杂志广告的受阅时间大大增加，同时，也增加了读者面，从而使广告达到了加倍的效果。杂志广告文案更适宜对信息作详尽解释，对读者作理性诉求，使文案在广告中的作用得到明显实现。

（二）局限性

杂志广告的缺陷主要表现在：

(1) 灵活性较差。杂志的出版周期通常比较长，不能刊载即效性广告和对时间要求较高的广告。杂志广告传播缓慢，文案创作因人而异、因时而异的灵活性差。

(2) 普遍性较差。对象受到的限制较大，对象范围相对狭窄，因此，广告效果的普遍性较差。由于杂志广告无阅读的时限，读者对广告文案的反应情况通常不能及时反馈。杂志广告的这一特点不易促使消费者在阅读广告文案后即产生购买冲动。

三、报刊广告文案的写作特点

（一）趣味性和易接受性

报刊是大众传播媒介，因此，报刊广告的文案应考虑到大多数受众的文化水平和接受能力，使他们在阅读时不发生任何困难。

［实例］

“三勒浆”的广告文案：

别让疲劳弯您腰

三勒浆抗疲劳

每天，您的腰杆也许这样变化

清晨——笔直

中午——打瞌睡

下午——不由自主弯曲

晚上——依靠床来支撑

工作过于紧张，让您缺乏充沛精力，腰杆由直到曲。疲劳的困扰由来已久，如今，三勒浆为您轻松解决。每天一支三勒浆，迎接工作挑战，随时随地挺直腰杆。抗疲劳，当然三勒浆！

这是一则保健药品广告文案。它运用一般读者均能理解的语言简洁地描述了人体疲劳的显著特征，突出了“三勒浆”抗疲劳的功效。文案在标题中提出“别让疲劳弯您腰”，在结尾时又再一次指出“抗疲劳，当然三勒浆！”如此反复申述，便于强化读者记忆。形象、简洁的标题，便于引起读者注意。

报刊作为一种大众传播媒介，通常是向受众传递一些贴近生活的信息。为引起消费者的注意，报刊广告必须在内容上表现出趣味性和接近性，以适应大多数消费者的口味。

乔治·葛里宾认为，文案创作人员应像躲避瘟疫一样避免陈词滥调、索然无味。考虑到报刊广告的载体这一大众传播媒介，报刊广告文案自然也必须充分考虑读者面对大众传媒表现出的接受心理。

有些广告之所以不能引人注目，广告文案的平淡乏味就是其中的重要原因。

（二）消除“定式”写作

现代报刊也是一种成熟的大众传媒，报刊信息的制作和传播已形成相对固定的模式。这使得报刊的产品几乎成为一种“定式”产品，即有固定的要素、固定的风格、固定的形态。而报刊广告文案要想有成功的收效恰恰是要尽力避免“定式”的陷阱。报刊广告文案不是对广告的某些固定要素的组合或拼装，而是创造性的产物。所以，报刊广告文案始终要不拘一格，别出心裁。

专家提示

尽管报刊广告的生产过程带有大众传播产品通常具有的“定式”特点，但恰好就应成为广告文案常出新、富于创意的原动力。否则，一则广告很容易淹没在大量似曾相识的信息的海洋之中。

（三）引人注目，表达明确

现代社会的一个典型特征是信息渠道日益丰富和信息量大。虽然报刊为受众提供了保存信息、反复阅读的机会，但在现实的传播环境中，受众的生活节奏日益加快，其接受心理已发生了巨大变化——从消极被动地接受传媒提供的信息转变为主动积极地寻求信息，除非是他们需要的或感兴趣的信息，其余的许多信息将难以进入他们的阅读视野，就更别说反复阅读、保存信息了。因此，报刊广告应力求做到引人注目，表达明确，让受众一次接触即留下深刻印象。

（四）信息准确，易于阅读

虽然报刊使用的书面语言可以使用复杂的语法结构，也可以运用数据、表格等使广告信息更加准确、明晰，但受众的接受心理决定了受众对于“困难的阅读”会退避三舍，对广告信息的注意更是建立在“随意性阅读”的基础之上。所以，报刊广告文案中的长句、复句、生僻词语、数据、表格等应使用得当。

（五）图文并茂

报刊是一种视觉媒介，特别是在印刷技术发展迅速、纸张品质精良的情况下，报刊广告中文案和画面几乎具有同等重要的地位。因此，在创作报刊广告文案时，要充分考虑文案和画面的配合以及文案与画面的比例。

四、报纸广告文案写作技巧

（一）写出醒目的标题

在现代报纸中，标题的作用越来越重要，报纸标题也日益新颖和醒目。而在报纸上刊登的广告正处于各种醒目标题的包围之中，如果没有醒目的标题，受众的目光就会转向别处，这是很自然的接受过程。如果标题制作缺少三个要素——锁定广告主题、创造对话环境、提供利益承诺就难以使受众顺利接受。

再者，广告文案中一般不要使用否定式的标题。根据受众的一般接受心理，人们在接受含有否定词或有否定意味的文字时，往往只会记住否定的东西。所以，文案标题必须正面宣传产品的优点，而不要只说它没有某种害处或没有某种缺点。例如一则报纸广告的标题是这样的：

（主题）您的孩子早餐吃什么？

（副题）忽视早餐就是忽视健康，忽视未来！

从这则标题中受众无法获得明确的信息，主题含意不明。这种标题对于受众来说是一个难题，不易吸引他们继续阅读。

专家提示

广告大师大卫·奥格威曾提出标题制作的九大原则：

①标题好比商品价码标签。若卖的是衬衫，就要在标题中用上衬衫字样。不要在标题中说那些会排斥你的潜在消费者的话。

②每个标题都应带出产品给潜在消费者自身利益的承诺。

③在标题中要加入新信息。

④标题中加进一些充满感情的字词就可以起到加强的作用。

⑤标题中要有产品品牌名称。

⑥引起人的好奇心。

⑦要避免制作故意卖弄的标题：双关语、引经据典或别的晦涩的语言，这是罪过。

⑧标题中不要用否定词。

⑨避免空洞的标题，即看完标题不懂什么意思的标题。

这些原则仍然在大多数情况下适用于今天的报纸广告。

（二）多用故事性的内容

普通的报纸读者一般对故事性的内容更感兴趣。尽管广告是在推销一种观念，但尽量不要用说教的方式。

（三）正文的长短把握应得当

报纸广告文案的长短并没有一定之规。如果广告中介绍的产品特点很多，事情也复杂，就可以使用较长的文案。一般情况下，看了标题还继续看文案正文的读者，往往就是对广告产品较感兴趣的潜在顾客。根据产品的特定要求，文案可以很长，甚至可以不厌其烦。例如我们在“解说法”里提到过的大卫·奥格威为劳斯莱斯汽车所做的广告，就有一个非常长的标题：

标题：这辆新型“劳斯莱斯”在时速60英里时，最大闹声是来自电子钟

什么原因使得“劳斯莱斯”成为世界上最好的车子？

一位知名的“劳斯莱斯”工程师说：“说穿了，根本没有什么真正的戏法——只不过是耐心地注意到细节。”

除了一则长标题，这则广告文案还有一则包括719个英文单词的正文。但这篇文案由于通篇叙述的都是与产品直接相关的事实，而不是虚张声势，从而达到了“你告诉消费者的愈多，你就销售得愈多”的效果，成为广告史上的经典之作。大卫·奥格威为“波多黎各”所做的招商广告也是长文案的代表作，被他称做是他“生平所写的最有效果的广告，拜尔斯利·鲁姆尔看过后一字不改地核准。这个广告给‘波多黎各’带来了许多新工业”。

长短并不是衡量和评价广告文案优劣的标准，关键是符合产品的特定需要和受众的接受心理。

在信息爆炸日益加剧、信息渠道日益增加的今天，越明快、干脆、简洁、单纯的信息就越容易被受众注意和记忆。随着人们的生活节奏日益加快，广告文案创作也表现出简单、明确的趋势。

（四）适当留白

一般广告为了追求醒目的效果都喜欢将广告版面用文字或画面占满，这样做往往效果不是很好。受众面对太多的文字通常会产生心理上的压力，满满的广告会使人产生压迫感，而适当地留白反而能衬托主体，使主体更加鲜明、醒目，效果往往更好。

曾经获得广告金奖的作品——“必扑”害虫杀手的广告，就大胆地运用了空白，从而取得了成功。画面的最右边有竖写的一行字：“必扑一声，蚊虫扫清。”字中嵌着两只必扑药罐，整个广告一片空白，只有中间一行小黑体字："找找看，这上面哪儿有蚊虫。"整幅广告醒目、独特。大众汽车公司生产的金龟车在美国所做的广告也是如此：整个版面中只有下面的1/5有广告文案，标题是"想一想小的好处"。剩下的4/5版面一片空白，只在版面的左上角位置有一辆小小的金龟车，像只小甲虫卧在白纸上。这种大胆造白的做法引起强烈反响，广告一出，销售量激增，人们都喜欢上了这种小车。

（五）文案应直截了当作出承诺

如果是通过赠品促销的文案，就必须将赠品写在正文中靠前的部分。承诺应避免唱高调，华而不实，而应向受众提供有用的咨询和服务。曾有几种减肥产品在报纸上做了内容近似"减肥 + 旅游"的广告，如"全科减肥成功中大奖，百人轻松游香港"，"喝中国的宁红，游我们的香港"，"喝宁红，成功减肥泰国游"，"康尔寿减肥泰国游"等。但市场反应并不热烈，最主要的原因可以说是广告中的承诺对消费者来说并不是他们真正需要的。因为减肥者购买减肥产品的目的就是减肥。尽管减肥和旅游之间可能存在某种程度的间接联系，但这种联系还不足以成为欲减肥者的购买动机。同时，中奖促销的方式屡见不鲜，但概率极小，可能性及可信度不高，以此作为利益承诺，反而容易使消费者有一定的抵触情绪。总之，直接、有用的利益承诺才是消费者真正的需要。

法国苹果联合会所做的一则广告，画面左边是一瓶护肤品，右边是一个红苹果，两者并列在一起。广告语是："左边：一个很好的护肤品（每公斤约4500法郎）；右边：另一个很好的护肤品，而且口味更佳（每公斤约10法郎）。总之，吃苹果吧。"通过对比，文案说出了苹果物美价廉的特点以及消费者可从中获得的收益，因而很有影响力。

（六）不要用太专业的语言，尽量运用通俗语言

应避免站在内行的角度推介产品，使用不必要的专业术语。

广告中恰当使用俗语，必须贴切。如日本理光传真机的广告语：

远在天边，近在眼前

传真机的最基本功能就是把远方的文件资料传到眼前，广告借用这条俗语把产品的特性完全体现出来，俗语本身的节奏感又寓示了传真机快速逼真的特点。

专家提示

报纸广告文案的写作还需要对一些细节进行必要的说明，如：

①文案中有没有提到特别的人名、地名？有没有对它们进行必要的解释？

②文案有没有对广告中使用的图片进行解释？如果没有，应补充。

③文案有没有普通受众不易理解的专业术语？有没有解释清楚？

④文案中的利益承诺与其他媒介的广告有没有矛盾？

⑤文案中是否明显提到商品或企业的名称？有没有适当重复？

⑥有没有使用商品或企业不规范的简称？

⑦有没有使用容易引起受众反感的词句？

五、杂志广告文案写作技巧

杂志广告与报纸广告有许多相似之处，用于报纸广告文案的创作技巧对杂志广告文案而言大部分可以适用，这里，我们只对杂志广告所独具的创作思想作一下简单介绍。

杂志广告与报纸广告的最大区别是杂志被受众反复阅读的机会较报纸更多；而且，杂志的印刷、纸张都很精良，在视觉上的表现力更强。因此，杂志广告不必担心受众因时间上的匆忙而对文案内容无暇顾及。杂志广告视觉上的表现力也促使杂志广告的图片具有更重要的作用。在平面设计方面，杂志广告的视觉冲击力更强。

MONEY 是美国一家理财杂志。为了推销自己，它采用了与杂志内容本身密切相关的主题，力求处处表现“我是您的朋友”这样的信息，告诉读者如何持家、如何生财：

画面上部坐着一位充满自信的收藏家，旁边是她收集的洋娃娃，下面的文字从左至右分别写着：

另一位收藏家宣称您必须付双倍的价钱。

137 页：如何和别人讨价还价。

一位商人说你绝对不可能再找到品质这么好的东西了。

135 页：美国十大跳蚤市场。

现在他们两位都坚持您把东西卖给他们。

112 页：窃贼的光顾证实了您的家境。

我们认为您既不必付得太多，也不必让价，更不必失去您已拥有的。

MONEY 杂志，美国的理财顾问。

在 MONEY 广告中，温馨的家庭令读者不由自主地产生某种幸福感。广告的文案旁，总附有 Page × ×字样，以此引导读者阅读该杂志某期某页上刊登的更充实、更详尽的内容。如文案写着："另一位收藏家宣称您必须付双倍的价钱"，然后暗示在 MONEY 杂志第 137 页有一篇教导你"如何和别人讨价还价"的专题。接着文案又说："一位商人说你绝对不可能再找到品质这么好的东西了"，随后暗示在 MONEY 杂志第 135 页有文章专门谈及现今美国前十大跳蚤市场，里面会告诉你在哪里可以找到你满意的东西。最后文案写道："我们认为您既不必付得太多，也不必让价，更不必失去您已拥有的。MONEY 杂志，美国的理财顾问。"这是一个用本身内容来加强自己详述且颇具说服力的例子。同时，广告的画面营造了一种温馨的家庭气氛，很容易让读者产生亲近感。把杂志内容与广告内容融为一体，使得整个杂志就像一个详细的文案，这正是该广告文案的成功之处。

第九章 广播广告文案

广播出现以来，一直是重要的广告媒介。虽然电视出现后，广播受到了一定冲击，但是由于其传播快捷、收听方便、设备便宜，仍旧拥有相当多的听众，并且仍旧是重要的广告媒体。近年来，随着我国私家车、公交车和出租车的迅速增加，交通台的广播广告量也猛增。

一、广播广告文案的特点

广播中的广告信息的特点在传播上是靠声音来表现的，这与报刊媒体中的文稿用图文形态来传递形成了强烈的对比。也就是说，广播广告的文稿是以时间性的形态存在的，报纸和杂志的广告是以空间性的形态存在的，这便是二者的最大差异。广播广告比起其他任何媒体，更能看出其语言的优势。报刊媒体的设计和电视的视觉性活动，须结合文稿才能领会广告的含义。在广播广告中，虽有音乐效果起很大作用，但成为其中心的是语言。因此广播的广告文案写作必须全部从这一特点出发。

广播广告的特点首先在于以声音为主的个体性的诉求。因此，有人说广播广告必须要有会话。的确，在我们的社会中，会话是交流与沟通的最理想的形式。广播广告就具有这样的特点。但是，广播广告绝不是会话本身。虽然二者都是靠声音传递的，但会话是互相交换意见的途径，这是会话与广播广告的最大差异。在会话过程中，常常要根据对方的态度来改变谈话的方式，用适合特定气氛的形式来进行交流。但是，利用大众媒体的广告在传递中是不可能进行交流的，内容是早已订好的，这里有通过改变来传递意见的障碍。也有人说会话是有效的生活语言，是理所当然的事，而广播广告却应该全部把会话作为目标以外的问题。

“街头听到一段对话，不经意地蹦出来的一句话，有时竟会是你梦寐以求想说的话，就一定要把它立刻记录下来。在他人说的生动语言中，隐藏有极优秀的创意的种子。”这是广告大师李奥·贝纳的经验之谈。所以在会话中发现有用的构思，对广告文案创作者来说是非常重要的。

具体来说，广播广告文案的独特性表现在以下几个方面：

（一）适应收听要求

广播是纯粹的听觉媒体，这是广播与其他媒体最根本的差异，这种特性给广播带来了形象性差的欠缺。但是，综合运用人声、音乐和音响也使广播能够做到声情并茂，感染力强于平面媒体。

有声语言传播的特性，要求文案尽量用容易理解的口语，不能使用过于书面化的语言，避免使用过长的、复杂的句子，生硬的字词，容易引起歧义的同音多义字词。

广播广告只能以声音激发听众的想象，因此文案必须生动形象，能够让听众通过想象在头脑中形成画面。枯燥、乏味、呆板、没有“表情”的语言无法与听众沟通，而丰富的语气和情感，则能够将听众带进广告所营造的情境和氛围当中。

专家提示

广播广告文案可以充分借助人声的表现力，使用对话、内心独白、广告歌等长于表现情感与情绪的形式。快板、评书、相声等听众熟悉的听觉艺术形式也可以帮助增强广播广告的生动性和形象性。

（二）力求即时理解

广播是一种非持久性媒介，传播内容稍纵即逝，不留痕迹。因此广告必须将信息一次传达到位，让听众马上就能理解，并形成印象。这要求文案集中于重要信息，突出品牌和主要利益点，并做富有吸引力的传达。

（三）信息语言的简明化

信息无法保存的特点也决定了广播广告不适合传达复杂的解说性信息，不适合做深度诉求。广播广告文案应选择单纯明确、只需简单说明、无需深入解释的信息，比如只突出品牌、只告知产品的一个容易理解的鲜明特性，或者承诺一个明确的利益。

（四）吸引不专注的听众

收听广播仅需要使用听觉，听众有时是一边从事其他活动一边收听广播。在收听同一频道时，听众无法像读报纸那样自主选择内容，但可以随时调整投注在广播上的注意力——遇到感兴趣的内容，注意力会比较集中。这减弱了听众对广告的抵触但也增加了广告到达诉求对象的难度。因此，广播广告必须运用音乐、音响、语气、语调、情境、情感等一切可能的手段，增加趣味性和吸引力，广播广告文案的第一句话还要起到抓住听众注意力的作用。

（五）娱乐性和私密性

广告文案对广播媒体环境和听众特性的配合，有几点需要特别注意。

（1）广播是一种偏重娱乐的媒介。听众收听广播的主要目的是娱乐和满足个人兴趣、爱好，广播内容总体上趋向于轻松、娱乐，广播广告也应该尽量轻松、有趣。

（2）为了吸引稳定的听众群体，大部分广播节目都针对特定对象，每期编辑特定内容，并且有鲜明的风格。如流行音乐节目主要面向年轻听众，风格时尚、活泼；健康节目主要面向中老年听众，风格比较朴素。选择不同节目播出的广告，应该配合节目的不同风格，以满足不同听众的收听需求，不致招来反感。

（3）广播是一种个人化的、私密性比较强的媒介。广播有时以家庭共同收听为主，有时则以个人收听为主，这使广播广告更适合感性的诉求手法。

（六）有效地配合音乐、音响

广播广告可以采用人的声音、音乐、音响三种听觉符号。音乐和音响可以为人声提供背景，避免广告单调乏味；可以增加广告的现场感，帮助营造广告所需要的氛围、情境、风格及体现品牌个性，从而增强对听众的感染力；可以推进广告信息的展开，帮助突出重要信息；还可以有效促进听众的想象活动。

（七）适当的篇幅

如果不考虑背景音乐和音响，按照每分钟 150 字的普通速度，30 秒广播广告最多可容纳 75 个字的文案；5 秒广告可容纳 15 个字。

这仅是基本规律，写作文案时还应该考虑品牌个性和具体表现形式的要求。有些品牌要求舒缓、优美的广告，有些则希望以快节奏显示品牌的动感个性。在表现形式方面，要考虑播出时要求的语气语速、音乐和音响的使用方式。有些表现形式要求广告保持比较快的节奏，如对话式；有些则需要比较慢的语速，如内心独白式。那种由播音员急匆匆从头读到尾，不给听众留一点反应时间的广告，很容易引起听众的反感，也就难以达到好的广告效果。

（八）文案的脚本

广播文案完成后，要根据对作品的整体构思，加上音乐、音响效果，角色分配，语气语调要求的描述，形成完整的“广播广告脚本”，提供给制作部门，作为录制广告的根本依据。脚本通常也由文案人员完成，所以文案人员还应该对广播广告制作技术有一定的了解。

广播广告脚本有分栏和不分栏两种形式。分栏式脚本将音乐、音响效果、角色分配、语气语调要求按照出现的时间顺序列在左侧，将文案正式内容列在右侧，与左侧标明的时间顺序和表现要求相对应。不分栏的脚本直接按照时间顺序列出表现要求和文案内容。

二、广播广告文案写作技巧

（一）引入生动的人物角色

为增加真实感和形象性，人物对话式和人物独白式的广播广告应该引入生动、真实、可信的人物形象，而不是那种一出场就摆出推荐产品的架势的人物。以虚假、造作的人物生硬地介绍产品，是许多广播广告的通病。

（二）加强互动，避免生硬推荐

为了避免说教，广播广告可以同时引入“说者”和“听者”的角色，让听众旁听他们的交谈。这是对话式广告常用的形式。但不能让“说者”生硬突兀、强词夺理地介绍产品，而让“听者”仅仅扮演一个好听众，应该在二者之间加入真实可信、具有创造性的互动，使对话精彩、有趣。

（三）营造氛围，引发听众想象

“卖的不是商品而是商品所具有的形象”，是广告创作中的名言。由于广播听众无法直接见到产品和产品被使用的情境，广播广告文案更应该注重通过营造氛围引发听众的想象，让产品的形象在诉求对象头脑中丰满起来。

（四）传达真情实感

即使不是面对面的交流，人声也能将讲话者的形象、个性、情绪、感情色彩传达给听众，广播的这种优势是使用文字的报刊媒体所无法比拟的。广播文案应该充分利用人声的这一特点，表现人物真实的感情和个性色彩，并通过它们来感染听众。

（五）善用听的特性

广告应该善于挖掘利用广播媒介“听”的特性，提供丰富的听觉素材，包括有趣的对话、悦耳的音响，并且将“听”广告与诉求对象日常生活中的听觉经验结合起来，引导他们认真去“听”，让广告更有吸引力。

三、广播广告文案写作原则

（一）可听的原则

广播广告的声音具有稍纵即逝的特点，一定要用适宜听的原则来设计制作。可听性是声音作用于人的感官产生听觉，引起感受的程度。声音越鲜明，听觉感受越深，可听性越强。

专家提示

广播广告的功能作用上有一条规律，即听觉刺激——调动想象——发生兴趣——反复感染——增强好感——激起购买欲——采取购买行动。可见，从听觉刺激到购买行动的每一个环节，都不可缺少可听性这个前提条件。可听性越强，广告的作用也越大。

（二）具体的原则

人们最初对事物的印象往往是从感性开始，后再上升为理性。一般来说，具体的事例要比概括的叙述、抽象的议论来得生动形象，好听易记，印象深刻。如获得全国第三届广告作品评比广播广告二等奖的“哈白兔”广告，通篇用事实说话，很有说服力。请看连云港台制作的这则广告：

二妞：大妈，您怎么来了？

大妈：哎，我家二狗啊，说你刚从新浦弄来几对哈什么兔，吵着叫我来看。

二妞：哈……大妈，那叫哈白兔。

大妈：哎哟哟……多大的个儿。

二妞：这是肉兔，4 个月就能长 8 斤，是国家定点扶贫项目，专家们算过了，一家一年养一对种兔，就能收入 1000 多块呢，养十对啊，就是万元户。

大妈：是吗？我说二妞，这哈白兔好不好养啊？

二妞：好养啊，连云港哈白兔种场负责提供种兔，传授技术，还保证回收呢。你没听说啊，要想富，快养兔，养了兔，万元户。

大妈：哟，这么说大妈我也养它几对，我也当万元户。

二妞：厂址在新浦盐河桥向南塑料厂门有路牌。

大妈：好，我这就去。

（三）生动的原则

广播广告听众往往一心二用，注意力不是特别集中。这种收听的随意性，决定了这样的情况：听到平淡无味的广告，就会转台或关上收音机，使传递的信息量损耗极大；听到生动活泼的广告，就会放下手中的活儿，很有兴趣地仔细收听，使传递的信息量充分被接受。由此说明，广播广告的活泼生动是何等重要，它直接关系到信息的传递效果。

（四）联想的原则

广播广告的效果在一定程度上取决于人们的想象，因此在创意中应留给人们以想象的余地，使人们的想象力尽量发挥出来。广播广告虽然有缺乏形象力的弱点，但我们可以充分调动起语言、音乐、音响的造型功能，运用声音蒙太奇，使广播广告不但听得见，而且“看得见”。另外，我们还可以激发人类通感这种心理联想活动，使广告产品不仅听得见，而且闻得到、尝得到、摸得到。下面欣赏一则日本第八届民间电台大会获最佳奖的寿司饭店的“SANTORY”酒的广播广告文案：

解说：各位晚上好，“百人音乐会”这个节目由有60年制造洋酒珍品历史的寿司饭店向您提供，欢迎收听。

音乐：肖邦作品，溪流、鸟鸣。

解说：人生短暂，艺术长久，优秀的作品经得起悠久岁月的考验。同样，发挥杰出创造力而生产的优秀威士忌，也经得起岁月的考验。具有60年传统的世界名酒“SANTORY”是日本最适宜酿造洋酒的地方山崎出品的。在桶内无色透明的东西夜以继日地沉睡着，10年、20年、30年，随着时间的流逝越沉越香。

音响：清脆的开木樽声。

解说：朋友们，酒桶已经打开了，满室都飘荡着一股“SANTORY”的芳香。看！一滴滴像琥珀一样发着光。陈年的好酒，正像是古典音乐的馥郁。

音响：“咕咕”斟酒声，冰块落入杯中的“叮当”撞击声。带有田园色彩的舒缓乐曲轻轻飘荡。

解说：您现在最好的伴侣是一杯放一块冰的世界名酒“SANTORY”和一首世界名曲，让自己沉浸在美妙的境界里。

（五）亲切的原则

广播广告怎样让人们爱听大有学问，使用亲切感人、热情体贴、甜润柔和的语言，必然会缩短与听众之间的距离，使人感到愉快并强化传播效果。如“蜂花液体香皂”广告文案的开头：“听众朋友，您想使自己的皮肤保持光滑柔嫩，爽洁舒适吗？您想使自己的头发保持光泽柔软，富有弹性吗？请您使用上海制皂厂生产的新型洗涤用品蜂花液体香皂……”此广告一开始就用两个设问句，提出一个听众关心的“护肤养发”的问题，听起来让人感到舒服亲切。

（六）反复的原则

商品名称在广告中应作巧妙的反复，使听众听清记牢品名或商标等重点诉求。反复的形式有多种，可用歌声反复吟唱，或用顺口溜、快板等形式反复，还可用特定情境中的人物对话来反复品牌。反复中要注意自然、顺畅、巧妙，不要有生硬的感觉。海峡之声台制作的“海尔电冰箱”，以对话形式对商品名称反复了五次之多，给人的印象特别深刻：

人物：爷爷和孙女

（汽笛声、轮船声……）

孙女：爷爷，您看，青岛马上就到了。

爷爷：好啊，孩子，咱们一下船就去办那件大事。

孙女：去买那个有两个大娃娃的电冰箱。

爷爷：叫海尔……

孙女：海尔。

爷爷：对，对，对！海尔，还是我的小孙女记忆好，哈……

孙女：等等，我的小朋友都说，海尔电冰箱最棒了，是吗？

爷爷：嗯，海尔参加国际电冰箱招标，连续四次夺魁，全国独一无二，你说棒不棒呀！

孙女：棒，海尔真棒！（汽笛声、轮船靠岸声）

（七）便于记忆

要用各种手法，使广播广告听来便于记忆。可使用押韵、对仗、四字格、广告歌、前后照应等手法，对语言文字按照人们最佳记忆规律排列组合，听起来清清楚楚。江苏台制作的“速效救心丸”广告，语言简练、鲜明，中间配上广告歌，使人把“救心丸”与“爱心”相连：

心病还得心药医

天津第六中药厂速效救心丸，一片爱心，让病人安心、舒心、省心，全家好开心！

（广告歌）

“速效救心丸，一片爱心，让病人安心、舒心、省心，全家好开心”。

天津第六中药厂速效救心丸，一片爱心！

（八）对比的原则

恰当地运用对比的方法，可以突出产品的优点和效果，在比较中印象更为深刻，这也是广播广告创作中的一个有效方法。福建台制作的“巴黎士洗发水”广告，以“树木干裂折断”与“头发干枯断落”相比，激起了人们对“巴黎士洗发水”的需求欲望。请看下面的文案：

（树木干裂、折断的音响）

男：树木会干裂，树枝会折断。洗发水中的有害色素，也会使你的头发像树木一样干枯、断落……

（滴水的音响）（音乐起）

男：巴黎士洗发水。

女：巴黎士洗发水不含色素……

第十章　电视广告文案

电视早已成了家庭必备的电器，有的家庭购买两三台，而且档次越来越高，尺寸也越来越大。

资料显示，纯粹的听觉广告只能吸引人们20%的注意力，纯粹的视觉广告也只能吸引人们40%的注意力，而电视广告由于视听兼备，因此能吸引人们80%的注意力。可以毫不夸张地说，电视已成为当今最具魅力的广告媒体之一。

一、电视广告文案的结构和特征

在多数的电视广告文案中，都没有独立的广告标题，而是将标题与广告口号合二为一。

电视广告文案，包括画外音、台词和字幕三种形式。

（一）画外音

也叫解说、旁白、背景语言。是随着广告画面的展现而作的讲解，用以增加观众对画面的理解。解说要简明扼要，言辞优美，与画面有机配合。如可丽舒面纸电视广告文案：

画外音：纸张柔不柔，声音可以告诉您。

这是普通纸张，这是比较柔软的纸，猫还是听得见。

但是现在有更柔的，柔得静悄悄的。

美国可丽舒面纸是好面纸。

（二）台词

包括对话和独白两类。

（1）对话。对话指广告片中人物之间的对话。用以表现商品个性，引人进入现实环境。这种形式显得自然，感染力强。

（2）独白。独白以第一人称出现，或产品拟人化，进行自我介绍；或人物以谈个人经历体会的口吻推荐产品。独白不同于画外音之处在于：独白必须是地道的自言自语，出现在广告片情节戏剧化的场合。拟人的产品说话，整个节目带有一种幽默的情调；人物独白能把观众带到面对面拉家常一般的环境中去。

（三）字幕

在屏幕上打出文字，以加深印象，增强记忆。字幕也是表现电视广告文案的一种常用的方式，尤其是某些以“无声”来创造特殊的传播效果的电视广告，更是经常使用字幕这种方式。

当然，并不是一则电视广告文案只能使用这三种表现方式中的一种，或者一段文案必须连续地使用同一种方式。电视广告文案的表现方式应当也可以灵活多变。

二、电视广告文案写作要点

电视虽然可以运用诉诸视听的多种符号，但电视是一种视觉媒体，受众在收看电视时，是以“看”为主，以“听”为辅的。电视广告虽以图像为基础，但绝不能只重视图像而轻视声音。电视的长处是视听结合，必须边看边听，视觉与听觉同时起作用，才能收到声情并茂、视听兼备的良好效果。所以对电视中语言的运用，也应予以充分的重视。英国的电视专家阿尔金说过：“如果做一个简单的试验，在某个晚上你看电视时把声音关掉，那么，就会出现三种明显的情况：第一，尽管有看一张图片胜于听1000字的古老格言，但任何电视节目的大多数内容都是由声音来表现的。第二，当你听不到伴随图像的音响时，大多数图像就会失去现实性和感染力。第三，除非你能同时听到与图像多少有点关联的音响，否则即使看的图像大多数是直观素材，你也无法稍长时间地集中精力去看它。”

因此，在写作电视广告文案时，应该正确把握“视”与“听”的关系，正确把握文案与画面的关系。具体说来，要注意以下几个要点：

（一）明确语言对画面的作用

有声语言是电视广告的重要组成部分，是电视广告不可缺少的重要表现手段。虽然它在电视广告中处于一个“配角”的地位，但它对担任“主角”的画面有着重要的辅助作用。电视广告画面的直观性，带来内容表达的局限性，这就需要通过语言来弥补。

（二）注意“声画对位”

“声画对位”是写作电视广告文案的基本要求。换句话说，电视广告的文案要与画面保持基本的一致性，并且其内容出现的节奏也要与画面相同。画面说此而文案言彼，两者毫无关系，是电视广告的大忌；画面已经进展到下一步，文案却还在对前面的画面作喋喋不休的解释，或是画面还没有进展到这一步，而文案却提前将画面的内容说出，都会使画面和文案显得极不协调。

（三）文案与画面的比例要适当

有些画面本身已经将广告信息传达得非常明确，而文字和语言还在进行烦琐的解释，会使受众觉得广告文案在画蛇添足；反过来，有些画面本身传达的内容并不确定，如果文案没有对画面进行必要的解释，受众难免会不知所云。因而，文字和语言应该在画面最为需要的时候出现。过多或过少的文字、语言都会影响受众对广告的注意和理解。

专家提示

电视广告中，文案有多种表达方式，既可以画外音的形式表现，也可以人物语言或者字幕的形式表现。因此，画外音、人物语言、字幕的运用及其比例，也是文案的作者需要重点考虑的内容。一些对产品的客观评述性的语言，如果直接通过画面中的人物之口说出，会显得生硬、刻板；一些属于人物内心独白的语言，如果在片中直接作为人物语言出现，也会极不自然；而一些重要的受众一时不一定理解，或者需要受众产生深刻印象的内容，则可以字幕、画外音或人物语言的形式同时出现。

广告创作人员如果在撰写电视广告文案时头脑中能够反映出电视广告创意所要求的画面，会使文案的撰写容易得多。头脑中有了活动的、连续的画面，文案的结构就会随着画面的发展自然而然地展现出来。这样，文案撰稿人也更容易明了哪些信息可以通过画面来传达，哪些信息必须通过文字和语言来传达，哪些画面需要文字和语言做必要的解释，从而避免在文案中对画面进行不必要的解释或忽视了画面不能传达的信息。

（四）关注受众

电视广告的受众是在看电视的同时听到或看到文案的，因此他们不可能像阅读报纸广告文案那样专注地阅读电视广告的字幕，或者像广播广告的听众那样将注意力集中于听觉。所以，电视广告文案的撰稿人应该明确，电视广告文案的受众是边看边听的“观众”，而不是只需要听而不需要看的“听众”，也不是仅仅需要阅读，而不需要运用听觉的“读者”。这就要求：

（1）要写容易听懂而不是仅仅能够读懂的文案。有些文案通过书面阅读时非常清楚、明确，而一旦转化成有声语言，受众却未必能听得清楚。问题主要来自文案过于复杂的句式、过于冗长的句子、容易产生歧义的词汇和不容易听明白的数据、术语等。因此，在写作电视广告文案时要特别注意运用短句子、简单的句子和含义单一、明确的词语，对一些非说不可的数据和术语，也应该作尽量明确的解释。

（2）文案中要有合理的顺序。电视广告的文案一般只包含很少的句子，因此文案的简练是非常必要的。但是因为追求文案的简练而导致内容、概念、语气的转换过于突兀，则不但不会收到好的效果，反而会使受众对广告内容的理解发生困难。

（3）不追求字面连贯，而要考虑画面和文案的整体连贯。有些文案撰稿人在创作电视广告文案时也像写报纸广告文案那样追求语言本身的连贯性，而在电视广告中，这样做的结果会使广告文案过于冗长，以致充满了电视广告的每一秒钟。在电视广告中，文案并不需要承担全部的信息传达任务，只要与画面充分配合即可。文案的语言有适当的跳跃和省略，不但是允许的，而且是必要的。

（五）应先声夺人

一条电视广告片能否吸引观众的注意力，最初的 4 ~ 5 秒钟极为重要。因此，广告的开头要富有特色，要能够先声夺人，一下子就吸引住观众。美国运通公司旅行支票的电视广告片，一出来就用**“你将亲眼目睹一宗罪行”**这样的标题来抓住观众的注意力。观众看到的是一个扒手在摸别人的口袋。

这个宣传携带现金危险的广告，使运通公司增加了28%的销售额。

（六）让观众记住产品名称

有时，观众能回忆起某个广告的内容，但却忘了这个广告宣传的是什么产品。有时还将这个广告宣传的产品与另一个牌子的产品混在一起。这一点对于新产品的宣传是很不利的。因此，在电视广告中，要想办法突出产品的名称。人们的记忆活动，一般对最初或最后得到的信息印象比较深，因而，要在广告的前10秒钟就出现产品的名称，同时要尽量做到形式新颖，使观众对产品名称留下深刻的印象。如“果味VC”广告：

VC、VC、果味VC，您要想让宝宝长得活泼健壮，请吃果味VC。

您要想使皮肤白嫩，防止衰老，请吃果味VC。

VC、VC、果味VC，又酸又甜，好像橘子，真好吃！

这则广告通过不断重复产品的名字，强化产品在消费者心中的印象，给消费者留下了难以抹去的记忆，不失为一则好的广告。

（七）重点突出与独辟蹊径

同报纸广告相比，电视广告的信息容量受到很大限制。一般电视广告片以30秒和15秒两种居多。由于时间有限，所以在电视广告中要重点突出一种信息，如果面面俱到，反而达不到应有的效果。

一种商品的诉求重点可能有多处，这时候就要求广告文案撰稿人能够避开大家都能想到的东西，努力创新，给消费者以强烈的心理冲击。

（八）营造意境

电视广告若能在短短几十秒的画面和声响中营造某种意境，其感染力自不待言。营造意境就是把观众向往，或者心中既存却未成形的某种精神追求和境界，用形象的情景展现出来。如大家都熟知的“南方牌黑芝麻糊”电视广告创意文案，一开始就把观众带向“我”记忆中的南方城镇，那南方特色的街道、叫卖声都烘托出特有的气氛，童年贪嘴的情形更让观众忍俊不禁。这一切都形成一个特有的童年美好的回忆。人人都有童年，许多人的童年都有美好的记忆，谁都有童年的贪嘴。“南方黑芝麻糊”电视广告营造的意境，就在于找到了与观众的共鸣点。

（九）多点人情味

现在有不少广告以为靠“三多”（美女多、露的多、明星多）就能吊起消费者的胃口。其实，老用这种“佐料”，消费者也会有厌倦的时候。实践证明，富于人情味的广告用语和干瘪、生硬的广告用语产生的社会效应迥然不同。比如孔府家酒的广告用语：“孔府家酒，让人想家。”虽然只有一句，可这句话却渗透着浓浓的亲情，对于远离家乡的人来说，这则广告用语牵动着他的思乡恋家之情，当然都想品尝，感受一下“回家”的感觉。

如果说爱情是文学作品永恒的主题，那么，可以说广告用语的人情味就是消费者总也吃不够的“佐料”。

（十）注意字幕的作用

在丰富多彩的电视节目中，字幕在多数节目中只起着“强调、说明、注释”的作用。但在电视广告中，字幕却被赋予了四种重要的职责。其一，以字幕呈现商品的品牌名称，并加以强化，这是绝大多数广告片常用的手法。其二，标明生产厂家、经销单位的名称、地址。其三，在广告片中值得强调、解释和说明的地方，要不失时机地打出字幕。其四，参与画面构图。字幕的构图功能长期以来几乎被忽视和淡忘，这里还是一片未曾被开垦的处女地。

（十一）语言要合常理，经得起推敲

电视广告是一种瞬间艺术，广告语虽短，却需面对亿万观众的百般挑剔，稍有漏洞，便会贻笑大方，甚至带来语言公害。

某烫伤药膏的广告语是这样的：“热铁不能摸，现在不同了，因为有了××烫伤膏。”这好像是说有了烫伤膏，就可以放心大胆地去摸热铁、抓烧红的煤球儿。

广告语应遵从大胆谨慎的原则，既要别出心裁、新颖独特，又要严丝合缝、缜密周到。否则，将起不到应有的宣传效果，甚至适得其反。

一则营养液广告将对象放在了高考生身上，称“天天苦读，年年高考”。这里边的主语实际上已经换了，即“天天苦读”的与“年年高考”的不是同一个或同一部分人，“年年”至少两年，连年高考，年年落榜，不正说明营养液是无效的吗？

第十一章　互联网广告文案

对互联网的认识，如今的人们早已从最初的惊叹中回归到对其普遍使用并重新做科学探究上来，上网作为一种信息欲求，或沟通聊天或求职寻偶，或寻求各种信息，已经成为人们日常生活的一部分。而在广告领域里，人们不断探索互联网的特殊性，以期充分挖掘它的潜力，开拓出更宽广的商业渠道。在这里，网络广告文案的写作也日臻成熟，显示出其突出的个性魅力。

一、互联网广告文案的特殊性

（一）多媒体性与交互性

人们首先认同的还是互联网的多媒体特性。打开一张网页，可能看到的都是由文字、图像、声音共同组成的五彩斑斓的世界。这一点给广告人提供了广阔的创意空间。它意味着网络广告既可以选择印刷媒体所经常采用的说明性文字和图片，也可以通过动画设计如同电视媒体一样用生动的造型来吸引受众的眼光，还可以配合声音的传达将受众的听觉也积极调动起来。

“多媒体”更重要的一层含义在于，互联网是通过无数台个人电脑连接而成的。它突破了传统媒体只能进行大众传播或者进行窄众传播的限制，将大众传播、窄众传播和人际传播有机地结合在一起，因此创造出了众多独特的网上传播方式，为广告发布开辟了新的传播渠道。而这些渠道都是传统媒体所无法比拟的。

人际传播的存在，使得广告主与网民之间可以进行一对一的交互式对话。广告主就能随时得到用户的反馈信息，建立完整的客户资料。网民也能够不再被动地接受广告，而是可以及时地作出反应。

（二）高容量和即时销售性

对报纸、广播、电视等媒体来说，广告发布要受到版面与时间的限制。而在网上，轻点鼠标，人们就可以通过一个个链接窗口，在不同的网站和页面间自如切换。自由链接的特性，使得互联网成了一个几乎没有边界限制的广告发布媒体。

比如人们在某一个网站主页上发现了一个感兴趣的新闻标题，点开它，就能进入这个具体的新闻页面。而每一个这样的页面，都可以成为独立的广告载体，提供网络空间给广告主进行广告发布。

更为方便的是，广告主可以在页面上建立自己的网络链接，人们只要点开某一链接文字或窗口，就可以进入企业网站，看到详尽的产品或企业信息，甚至直接进行网上购物。互联网的自由链接特性将 POP 广告（后面我们将讲到）成功地移植到虚拟世界中来。当然这也对广告的策划提出了新的要求，也就是说人们必须考虑什么样的语言才能吸引受众点开这些链接窗口。

（三）广告效果的可测性

传播学者在对受众看电视的行为进行调查之后发现，在节目中出现插播广告时，受众注意力会明显降低，一般会调换频道、休息走动等。至今，人们还无法准确地计算出某一节目的收视率与这一节目附带的广告到达率有怎样的比例关系。同样，人们也无法通过报纸发行量和广播收听率来准确测算这些媒介上的广告效果。路牌、灯箱、车载等户外媒体的广告受众人数更是难以估计。

但在网络媒体上，广告效果测算则简单得多。受众对某一条广告的点击率，以及在点击后有多少直接的询问或购买行为，还有受众查阅信息的时间和地域分布情况，都可以在第三方服务器上有据可查。广告主一般是按照点击率，甚至是点击后的有效购买行动付给网络媒体相应的广告费用，避免了资金的浪费。同时，网络广告首先要关注的就是如何获得点击。这一点也正是影响网络广告文案写作的最重要的因素。

（四）不受时空限制，但需技术支持

报纸发行和广播电视节目播放都受到时间和空间的限制。北京的市民不可能很快而方便地看到刊登在《羊城晚报》上的广告。企业主买下的如果是

新闻联播后的黄金时段，那就不能指望人们在欣赏完一部精彩电视剧过后也能了解到本企业的广告信息。而在网络环境中，这些限制都不存在。它24小时活跃在人们的电脑屏幕上。无论何时何地，网络广告都能在受众面前出现。

当然，网络不受时空限制的前提是，受众有条件上网。否则，网络广告就只能是自说自话，不能形成传播效果。

（五）针对性强

目前商业网站主要由门户网站和专业网站构成。即便是前者，在内容编排上也采取板块式结构，比如新闻、游戏、医疗、科技、搜索、聊天等。这事实上反映了网络受众细分化程度高的特点，因为每一个板块的受众都有其自身的特点。比如BBS，能够聚集到同一BBS上的网民，一般来说都具有某种相似的兴趣爱好或者生活背景，对于广告的接受程度也相对类似。这样一来，不同的广告主就可以选择不同的BBS进行有针对性的广告发布，以提高广告的传播效率。而对于电子邮件广告，受众细分程度则已经达到了一对一，即每一个企业主都可以给每一个受众单独发送广告信息。当然从总体特征而言，网络受众与其他传统媒体相比还具有年轻化、知识程度较高、收入较高这些较为突出的特点。他们是整个市场中耐用消费品、不动产、旅游产品和精神消费品等的主要消费群。但随着时间的推移和网络的进一步发展，会有更多的中、高龄网民，中、低收入网民加入到网络传播中来。未来，网络受众的总体特征也会发生相应的变化。

二、互联网广告文案的种类

1994年10月14日，美国著名杂志Wired网络版Hotwired的网页上出现了14个状似条幅的广告，就是后来的Banner——旗帜广告。

如今的网络广告，早已在旗帜广告的基础上形成了异彩纷呈的各种形式。

（一）旗帜广告及其升级版本

1997年美国网络管理局规定了旗帜广告的尺寸：468×60像素。它允许客户用简练的语言和图片介绍企业的产品或宣传企业形象。随着网络广告日渐成熟，旗帜广告也不甘受到像素的限制，聪明地进行了自我升级。比如可伸展的旗帜广告，它可以在被客户点击过后形成下拉的网络空间，把具体的产品、服务或企业信息呈现在网民面前。Flash 旗帜广告则以灵活多变的动画，取代了原来旗帜广告中最多不过 10 个画面的死板情景。

（二）按钮广告及其升级版本

按钮广告就是网页上形似小按钮的广告，一般是一个链接着公司或机构的主页或站点的 LOGO（公司标志），并经常有“Click me”的字样。它的规定尺寸比旗帜广告要小，为 120×60 像素。按钮广告的升级版本同旗帜广告相类似，也有可伸展的按钮广告，可以在被客户点击过后形成下拉的网络空间。

（三）游动浮标和下拉游动浮标

游动浮标的尺寸没有具体限制。它是一种可以在网页上不断移动的广告形式，随着网民手中的鼠标下拉，网页也随之下降；鼠标向右移动，网页也随之向右运动。下拉游动浮标，就是在被网民点中之后，可以形成下拉网络空间的游动浮标广告。

（四）文字链接

这是一种纯文字形式的网络广告，往往通过有煽动性的文字吸引网民点击，进而链接到公司的站点或促销网页中去。

（五）画中画

这种广告形式面积较大，通常不占用商业网站的主页，而是出现在每篇具体文章当中。这种广告针对性强，投入准确率高。

（六）弹出窗口

这是一种在网站主页或栏目出现之前或同时就跳出窗口的一种广告形式。它可以利用网民等待主页下载的时间，向他们传播关于产品和企业的信息。

（七）通栏

形似报纸中的通栏广告，横亘在整个网页当中，面积较大，视觉冲击力较强。

（八）全屏幕弹出广告

在网站主页出现之前，先出现接近整个屏幕大小的广告画面。这种广告形式备受争议，人们认为这是强迫网民花费时间和金钱来浏览广告。

（九）电子邮件广告

利用网站电子刊物服务中的电子邮件列表，将广告加在每天读者所订阅的刊物中发放给相应的邮箱主人。

（十）墙纸式广告

把广告主所要表现的广告内容体现在墙纸上，并放在具有墙纸内容的网站上，供网民下载。

随着网络媒体的进一步发展，新的广告形式还会不断出现。

三、互联网广告文案的写作方法

网络广告面对的是一群相对年轻的消费者，他们肯花大量的时间和金钱泡在网上看新闻、聊天、找资料、玩游戏和交易，但却并不代表他们会花大量的时间和金钱来看广告。而点击率又是网络广告的生命，怎样创作网络广告文案才能吸引受众呢？

（一）与所在栏目的内容相混合

比如，在新闻类栏目中设置一个颇具新闻性的文字标题，用不同的颜色把它同正式的新闻信息区别开来。内容不涉及具体的广告信息，但文字上充满煽动性，旨在调动人们的好奇心。

（二）突破传统结构模式

互联网连接了整个世界，但任何一个网站一次性呈现给受众的页面只有电脑屏幕那么大的面积。其主角是各类非广告信息和各种服务项目，留给广告文案写作的空间其实并不大。尤其是按钮广告，就算没有画面因素的加入，如果想让受众一眼就能看清广告中的文字，它 120×60 像素的面积中最多只放得下 6~8 个字，否则就会显得如蝇头小楷，模糊不清。所以，网络广告对语言简洁的要求比任何一种媒体广告都高。长文案在网络广告中是不多见的。网络广告的标题和正文往往合二为一，用简短的几个词组甚至几个字，同时起到吸引受众注意力和传达信息的作用。其他详细的内容则多放在链接当中。

在网络广告中，常常会以没有来龙去脉的语言吸引网民进入。比如，“点开看清三重优惠”，点开之后发现进入的是一个光碟促销专区，页面的主要信息是各光碟中的电影内容和光碟价格，所谓的三重优惠也只是三种不同价格的奖品。ELONG 主页上的一个游动浮标广告：“红酒计划”，对这样一句没有上下文的话，网民的好奇心会促使他们点开这一广告，但事实上这一浮标后面的链接仍然是 ELONG 页面。

网络广告必须比其他媒体的广告更注意直接承诺利益点。因为上网不仅需要时间还需要付费，而网络广告又不像电视广告那样有强制受众接收的特点。因此网民在选择看与不看时，有很大的主动性。他们比较注意的往往是与自身需要和利益相关的广告信息。因此，直接在文案中向网民承诺利益点就显得特别重要。一些在杂志和电视广告中出现于附文中的促销信息，在网络广告中就成了正文。“**财富尽拥，人才尽用，生活尽享，工作尽有。中华英才网**。”中华英才网的广告文案用四个四字句，把现代社会人们注重的财富、人才、生活和工作“一网打尽”，尽管用词较为夸张，但对那些希望找到工作，找到赚钱方式的人们来说，还是颇具吸引力的。一些日常消费品的广告则经常把单纯的价格因素作为吸引网民的不二法宝。像“**虎口脱险，VCD，10 元**”。只把光碟的电影名称和低价 10 元放在广告里，没有其他任何信息。这样的广告针对性极强，喜欢这部电影的网民自然会点开看一看。而吉百利巧克力在娱乐网站上所做的按钮广告，则用娱乐明星来招徕生意：“想亲密接触张信哲吗？吉百利。MTV——吉百利快乐行动。”它承诺的利益点是给网民接触自己喜欢的明星的机会。

（三）力求生动有趣

网民多为年轻人，很多学生在众多媒体中对网络情有独钟。网络在这些年轻人的推动下，甚至形成了自己的语言体系和图案体系。网络广告属于网络文化中的一部分，自然也不能在这一环境中免俗。搜狐网“只约陌生人”栏目做的广告就充分利用了这两个特点。按钮广告文案：“**只约陌生人，爱情裸奔。周周开奖，女士优先**”；通栏广告文案“窥视爱情三点式，注册，搜友，约会。只约陌生人，大奖面前，女士优先”。参与交友和聊天栏目的网民一般不会反感在广告中出现性感和有趣的语句。而这一广告中所谓的性感因素事实上也只是一种比喻和夸张，所起的作用是烘托气氛，增加趣味性。从根本上来说，它仍然属于健康广告的范畴。

网民年轻化的特点使其对趣味和幽默有着比其他媒体受众更大的需求。但在网上真正幽默有趣的文字并不多见。在任何媒体上，有趣文字的来源同样为精妙的创意和对语言规律的熟练掌握。“假日悠长……假日忧长？假日无忧——交友网钻石服务免费试用!”这是一则在学生暑假期间推出的广告。两个月的时间确实很长，该怎样度过呢？悠长的假期也就有了“忧”，ELONG 网的交友栏目利用两个同音字造成了一种颇有趣味的语言效果。

（四）语言简洁但不简陋

简陋在这里的含义是缺乏创意，缺乏有价值的广告信息。“**发黄、传染、残缺。祛除灰指甲，从现在开始**。”这一药品的弹出窗口广告相对而言就做到了简洁但不简陋。文案先用三个词准确地描述出了灰指甲的症状与危害，配合这三个词的分别是三幅画面。第一幅：一片顶部发黄的绿叶；第二幅：三片顶部发黄的绿叶；第三幅：一片残缺的绿叶。文字和图片在这里形成了合力，对那些有灰指甲症状的网民来说，极易促使他们发出共鸣。而后面的“**祛除灰指甲，从现在开始**”就能够在这一基础上用“祛除灰指甲”这一利益点来吸引他们点击。

（五）增强文字的创造性

从把握受众好恶倾向这一角度讲，在网络广告文案中使用网上流行语是最好的选择。但是目前对俚语的利用还停留在较为简单的层次上。一般也就是采纳一些最高级形容词进入文案，但事实上网民在看待广告时的心态与其他媒体的受众没有根本上的区别，见不到真正有价值的广告信息他就不会轻易去点开广告。最高级形容词实际上并不能收到吸引网民注意的目的。比如：“最酷的交友网站”在吸引力上就不如“看你和 F4 速不速配”。前一则文案失之空洞，后一则文案利用“速配”这个网民不讨厌的动词和“F4”

的偶像力量就能得到网民的喜好。除了使用网上流行语言外，增强文字的创造性在网络广告中一样重要。并不能要求网络广告语言也像印刷媒体广告那样长篇大论，在风格上就能形成与众不同的个性，网络广告应该在短而精上做文章。“总有人在这里等你，不变的真情，不变的诺言”，搜狐校友录的旗帜广告，选择了感性诉求方式，用诗一样的语言，把校友录渲染成为校园感情的归宿。尽管没有对校友录的各种服务功能做出明确的介绍，但却足以用煽情因素促使网民点击。

第五篇　其他传播形式广告文案写作

第十二章　POP及橱窗广告文案

POP广告（Point of Purchase Advertising）即售点广告，亦称购货点广告、销售现场广告、商店广告、购买点广告。

广义的POP广告是指零售商店、百货公司、超级市场等设置的一切广告物的统称，包括商店内外所有能起到促售作用的广告物或其他提供有关商品、服务信息的标示。狭义的概念指在购买场所和零售商店内设置的专柜展销和专橱展销。

一、POP广告的特征

POP广告以促成现场交易为目的，强调购买时间与地点，明确购买时间与地点，唤起消费者的潜在意识，激发起购买欲望。因此，有人把POP广告称为"商品交易场所的最终广告"，而把其他广告形式称为起点广告。

专家提示

一个精美的POP广告文案，能烘托卖场热烈的气氛，为充分显现文明经商，美化环境服务。POP广告文案的制作，既要注重商店气氛的热烈，同时也要注意根据商店当时的营销策略灵活设计和调整。

（一）创造购买气氛，美化购物环境

设计新颖、精美的POP广告，能制造出热烈的购买气氛，显现出文明经商、服务优良的面貌。美化的环境会强化消费者的信任感，销售的热烈气氛

能诱导顾客产生冲动性购买。

（二）设计制作机动灵活

POP 广告是自营的综合性组合广告，其广告主题与创意、表现形式，可根据商店当时的营销策略随时设计、调整。POP 广告形式多种多样，制作也很简便，往往能收到事半功倍的效果。

二、POP 广告的种类

从使用机能与展示位置着眼，POP 广告大体分成两类：

（一）店外 POP 广告

其功能主要是“识别”与“诱发”。“识别”即使顾客快而准地识别商店性质与特征；“诱发”即使顾客产生进入商店的兴趣。

店外 POP 的形式主要有：

（1）招牌广告。指装置在店面上方及建筑物四周的大小招牌、旗帜、框子、彩带等。其功能主要在于吸引消费者注意，美化环境，诱使消费者入店购买。

（2）橱窗广告。指放置在橱窗内的一切广告物与装饰物。

（二）店内 POP 广告

其功能主要是直接诱使消费者购买，起无声推销员的作用。主要形式有：

（1）柜台广告。指放于商品柜台或较大商品上的广告。其是 POP 广告的主要形式。商品柜台前是顾客购买过程中逗留时间最长的地方，因此柜台广告对吸引消费者注意，加强其对商品的认知，激发其购买冲动，都有着重要作用。

（2）货架广告。利用货架的边缘设置的广告。由于它与商品最近，最容易引起消费者注意，能起到无声推销员的作用。

（3）悬挂广告。也叫吊挂广告。这是从天花板、梁柱上垂下来的广告物，如吊牌、饰物、小旗帜、彩条等。其展示效果强烈，有利于营造购买气氛，增强装饰效果。

（4）墙面广告。指利用墙面的广告物，如招贴、海报、装饰旗等。其主要作用在于宣传商品，美化环境。

（5）地面广告。利用店内地面空间设置的广告物，如商品陈列架、展示台、旋转台等，直接起着展示商品、树立企业形象、刺激冲动购买的作用。

（6）动态广告。指利用动力装置及热气上升原理而设置的广告物。多为立体广告物。可做上下运动、回转动作及其他一些有趣的动作。其幽默性与趣味性使之具有强烈的招徕作用。

（7）光源广告。在广告物内放置各种光源，利用照明技术突出商品名、商标、图形，使广告商品显得精美、豪华。

（8）包装广告。指商品的内外包装。

（9）商品展示卡。放置于橱窗内、商品旁的小型展示卡，主要用以说明商品特点、性能和使用方法。

（10）贴纸。粘贴在橱窗、壁面、玻璃上的小型广告印刷物，用以增加商品的知名度，树立企业形象，营造销售气氛。

三、POP 广告文案的写作要求

（一）诱导性

广告学者李巍先生指出，POP 广告的首要任务在于引起消费者注意，并激发起他们的兴趣，诱导他们去接近商品，这是 POP 广告文案创作的最重要的准则。正如美国著名广告大师李奥・贝纳所说的那样："怎样找出关于商品能够使人们发生兴趣的魔力，引起他们的兴趣，并能极为迅速地引导他们找到他们应该买的那种东西的结果，实在是另外一种艺术。"

（二）整体性

POP 广告文案创作所要求的整体性有两个含义：

（1）商店是一个整体，POP 广告若缺乏整体协调性，就会破坏整个商店的环境气氛。所以 POP 广告的创作，不仅要考虑到引人注目，也要考虑到商店各种角度的放置效果，务求整体配合协调。

（2）POP 广告必须符合企业的整体印象，要考虑企业广告表现的一贯性，而不能随心所欲地任意表现。例如，国际上几家有名企业都选择不同的颜色为自己的企业形象基调，如可口可乐——红色，柯达胶卷——黄色，富士胶卷——绿色，因此它们的 POP 广告创作都严格按自己企业形象的色彩基调和图形进行，这样能给人以熟悉感、亲切感，容易激发购买意识。

专家提示

POP 广告文案的创作应该注意下列事项：

①具有吸引注意，激发兴趣的功能；

②构思完整，符合企业形象并保持一贯性；

③形式独特新颖，个性鲜明，符合商店情形；

④增强商品识别与诱导性，刺激购买欲望；

⑤美观实用，方便调整，灵活组合。

（三）独特性

POP 广告文案创作要有鲜明的个性，形式上要新颖独特，别具一格。不仅不同商店的 POP 广告要有个性，就是同一商店内利用不同媒体的 POP 广告的创意与表现形式也应有不同的特色。只有如此，才会引人注意，激发兴趣，富有竞争力。

（四）突出商品特征

POP 广告属“商品交易场所的最终广告”，具有直接的促销作用。因此 POP 广告的创作针对性要强，要注意突出商品的特征、格调，增强识别性与诱导性，有的放矢地去刺激消费者的购买欲望。如儿童用品的 POP 广告应给人一种生动活泼的感觉，照相机 POP 广告应给人一种精密高级的感觉，女性化妆品的 POP 广告则可给人一种温柔梦幻的感觉。

（五）方便性

POP 广告要有较强的机动性与组合性。要考虑到能使其制作容易，移动方便，组合灵活，管理方便，既美观又实用。

四、橱窗广告文案写作规律

橱窗广告是以商品为主体，通过道具、灯光、色彩、图片及各种装饰经过艺术处理的立体广告形式。其基本功能是利用商品艺术陈列，给消费者造成直观印象，宣传商品，引导消费，促进销售。因此，进行橱窗广告文案的创作时必须遵循以下规律：

（一）主题突出，告知性强

橱窗广告的任务就是依据商店的营销决策，展示当前要重点推销的商品，突出宣传商品的特点，引导消费者注意、认知，以产生购买欲望。因此，橱窗广告内容基本是告知性的，其特点是预告性、推荐性、更新性。创作者要根据营销策略来确定广告主题，安排告知内容。

（二）创意新颖

街面上店铺林林总总，橱窗也五花八门，若创意不新颖，设计不巧妙，是很难吸引消费者的。广告学者傅汉章、邝铁军先生指出，橱窗广告的主题设计，不仅要突出宣传商品的特点，而且要结合现实有积极意义的事物进行教育宣传，以丰富的精神境界充实商品的形象。比如，以雨伞为主的橱窗，可以表现一个小学生打着雨伞顶风冒雨上学去的可爱形象，既表现了雨伞的用途，又说明了学生风雨无阻、努力学习的主题思想。

（三）形象优美，富有观赏性

橱窗广告是商品的造型艺术，因此富有观赏性便成为其重要的特色，上乘的橱窗广告都是以其优美的形象、独特的造型艺术，增进了门面观瞻，美化了店貌市容，让消费者在美的欣赏中获取商品信息，激发购买欲望。

（四）运用科学技术，增强刺激性

为引人注目，增强竞争力，创作者可采用各种科技方法以刺激人们的视神经，吸引其视线投向，从而激发其观赏兴趣。但要注意的是刺激性办法的采用，切忌喧宾夺主，影响广告的主题表现。常用来增强刺激视线的方法有反射法、闪光法、活动法、效能法、幻灯法等。

（五）语言文字运用得当

橱窗广告语言要简洁，字体要清晰醒目。要注意与商品的协调一致，信息量要大，突出商品特色。比如有一家商店的橱窗广告，放置几台造型各异的电扇，并有一醒目大字："风"。这就体现了商品的特色，电扇能吹"风"，这是它最基本的功能。

第十三章　DM 和招贴广告文案

DM 是英语 Direct-Mail Advertising 的缩写，指邮寄广告，也有人称它为直邮广告。它是数据库营销和直接营销的一种形式，是直接完成销售或者引发查询的一种有效方法。有统计说，以广告费用支出计算，直邮是当今世界排名第三的广告媒体，全球广告主花在直邮上的广告费甚至高于杂志和广播的广告费。

一、DM 广告的特点

与大众媒体相比，直邮更方便直接针对潜在消费者进行诉求，便于控制广告的发行量，能避免竞争对手广告的干扰，能直接获得消费者回应，并且能通过回应情况判断广告效果。当然，直邮也有其不利之处：直邮的千人成本远远高于大众媒体；许多消费者将直邮视为“垃圾邮件”；还有一些消费者认为邮购商品不够安全、方便。

二、DM 广告的写作方法

直邮有销售信函、明信片、折页手册、产品目录等多种形式，还可以采用邮寄立体卡片、赠送试用样品等更具创造性的手法。无论采用哪种形式，直邮的核心都是一份以直接达成销售为目的的印刷品。文案在直邮广告中起决定性的作用。

（一）人性化的语气

直邮在信封上写着读者的名字，直接寄到读者手中，因此直邮文案不应该像是面向无数人的大众媒体广告，应该更像一封私人信函。如果采用信件形式，最好在信的开头就和收信人直接打招呼——尊敬的（亲爱的）××先生，或尊敬的（亲爱的）××女士，然后以面对面交谈的语气写后面的内容。如果邮寄的是产品目录，其中提到消费者时也应该直接称“您”或者“你”而不是“购买者”。

（二）详尽的信息

邮件如果能被打开，说明收信人多少有些兴趣；收信人一旦开始阅读，就说明他有较大兴趣。所以直接邮寄广告应该尽可能多地提供有用的信息，诚实地介绍产品、说明购买利益。如果是产品目录，提供产品图片、产品简介和客观的评述文章会更有效果。

（三）注意趣味性

直接邮寄广告应该尽可能采用有趣味性的、吸引人的方式传达信息。没有人愿意读枯燥的产品介绍和生硬的推销说辞。

（四）顾及读者的理解力

使用读者熟悉的语言和思考逻辑，不要做过于专业的阐述，不要让读者对阅读广告或者对产品心生畏惧。

专家提示

直接邮寄广告可长可短，短的可以只有一句话，长的可以达到几十页。如果确实有丰富信息要提供给读者，并且找到了吸引读者的方式，就不要怕文案太长。提供的信息越具体、越细致，就越有可能达成销售或引发行动。

（五）反复申明服务或者利益

这是最能吸引读者、引发行动的内容，所以应明确提出来，并且在适当的时机不断地重复强调。服务或者利益可以是对购买者的奖励、购买产品可以获得赠品、退换货便利、安全保证（权威机构的认定、其他消费者的赞许）等。

（六）提供多种反应途径

为更有效地获得读者的反应，直邮需要提供多种反应途径，比如电话订购、传真订购、800 免费咨询电话，鼓励读者使用含订单的免邮资回邮信封等。这些反应途径应该被编排在信函或者产品目录的醒目位置，并且加上一些鼓励行动的言辞。

三、招贴广告文案的写作

由于招贴不像报纸杂志那样可以拿在手中阅读，受众阅读招贴广告往往是一带而过。因此，招贴广告的文案通常十分简洁，言简而意明。这正是招贴广告与报刊广告的不同之处。

嘉士伯的招贴广告

丹麦的嘉士伯啤酒有一个系列招贴广告，一共 20 幅。整个系列广告中，没有任何大吹大擂之词，而是用“咱们的啤酒”这个词来表达丹麦人对嘉士伯啤酒的亲切感情。下面是其中几幅招贴广告的文案：

文案（1）它们先是夺去我们的工作，现在又夺去了咱们的啤酒。配合的招贴画面是一只握着一杯啤酒的机械手，文案从消费者的立场，以他们的口吻抱怨机器人不仅在与人争工作，而且也在夺走他们心爱的啤酒，暗示嘉士伯啤酒受欢迎的程度——连机器人也要喝嘉士伯啤酒。

文案（2）看咱们的啤酒你永远也不会觉得眼花缭乱。画面是无数交错在一起的嘉士伯啤酒，远看画面则有排列成行的视觉效果。这则文案表现了因珍爱嘉士伯，即使看到的是再复杂的画面，也会赏心悦目。

文案（3）我们的好朋友出去弄咱们的啤酒去了。画面则是坐在椅子里的一只若有所待的狗，旁边地上有一副眼镜，暗示主人出去了。主人干什么去了呢？小狗告诉你：“我们的好朋友出去弄咱们的啤酒去了。”显然，连小狗都对嘉士伯啤酒高度认同。

文案（4）倒进咱们的啤酒之前，我从来没有想到这杯子是这么漂亮。画面是一只形状奇特的酒杯，里面装满嘉士伯啤酒。文案告诉人们，嘉士伯啤酒甚至能让杯子增色。

文案（5）“喂，是‘家庭服务中心’吗？我们这儿咱们的啤酒脱销了。”画面是一部正在使用中的电话机。那么，电话里在说什么呢？原来主人正在给家庭服务中心打电话，因为这儿“咱们的啤酒”脱销了。

这个系列招贴广告不论是画面还是文字，都充满了丹麦人独特的幽默感和他们轻松的待人接物态度，文案用温和的日常语言表现了嘉士伯啤酒在丹麦人心中的崇高威信，不仅引起品尝过嘉士伯啤酒的人对它的回味，而且能诱发人们购买嘉士伯啤酒的欲望。

第十四章　手机短信广告文案

目前，我国的移动电话用户数已达世界首位，并且还在以每月500万户的速度增长。数据显示，到2008年底，中国的移动电话总数现已达到6亿户，其巨大的市场潜力将不言而喻。随着手机的普及，一种新的广告媒体——“手机短信”脱颖而出，它与传统的广告媒体推销方式相比更便捷。短信广告这一新媒体概念已被商界誉为“很具有前景的媒体”，被证明有着非常显著的优越性。

一、手机短信广告的发布形式

手机广告的发布形式灵活多样，以下是常见的几种：

（1）向所有或部分手机用户发送企业或商店的广告、商品促销、公关活动等信息。

（2）随机向部分手机用户发送短信商品优惠券（相当于纸制优惠券），让客户凭“券”享受折扣优惠，从而达到刺激消费的目的。

（3）发布企业或商店促销宣传活动的通知，进行客户回访。

（4）可对经销商、供货商发送相关通知。

（5）银行、保险、移动运营公司发布新业务推广。

二、手机短信广告的优越性

（1）速度快：全新的媒体传播形式，时尚、新颖。即时发送，一瞬间可向万人传播（群发）。

（2）形式活：发布形式灵活，发布的时间更灵活。不用预订，不论是白天还是晚上，任何时候都可发送。

（3）回报高：它的接收者是最具消费力的一族，购买力强。

（4）目标准：它是商家“一对一”营销诉求的有效方式，精确锁定消费者，一般能达到100%的阅读率。

（5）投资省：它是广告主自己可以定额预算的媒体工具。定额、定向、定条发送给目标客户，百元、千元、万元，可按需要机动安排，其费用是传统媒体的1/10，可以为广告主省下一定的广告宣传费用。

三、手机短信广告的特殊性

与传统媒体相比，手机短信息具有自己的特点。

（一）内容的不可区分性

传统的广告媒体是面向社会公众传播信息的，并不包含私人间的信息交流，而手机不仅仅是一个广告媒体，更重要的是它还是一个通信工具，在交流的信息中包含了大量的私人间的通信信息。这是手机短信息与传统广告媒体的根本区别。正是因为手机兼有通信工具和广告媒体的双重角色，在短信息发到私人手机之前，我们不可能对接收到的信息到底是广告还是私人通信信息提前作出区分，从而预先作出处理。

（二）接受方式的无奈性

短信息中私人通信信息和商业广告相混杂，均是以短信息的形式出现，这决定了手机用户选择了短信息服务，就必然选择了同时接受短信息商业广告，否则，只能选择关闭短信息功能。因此，其接受方式具有无奈性。

（三）接收的提示性

每当用户的手机接收到短信息时，都会以某种形式（铃声或振动）加以提示，此时，用户的正常安宁生活就会受到干扰，只不过在一般正常情况下，用户由于没有接收到过量的短信息，再加上所收短信息多为私人通信内容，并没有察觉这是一种干扰。

四、手机短信广告文案的写作特点

（一）简短性

手机短信的容量非常有限，一般每条短信最多只能容纳 70 个左右的汉字。因此，在创作短信广告文案时，必须注意这种限制。每个广告尽可能只用一条短信息来完整表达，否则不仅造成广告费用的增加，而且分开语句也造成语义和语气的滞断，达不到应有的广告效果。

专家提示

手机短信文案不能像报刊或广播文案那样有标题、附文、口号等完整的结构，往往是把最重要的广告信息发出就可以了，不能太注重形式。

（二）语言的高度浓缩性

短短几十字既要尽量完整地传送广告诉求点，又要让接收者相信并采取购买行动，这种要求可以说比电报稿还要高出许多。

房地产广告（手机）

龙海生态园：背靠燕山山脉，紧临京密引水渠，每户占地 536 平方米，生态种植采摘垂钓，集体度假养生的绿色庭院，欢迎垂询：41858888

观山涧美景，赏漫山花开，饮圣泉清水，品自在人生，红螺山，慧缘谷，半山上的四合院 68 万起，热线电话：89608888

（三）广告的纯文本性

目前的大部分手机只能接收和显示纯文本格式，2009 年春节前夕，作者修订本书稿时，国家宣布 3G 执照发放，虽然支持彩信的手机为数不少，可以接收声音文件的手机也在某些领域出现，但在短期内还不能完全普及。这就意味着，它不能像其他媒体的广告那样实现图文结合或声文并茂，而只能以纯文本形式出现。因为发出短信的广告主无法识别哪些用户的手机是显示纯文本的，如果全部发送带有图片或声音的短信，就会有很多用户无法正常看到广告的内容，他们的手机上收到的只是一条什么也不是的乱码信息。

第十五章　系列广告文案

系列广告是指在广告整体战略的统一策划下，在一定时期内连续发布，在主题和风格上有着某种一致性，而在画面和文案上又有所变化的一系列广告作品，其数量一般应在三则以上。

一、系列广告的特征

（一）发布的系列性

它是在一定时期内发布的一系列广告，并且这一系列广告是相继发布的，彼此之间间隔不长，能够使广告受众对系列作品产生连贯的印象。系列广告的发布通常集中于某一媒体，通常各个媒体上的广告自成一个系列，以报纸广告较为多见，也有采用报纸、广播、电视、互联网等几大媒体进行立体组合发布的，而且以这一形式发布的系列广告有增多的趋势。

（二）内容的关联性

系列广告的刊出虽然为几则不同的广告作品，但同一系列的广告作品在内容上有着某种关联性，有时这种关联性还表现为广告主题的一致性。系列广告通常根据整体战略的需要，在某一时期针对某一目标市场推出，它往往面向某一特定的目标消费群体，有着特定的广告主题，具有相对一致的诉求对象和诉求方式。因此，系列广告不同广告作品之间在广告主题上有着某种一致性，这种一致性有助于确立起较为鲜明的广告形象，给受众以强烈的印象。

（三）表现的统一性

系列广告作为一个统一的创意的结果，它在画面、文案等表现形式上有着某种统一性。例如，系列广告的画面表现常常采用同一题材或相关的题材。上海日用化工总厂曾经为其凤凰珍珠膏推出过一系列平面广告，它就采用了手型作为其系列广告的画面表现题材，在这一系列广告作品中，其标题分别为：

只需一种就行了
每季二瓶最适宜
凤凰有三大系列
凤凰四季都适用

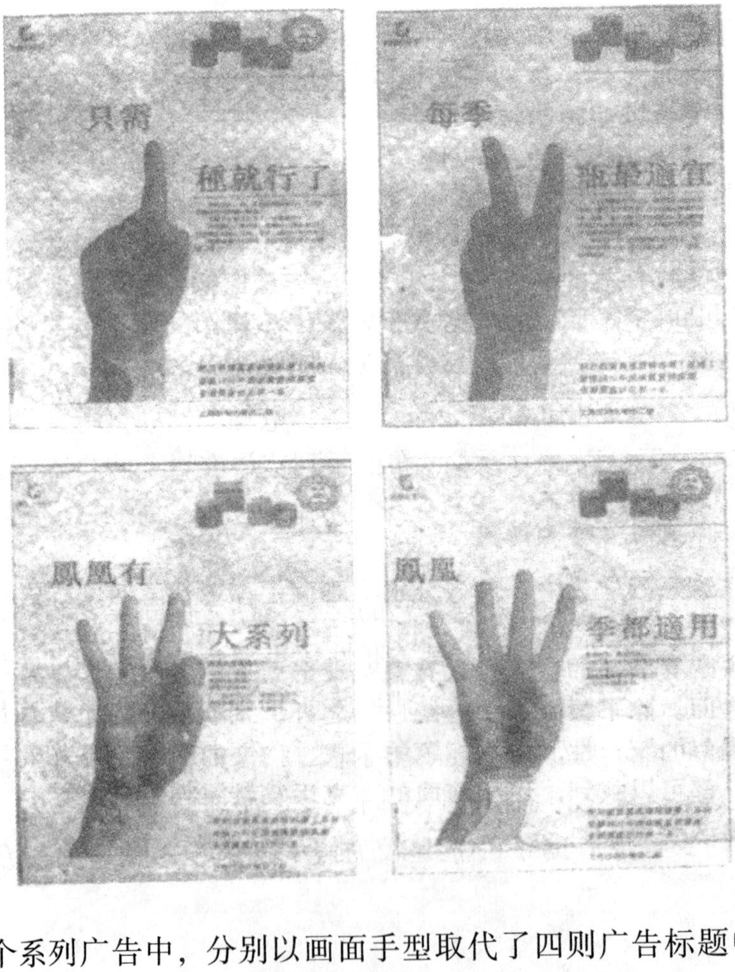

在这个系列广告中，分别以画面手型取代了四则广告标题中的“一”、“二”、“三”、“四”四个数字，使这四则广告既有别致的创意，又有着表现

形式上的统一性，显得颇为别开生面。除了画面表现的统一性之外，系列广告的文案表现也有着类似的统一性，如在标题的句式、内文的结构、语言风格等方面都可以找到。

二、系列广告的种类

系列广告的类型，按照不同的标准，可以有不同的分法。按照媒体选择的不同，系列广告可以分为单一媒体型和组合媒体型两种。单一媒体型系列广告选择某一特定的媒体来发布系列广告，一般以选择报纸为主。如玛莉化工厂曾经为其 C－11 药皂推出过一系列广告，当时就选择了单一的报纸作为发布媒体。为了消除当时社会上 C－11 药皂有害人体之说的影响，玛莉化工厂特意开展了一场“玛莉 C－11 征求受害人”的系列广告活动。考虑到报纸这一媒体具有一定的权威性和可信度，当时选择了报纸这一媒体来展开这场广告活动，分别于 7 月 1 日、7 月 4 日、7 月 7 日、7 月 10 日、7 月 15 日在各主要报纸连续刊出了五则广告，最后说明玛莉 C－11 药皂对人体并无损害。显然，这一系列广告选择单一的报纸作为发布媒体，更具有一种权威性和可信性。

组合媒体型系列广告则选择两种以上媒体来发布系列广告，通常集中在某一时期，具有统一战略思想和广告主题。组合媒体型系列广告实际上是有着统一主题的多种媒体的广告组合，由于不同媒体之间的连贯感不是很强，有时人们并不把它称为系列广告而是称为广告组合，请看喜年来蛋卷在春节期间推出的系列广告的组合方式：

- 电视广告：春节过年、送礼喜年来
- 电视幻灯片系列：
  （1）除夕团圆喜年来
  （2）初一拜年喜年来
  （3）初二回门喜年来
  （4）初三欢聚喜年来
- 招贴广告系列：
  （1）春节贺礼，送喜年来最宜
  （2）恭喜大家喜年来
- 杂志广告系列：

(1) 迎春接“喜”

(2) 开门见“喜”

- 直邮(DM)广告:

以“喜年来”慰劳员工喜气百倍,士气大增。

- 其他:另有夹报、广播广告等

在这一系列广告的组合中,广告以不同的媒体发布方式,推出了不同的系列广告,而在多种媒体的组合中,又围绕着一个统一的广告主题,这种围绕某一主题展开的多种媒体广告组合,可以视为组合媒体型的系列广告。

系列广告按每一单篇之间的关系,则可以分为信息一致型、信息并列型和信息递进型三种形式。

(一)信息一致型

这种类型的系列广告,它的每一单篇分别从不同的侧面来反映同样的广告主题,一般采用不同的表现题材或方式来展开,广告主题比较集中单一,广告信息也比较一致,如前面的喜年来蛋卷广告。

(二)信息并列型

它的每一单篇分别反映不同的广告信息,同时每一单篇广告之间又有一定的联系,它们之间的信息表现为一种并列关系。

(三)信息递进型

这种类型的系列广告,每一单篇之间的信息是一种层层递进的关系。设计较为出色的系列广告,它在内容上有层层相因的递进关系,使得广告受众在读完前一则广告的时候,还保持着对下一则广告的兴趣,使广告受众保持一种持续的兴趣来层层深入地了解广告提供的信息。如玛莉 C－11 药皂的系列广告,它首先是“征求受害人”,其次是“应征人‘0’”,然后是“应征人‘2’”,最后证明 C－11 药皂并不损害人体,每则广告之间层层递进,有着某种悬念性和紧张的连续性,始终引导着受众的注意力,这是信息递进型系列广告的出色例子。

另外,根据系列广告的文案变化,也有将系列广告分为标题不变—正文变化型、标题变化—正文不变型、标题变化—正文变化型和标题不变—正文不变型等类型。在实际运作中,系列广告一般多为标题变化—正文变化型。

三、系列广告文案的创作要领

系列广告文案是在主题上有着某种一致性，在表现上又有着一定的相似性和统一性的多则文案，这就决定了系列广告文案的写作有它自身特殊的要求，它必须注意系列的完整性、各篇的关联性、单篇的完整性和整体的均衡性等几项原则。在具体的写作过程中，需注意以下几个要点：

（一）有统一明确的广告主题

系列广告是从广告的整体战略出发，围绕某一广告主题展开的，它旨在通过系列化的广告，给受众以系列的冲击，以强化广告的声势，给人们以鲜明的印象。这样，系列广告文案写作最好有一个统一明确的广告主题，可以考虑用统一的广告语贯串始终，给受众以明确的印象。一般而言，为了保持系列广告在主题、形象上的鲜明性，系列广告文案的随文也会与广告语一样保持不变。例如上海合成洗涤剂厂的“白猫”洗衣粉在打进港澳市场期间，曾经推出过一系列广告，当时这一系列广告坚持了三个“不变”的原则：①广告语不变，用“白猫洗衣粉，洗衣好干净”这一广告语贯串始终；②“白猫”商标不变；③白猫标准字体不变。现在看来“白猫”洗衣粉的“不变”策略实质上是在强化其品牌的识别特征，由此我们可以看出，在系列广告中，保持广告语和随文的一致更能够给人以鲜明的印象，强化系列广告的整体冲击力。

（二）寻求一个“系列化”的创意

系列广告作为相继发布的一系列广告作品，旨在强化这一系列广告的“系列感”，以使人们对系列广告有一个整体的印象，这样就需要人们为系列广告的“系列化”寻求一个出色的创意，使人们从第一则广告开始，就对这一系列广告保持持久的兴趣。

在这一点上做得比较出色的是野狼125摩托车的“请大家暂停购买”的系列广告（参看“悬念法”中的案例）。

它连续六天刊登广告请大家暂停购买，每一则广告都让人产生“且看下文如何”的心理，使人们对即将上市的野狼125摩托车产生了强烈的好奇心，最后在第七天刊出广告宣布正式上市，结果产生了很大的轰动。这一系列广告连续六天唤起了人们欲知究竟的心理，使人们为等待野狼125摩托车的到来蓄足了劲，从而为新型野狼125摩托车全面上市打开了销路。

（三）每一单篇广告有自己完整的宣传重点

系列广告的目的在于形成强大的广告宣传攻势，给人们以强烈的冲击，所以，它要求系列广告的每一单篇，不是一则广告生拉硬扯分解成的几个片段，而是每一单篇都有着相对完整的宣传重点，要使每一单篇都具有足够的分量，而绝不是为了凑足系列而生拼硬凑，必须砍去其中较弱的单篇，否则，系列广告中任一单篇的过分单薄，都会给人以虚张声势的感觉。下面是康柏电脑旨在强调其售后服务的系列报纸广告：

康柏电脑系列广告

从现在起，每部康柏电脑背后，都有强劲售后服务支援。

媲美康柏授权维修中心的服务速度。（画面为飞奔的雪豹）

媲美康柏授权维修中心的细心态度。（画面为母袋鼠袋中藏着小袋鼠）

媲美康柏授权维修中心的网络分布。（画面为遍布山坡的兔洞）

这一系列广告，分别以飞奔的雪豹、母袋鼠对小袋鼠的细心照料、遍布山坡的兔洞来表现康柏电脑维修中心的速度、态度和网络分布，每一单篇都有着自身的宣传重点，而每一广告又都围绕着康柏电脑的售后服务这一中心，分别从不同侧面对“每部康柏电脑背后，都有强劲售后服务支援”这一广告主题进行了详细说明，帮助人们对康柏电脑的售后服务有了深刻详尽的了解。这一系列广告可以帮助我们理解如何使系列广告的每一单篇具有自身的宣传重点，并如何围绕某个广告主题来进行“系列化”的安排。

（四）把系列广告引向一个高潮

系列广告作为在整体战略指导下的多篇广告，它有着统一的战略目标和广告主题，系列广告文案写作应设法通过每一单篇来逐渐地揭示广告主题，逐步把系列广告引向一个高潮，这样做更易于引起人们的关注，并给人以强烈的印象。通过系列广告的每一单篇来逐步揭示广告主题，通常需要制造一种悬念，引起大众的强烈关注，并设法保持受众持久的兴趣，最后使人们对广告主题有一个明确的认识。下面是玛莉化工厂C－11药皂的系列广告文案：

(1)

标题：玛莉 C－11 征求受害人

副标题：我们愿负道义责任

正文：凡在该地区居住6个月以上，过去使用玛莉C－11药皂，有不良反应，经公立医院医师证实，并有7月1日以前之医师检验报告书者，不论症状轻重，经复检确实，每一受害人，得赔偿50万元以下。

(2)

标题：玛莉 C－11 征求受害人，应征人“0”

副标题：截止目前，无人应征受害人

(3)

标题：征求受害人，应征人“2”

正文：有一位×××消费者，提出医师检验报告书应征，说在上腿部发生红疹现象，现已指定医师进行复检中。另一位消费者，因未能提出医师检验报告书，与应征资格不合，未予受理。

(4)

标题：谁是受害人?

正文：经医师复检证明，×××消费者的红疹现象，是食用海鲜所致皮肤的过敏现象，与C－11药皂无关。这位消费者已自动撤回应征函件。

这是应征的最后一日，逾期概不受理。

(5)

标题：我是受害人

副标题：未经法院审判的死刑。

正文：遍寻世界各国病例，C－11药皂并无致病前例。三年前这一地区有关C－11药皂危害的报道与传说，均查无实据。C－11药皂在此情形下被若干专家擅自宣判死刑，实属不幸。世界各国，从未禁用C－11，而且还制定使用标准。兹特将真相公诸大众，以正视听。

这是国际工商传播公司为玛莉化工公司制订的系列广告策略。广告先是推出了“玛莉C－11征求受害人”的广告，使大众对是否有人应征产生悬念，唤起对广告的兴趣；接下来的广告是“应征人‘0’”，给人的感觉是稍稍松了口气；紧接着却是“应征人‘2’”，给人以风波骤起的紧张感，最后查明红疹并非C－11药皂所致，真正的受害者是“玛莉C－11药皂”。这一系列广告，由于受害人的应征是一个未知数，颇给人以悬念感，中间又起波澜，曲折而又紧张，最后才推出高潮——C－11药皂并无致病前例，它被若

干专家擅自判处死刑，是真正的受害人。这一紧张、曲折最后推出高潮的系列广告，引起公众的广泛注意，对“C－11药皂并不危害人体”这一申明也有了深刻的印象。这种逐步引导公众的兴趣，最后推出高潮的策略，是系列广告推出广告主题的常用方法之一。

（五）要有整体的关联性和统一的风格

系列广告文案的写作，必须强化各个单篇之间的关联性，使之具有统一的风格。系列广告的关联性，一般是通过系列广告整体的条理分梳来实现的。在系列广告创作阶段，通过对广告信息内容的收集整理，将信息作合理的归纳分类，或分列或层进，将广告内容分成有着内在联系的几个部分，然后就每个部分来分别进行写作。系列广告的关联性同时要求每一单篇在表现风格上有其统一性，它要求各个单篇在画面和文案的表现上有着一定程度的一致性。就文案表现来说，它要求在标题句式、内文的内容、语言的运用等方面有统一的风格。请看我国台湾国联工业公司推出的白兰香皂系列广告：

（1）

我们不卖香水。（正文说明推出的是一种新型香皂）

（2）

我们不卖鸡蛋。（正文说明在这种新产品的制造原料中，含有润肤作用的蛋白霜）

（3）

不是吃的月饼。（正文说明购买这种香皂作为礼品，就像购买月饼馈赠亲友一样）

（4）

你不在乎的心，我们在乎。（正文介绍这一新产品，即使用到只剩薄薄的一片，仍然很好用，不会造成浪费）

这一系列广告，是白兰香皂产品上市期间推出的广告，四则广告在标题句式和语言风格上都有着某种一致性——都使用了否定句式，都有那么一点“鲜”人眼目的意味，虽有造作的嫌疑，但也能引起公众一定程度的注意。在推出白兰香皂之前，国联工业公司的白兰洗衣粉在市场上已有相当的影响力，其知名度和指名购买率都很强，白兰产品在消费者中间已有相当的信用度。在新产品白兰香皂上市之初，推出这一系列广告，既保持了系列广告在整体风格上的统一性，也可引起公众的注意，同时也不失知名品牌的生动与活泼，在系列广告的整体风格上作这样的安排，不乏创意和战略上的良苦用心。

（六）综合考虑系列广告的媒体组合战略

系列广告的发布和展开，有时仅仅是一系列广告活动的组成部分，所以系列广告文案的写作必须考虑到其他媒体广告组合的情况。在整体广告战略中，一般会通过不同的媒体发布形式来展开不同侧面的广告宣传，每一媒体发布形式有着自身的宣传重点，如招贴广告多用来侧重宣传企业形象，而报纸广告的发布又常常和一系列公关及其他广告辅助活动的消息发布结合在一起，这就要求系列广告文案的写作必须根据媒体发布的宣传重点来适当地安排，使系列广告的发布和广告的系列活动有机地融合在一起，更好地实现广告的传播。